서유경 지음

다락원

내게는 특별한 ★ **독일어 어휘**를 부탁해

지은이 서유경
펴낸이 정규도
펴낸곳 (주)다락원

초판 1쇄 인쇄 2019년 9월 20일
초판 1쇄 발행 2019년 9월 30일

책임편집 이숙희, 박인경, 한지희, 이민지
디자인 윤지영, 박은비
감수 Pia Neuss
일러스트 윤병철
녹음 투식스미디어(TooSix Media), Pia Neuss,
       최재호, 선은혜

🖺 **다락원** 경기도 파주시 문발로 211
내용 문의 : (02)736-2031 내선 420~426
구입 문의 : (02)736-2031 내선 250~252
Fax : (02)732-2037
출판등록 1977년 9월 16일 제406-2008-000007호

Copyright ⓒ 2019, 서유경

저자 및 출판사의 허락 없이 이 책의 일부 또는
전부를 무단 복제·전재·발췌할 수 없습니다.
구입 후 철회는 회사 내규에 부합하는 경우에 가능하므로
구입 문의처에 문의하시기 바랍니다. 분실·파손 등에
따른 소비자 피해에 대해서는 공정거래위원회에서
고시한 소비자 분쟁 해결 기준에 따라 보상 가능합니다.
잘못된 책은 바꿔 드립니다.

값 16,500원 (교재 + MP3 CD)
ISBN 978-89-277-3239-6 18750

http://www.darakwon.co.kr
다락원 홈페이지를 방문하시면 상세한 출판 정보와 함께 MP3
자료 등 다양한 어학 정보를 얻으실 수 있습니다.

머리말

어휘는 언어 학습의 초석입니다. 탄탄한 어휘력이 바탕이 되지 않으면, 새로운 언어 습득의 목표는 달성될 수 없습니다. '구슬이 서 말이라도 꿰어야 보배다'라는 말이 있습니다. 거꾸로 '서 말의 구슬'이 없다면 보배를 가질 수 없습니다. 어휘라는 '서 말의 구슬'을 모아야 문법의 도구로 꿰고 읽기와 쓰기 그리고 듣기까지 완성된 언어 능력이란 값진 보석을 획득할 수 있을 것입니다.

강의를 하면서 수강생들에게 많이 듣는 말이 있습니다. 단순한 암기로는 단어가 지닌 원래의 뉘앙스를 파악하기가 어렵고 외우기도 힘들다고 합니다. **"내게는 특별한 독일어 어휘를 부탁해"**는 바로 그런 학습자들의 욕구를 충족시키고 있습니다. 단어를 기계적으로 암기하는 것이 아니라, 문장의 맥락 속에서 단어가 사용되는 참 의미를 파악하고 기억하는 것입니다.

이 책은 독일어 구사 능력을 측정하는 시험인 Zertifikat Deutsch의 초급 수준인 A1에서 중급 수준인 B1에 해당하는 필수 어휘가 주제에 따라 11개의 장으로 나누어져 있습니다. 각 장에 속한 각 과의 마지막에 연습 문제를 제시하여, 학습자가 학습한 것을 스스로 확인할 수 있도록 구성되었습니다. 또한 표제어와 관련된 유의어와 반의어, 참고어와 관용적인 표현은 학습자들이 폭넓은 어휘를 익히는 데 도움이 될 것입니다. 이 책이 독일어를 배우고자 하는 여러분의 유익한 동반자가 되기를 기대합니다.

마지막으로 꼼꼼하게 살펴 부족한 부분을 채우고 다듬어 책의 완성도를 높여 주신 다락원 편집진들께 깊은 감사를 드립니다.

서유경

이 책의 구성 및 활용

이 책은 독일어를 배우는 초·중급 수준의 어휘집입니다. 본서에 수록된 단어는 실생활에서 자주 접하는 필수 어휘뿐 아니라 시사 어휘도 폭넓게 담고 있습니다. 이 단어들을 체계적으로 제시하기 위해 큰 주제별로 11개의 장으로 분류하고, 다시 그 안에서 과를 나누어 작은 주제별로 표제어를 제시하였습니다. 또한 제시어가 실제 구문에서 어떻게 활용될 수 있는지 보여 주는 독일어 예문과 한국어 번역을 제시하였습니다. 표제어 아래의 항목에는 유의어, 반의어, 관용어, 파생어들과 같은 확장 어휘를 함께 실어 학습자들이 폭넓은 어휘 실력을 쌓을 수 있도록 도움을 주었습니다.

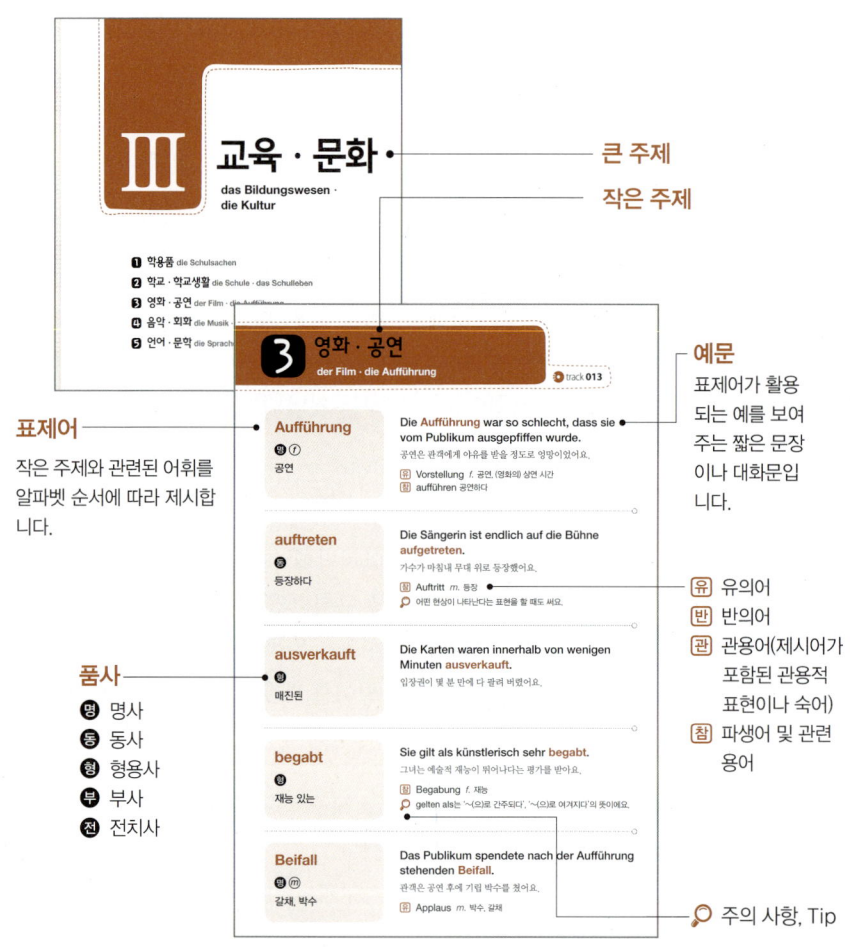

성과 수

남성형과 여성형 명사를 동시에 제시하는 경우에는 성별 표기 없이 ⑲ 표시만 하고, 성별이 구분되는 명사의 경우 ⑲ 표시와 함께 ⓜ, ⓕ, ⓝ 표시를 하였습니다. 복수로 사용되는 명사의 경우에는 ⓟⓛ로 표시하였습니다.

ⓜ 남성 ⓕ 여성 ⓝ 중성 ⓟⓛ 복수

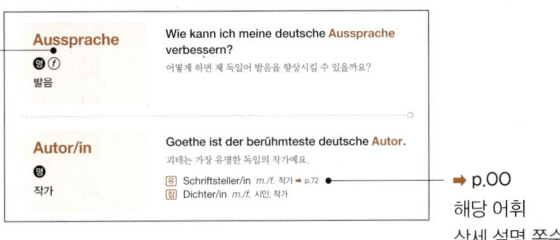

➡ p.00
해당 어휘
상세 설명 쪽수

연습 문제

문제 풀이를 통해 해당 과에서 배운 내용을 재확인할 수 있는 기회를 제공합니다.

부록 Ⅰ

● **추가 어휘**
대륙, 국가, 국적, 언어, 수, 색깔, 형태, 요일, 월, 계절, 방위뿐만 아니라 자주 사용되는 종속·상관 접속사, 특정 전치사와 결합하는 동사·형용사, 약어 등 본문에서 다룰 수 없었던 어휘와 품사들을 분류하여 제시

● **동사 변화표**
대표적인 규칙 동사와 불규칙 동사의 시제별 동사 변화 제시

부록 Ⅱ

● **정답**
각 과의 연습 문제 정답

● **색인**
색인 ❶ 알파벳순으로 독일어 표제어와 한국어 뜻 제시
색인 ❷ 가나다순으로 한국어와 해당 독일어 제시

목차

머리말 003
이 책의 구성 및 활용 004

I 인간

1. 몸 010
2. 성격 · 외모 020
3. 감정 030
4. 행동 · 생리 현상 036
5. 사고 활동 045
6. 건강 · 질병 050

II 인간관계 · 사회

1. 가족 060
2. 직업 065
3. 인간관계 075
4. 인생 081

III 교육 · 문화

1. 학용품 088
2. 학교 · 학교생활 093
3. 영화 · 공연 101
4. 음악 · 회화 107
5. 언어 · 문학 112

IV 식생활

1. 고기 · 생선 · 해산물 120
2. 과일 · 채소 · 곡물 125
3. 음식 · 음료 133
4. 맛 · 조리법 140
5. 상점 · 식당 145
6. 식기 · 주방용품 151

V 패션 · 쇼핑

1. 옷 156
2. 패션 · 소품 163
3. 소재 · 무늬 · 형태 168
4. 미용 · 위생 173
5. 쇼핑 · 가게 177
6. 가격 · 지불 183

VI 주거

1. 단독 주택 · 공동 주택 188
2. 가구 · 가전제품 · 도구 195
3. 집안일 · 일상 204
4. 임차 · 임대 210

VII 시간 · 장소

1. 시간 · 날짜 218
2. 길 · 건물 224
3. 위치 · 방향 230
4. 길 찾기 · 교통수단 235

VIII 자연 · 환경

1. 우주 · 지구 ⋯⋯⋯⋯⋯⋯⋯ 242
2. 날씨 · 자연 ⋯⋯⋯⋯⋯⋯⋯ 248
3. 동물 · 식물 ⋯⋯⋯⋯⋯⋯⋯ 256
4. 자연재해 · 환경 ⋯⋯⋯⋯⋯ 266

IX 휴가 · 여가

1. 휴가 · 여행 ⋯⋯⋯⋯⋯⋯⋯ 272
2. 운동 · 여가 ⋯⋯⋯⋯⋯⋯⋯ 279
3. 축제 · 공휴일 ⋯⋯⋯⋯⋯⋯ 289

X 국가

1. 정치 · 행정 ⋯⋯⋯⋯⋯⋯⋯ 296
2. 법 · 외교 ⋯⋯⋯⋯⋯⋯⋯⋯ 307
3. 노동 · 경제 ⋯⋯⋯⋯⋯⋯⋯ 314
4. 범죄 · 이민 ⋯⋯⋯⋯⋯⋯⋯ 321

XI 대중 매체 · 의사소통

1. 컴퓨터 · TV ⋯⋯⋯⋯⋯⋯⋯ 328
2. 전화 · 우편 ⋯⋯⋯⋯⋯⋯⋯ 336
3. 이메일 쓰기 ⋯⋯⋯⋯⋯⋯⋯ 341
4. 토론 · 대화 ⋯⋯⋯⋯⋯⋯⋯ 346
5. 프레젠테이션 ⋯⋯⋯⋯⋯⋯ 355

부록 I

추가 어휘 ⋯⋯⋯⋯⋯⋯⋯⋯⋯ 362

1. 대륙 · 국가 · 국적 · 언어 ⋯ 362
2. 수 ⋯⋯⋯⋯⋯⋯⋯⋯⋯⋯⋯ 364
3. 색깔 ⋯⋯⋯⋯⋯⋯⋯⋯⋯⋯ 365
4. 형태 ⋯⋯⋯⋯⋯⋯⋯⋯⋯⋯ 366
5. 요일 · 월 · 계절 · 방위 ⋯⋯ 367
6. 자주 사용되는 종속 접속사와 상관 접속사 ⋯⋯⋯⋯⋯⋯⋯⋯⋯⋯⋯⋯ 368
7. 특정한 전치사와 결합하는 동사 ⋯ 369
8. 특정한 전치사와 결합하는 형용사 ⋯ 371
9. 자주 쓰는 약어 ⋯⋯⋯⋯⋯⋯ 372

동사 변화표 ⋯⋯⋯⋯⋯⋯⋯⋯ 373

부록 II

정답 ⋯⋯⋯⋯⋯⋯⋯⋯⋯⋯⋯⋯ 378
색인 ❶ ⋯⋯⋯⋯⋯⋯⋯⋯⋯⋯ 386
색인 ❷ ⋯⋯⋯⋯⋯⋯⋯⋯⋯⋯ 403

# I 인간
der Mensch

1. 몸 der Körper
2. 성격 · 외모 der Charakter · das Aussehen
3. 감정 das Gefühl
4. 행동 · 생리 현상 das Verhalten · die Körperfunktion
5. 사고 활동 das Denken
6. 건강 · 질병 die Gesundheit · die Krankheit

# 1 몸
der Körper

 track 001

Arm
명 *m*
팔

Als das Baby weinte, nahm es die Mutter auf den **Arm**.
아기가 울었을 때 엄마가 아기를 안았어요.

 Armbanduhr *f.* 손목시계 | Armband *n.* 팔찌 ➡ p.163
🔍 arm을 소문자로 쓰면 '가난한', '불쌍한'이라는 뜻이 돼요.

Atem
명 *m*
숨, 호흡

Halten Sie den **Atem** zehn Sekunden an!
10초간 숨을 멈추세요!

 atmen 숨쉬다 | einatmen 숨을 들이쉬다 | ausatmen 숨을 내쉬다 ➡ p.36

Auge
명 *n*
눈

Meine **Augen** sind total müde, weil ich viel am Computer gearbeitet habe.
컴퓨터 작업을 많이 해서 눈이 몹시 피곤해요.

 unter vier Augen 단 둘이서
Augenlid *n.* 눈꺼풀 | Augenbutter *f.* 눈곱 | Augenbraue *f.* 눈썹 | Augenzeuge *m.* 목격자

Bart
명 *m*
수염

Der Schauspieler hat einen langen **Bart**.
그 영화 배우는 수염이 길어요.

 sich rasieren 면도하다 | Rasierwasser *n.* 애프터 셰이브(면도 후 바르는 화장수)

Bauch
명 *m*
배

Der Arzt hat mir den **Bauch** abgetastet.
의사가 제 배를 만지며 검진했어요.

 Der Bauch knurrt. 배에서 꼬르륵 소리가 나다.

10 내게는 특별한 **독일어 어휘**를 부탁해

Bein
명 (n)
다리

Meine kleine Schwester trägt gern einen kurzen Rock, weil sie schöne Beine hat.
내 여동생은 다리가 예쁘기 때문에 미니스커트를 즐겨 입어요.

Blut
명 (n)
피, 혈액

Bei dem Autounfall hat er viel Blut verloren.
자동차 사고를 당했을 때 그는 출혈이 심했어요.

[참] Blutgruppe f. 혈액형 | blutarm 빈혈의 | Blutdruck m. 혈압 ➔ p.51

Daumen
명 (m)
엄지손가락

Ich drücke dir den Daumen.
너의 성공을 빌게.

🔍 Daumen은 단수와 복수의 형태가 동일해요. den Daumen 대신에 복수인 die Daumen을 쓰기도 해요.

Ellbogen
명 (m)
팔꿈치

Schmerzen im Ellbogen können verschiedene Ursachen haben.
팔꿈치 통증은 여러 가지 원인이 있을 수 있어요.

🔍 Ellenbogen이라고 하기도 해요.

Falte
명 (f)
주름

Wenn ich lache, habe ich viele Falten um die Augen.
전 웃으면 눈가에 주름이 많이 생겨요.

[참] Lachfalten pl. 웃음으로 생긴 주름 | Ärgerfalten pl. 화를 내서 생긴 주름

🔍 주로 복수로 써요.

I. 인간 der Mensch

1 몸 der Körper

Figur
명 (f)
몸매

Topmodels müssen besonders auf ihre Figur achten.
일류 모델들은 특히 몸매에 신경 써야 해요.

참 schlank 날씬한 ➡ p.26
🔍 드라마나 소설의 등장 인물도 Figur라고 해요.

Finger
명 (m)
손가락

Sie trägt einen goldenen Ring am Finger.
그녀는 손가락에 금반지를 끼고 있어요.

참 Daumen *m.* 엄지 ➡ p.11
Zeigefinger *m.* 검지 | Mittelfinger *m.* 중지 |
Ringfinger *m.* 약지 | der kleine Finger 새끼손가락

Fuß
명 (m)
발

Gestern habe ich Fußball gespielt, da habe ich mir den Fuß verstaucht.
어제 나는 축구를 했어요. 거기에서 제 발을 삐었어요.

관 zu Fuß gehen 걸어가다
참 Fußgänger *m.* 보행자

Gehirn
명 (n)
뇌, 두뇌

Das menschliche Gehirn ist die Steuerzentrale des gesamten Körpers.
사람의 뇌는 몸 전체를 조종하는 중심부예요.

유 Hirn *n.* 뇌

Gesicht
명 (n)
얼굴

Seit ein paar Monaten hat er viele kleine Pickelchen im Gesicht.
몇 달 전부터 그는 얼굴에 작은 여드름이 많이 났어요.

관 ein langes Gesicht machen 우울한(실망한) 표정을 짓다 |
wie aus dem Gesicht geschnitten 몹시 닮은
참 sich schminken 화장하다 ➡ p.27

Haar
명 (n)
머리카락, 털

Sie hat lange blonde Haare.
그녀는 머리가 길고 금발이에요.

참 schwarzhaarig 검은색 머리의 | Frisur f. 헤어스타일 ➡ p.23
Dauerwelle f. 파마 | färben 염색하다 ➡ p.173
föhnen 헤어드라이어로 머리를 말리다

Hals
명 (m)
목

Er hat einen langen, dünnen Hals.
그는 목이 길고 가늘어요.

관 Hals über Kopf 성급히
참 Halskette f. 목걸이 ➡ p.163

Hand
명 (f)
손

Man soll sich die Hände waschen, bevor man isst.
식사하기 전에 손을 씻어야 해요.

관 jmdm. die Hand geben 악수하다
참 aus erster Hand 첫 번째 소유자로부터, 직접

Haut
명 (f)
피부

Wer schöne Haut haben möchte, muss viel Wasser trinken.
예쁜 피부를 갖기 원하는 사람은 물을 많이 마셔야 해요.

참 Hautfarbe f. 피부색

Herz
명 (n)
심장, 마음

Wie kann man merken, dass man ein schwaches Herz hat?
심장이 약하다는 것을 어떻게 알아차릴 수 있나요?

관 von ganzem Herzen 진심으로 (= herzlich)
참 Kreislauf m. 혈액 순환
🔍 Herz는 단수 3격에서 -en이 붙기도 해요. 3격 지배 전치사 von과 결합해서 von ganzem Herzen의 형태가 돼요.

I. 인간 der Mensch

1 몸 der Körper

Hüfte
명 *f*
엉덩이

Wie kann man beim Bauchtanz nur die **Hüften** bewegen?
벨리 댄스를 출 때 어떻게 엉덩이만 움직일 수 있나요?

유 Po *m.* 엉덩이 (= Popo)

Knie
명 *n*
무릎

Das **Knie** ist das größte Gelenk des menschlichen Körpers.
무릎은 인간의 몸에서 가장 큰 관절이에요.

참 knien 무릎을 꿇다

Knochen
명 *m*
뼈

Die menschliche Hand besteht insgesamt aus 27 **Knochen**.
인간의 손은 27개의 뼈로 구성되어 있어요.

참 Knochenarbeit *f.* 중노동

Kopf
명 *m*
머리

Ich zerbreche mir den **Kopf**, was ich ihr schenken soll.
나는 그녀에게 무엇을 선물할지 골똘히 생각 중이다.

관 Kopf hoch! 용기를 내!

🔍 '부수다'라는 의미의 zerbrechen과 함께 쓰인 sich den Kopf zerbrechen은 '골머리를 앓다'라는 뜻이에요.

Körper
명 *m*
몸, 육체

Unser **Körper** braucht alle Nährstoffe, um richtig zu funktionieren.
우리의 몸은 제대로 기능하기 위해 모든 영양소를 필요로 해요.

참 Körpertemperatur *f.* 체온 | körperlich 신체의 | Körpersprache *f.* 몸짓 언어

Leber
명 *f*
간

Gut für die Leber ist es, keinen Alkohol zu trinken.
술을 마시지 않는 것이 간에 좋아요.

참 Leberkrebs *m.* 간암

Lippe
명 *f*
입술

Ich habe im Winter immer trockene Lippen, obwohl ich viel trinke.
물을 많이 마시는데도 겨울에는 항상 입술이 건조해요.

참 Lippenstift *m.* 립스틱 ➡ p.174

Lunge
명 *f*
폐, 허파

Wenn man aufhört zu rauchen, wird die Lunge wieder gesund.
담배 피우는 것을 중단하면 허파는 다시 건강해져요.

참 Lungenentzündung *f.* 폐렴

Magen
명 *m*
위

Sie sollen nicht auf leeren Magen trinken.
빈속에 술을 마시면 안 돼요.

참 Magenkrampf *m.* 위경련 | Magenspiegel *m.* 위내시경 | Magenschmerzen *pl.* 복통

Mund
명 *m*
입

Beim Essen darf man nicht mit vollem Mund reden.
식사를 할 때 입이 가득 찬 상태로 말을 해서는 안 돼요.

관 den Mund halten 입을 다물다, 조용히 하다
참 mundfaul 말수가 적은 | Dialekt *m.* 사투리, 방언 ➡ p.113
🔍 bei는 3격 지배 전치사로 '~을/를 할 때'라는 뜻이 있어요.

I. 인간 der Mensch

1 몸 der Körper

Muskel
명 m
근육

Wie kann man schnell Fett abbauen und gleichzeitig **Muskeln** aufbauen?
어떻게 하면 빨리 지방을 줄이고 동시에 근육을 만들 수 있을까요?

참 Muskelkater *m.* 근육통

Nagel
명 m
손톱

Ich habe mich geschminkt und mir die **Nägel** lackiert.
난 화장도 하고 손톱에 매니큐어도 발랐어요.

🔍 Nagel은 '못'이라는 뜻도 있어요.
(nageln 못을 박다)

Nase
명 f
코

Ich muss mir die **Nase** putzen.
코를 풀어야겠어요.

관 Ich habe die Nase voll. 지긋지긋하다.
참 riechen 냄새가 나다, 냄새를 맡다 ➡ p.40

Nerv
명 m
신경

Die **Nerven** kontrollieren die Bewegungen des menschlichen Körpers.
신경은 인간 몸의 동작을 통제해요.

관 jmdm. auf die Nerven gehen 누구를 몹시 귀찮게 하다
참 jmdn. nerven 누구의 신경을 건드리다

Oberschenkel
명 m
허벅지

Der Fußballspieler hat sich am **Oberschenkel** verletzt.
그 축구 선수는 허벅지 부상을 입었어요.

Ohr
명 (n)
귀

Mein Opa hat schlechte Ohren, deshalb trägt er ein Hörgerät.
제 할아버지는 귀가 어두워서 보청기를 하세요.

참 hellhörig 귀가 밝은, 방음이 잘 안 되는 | Ohrring *m*. 귀고리 ➜ p.164

Rücken
명 (m)
등

Es ist wichtig, den Rücken immer gerade zu halten.
등을 항상 곧게 세우는 것이 중요해요.

관 auf dem Rücken schwimmen 배영으로 수영하다

Schulter
명 (f)
어깨

Die ganze Verantwortung liegt auf seinen Schultern.
모든 책임이 그의 양 어깨에 놓여 있어요.

관 mit den Schultern zucken 어깨를 으쓱하다

Sommer-sprosse
명 (f)
주근깨

Sommersprossen entstehen, wenn man lange in der Sonne bleibt.
햇빛에 오래 머물면 주근깨가 생겨요.

🔍 wenn은 '만약 ~하면'의 뜻을 가진 종속 접속사예요.

Stimme
명 (f)
목소리

Sie sieht nicht nur gut aus, sie hat auch noch eine schöne Stimme.
그녀는 예쁠 뿐만 아니라, 예쁜 목소리도 가지고 있어요.

참 stimmen 맞다, 투표하다

I. 인간 der Mensch

1 몸 der Körper

Stirn
명 *f*
이마

Ich trage gern eine Ponyfrisur, weil ich eine ziemlich hohe Stirn habe.
난 이마가 넓은 편이라서 이마를 덮는 헤어스타일을 즐겨 해요.

참 engstirnig 융통성이 없는, 편협한

Wange
명 *f*
볼, 뺨

In Europa küsst man sich zur Begrüßung auf die Wange.
유럽에서는 인사로 볼에 키스를 해요.

Wimper
명 *f*
속눈썹

Anna hat braune Augen mit langen Wimpern.
안나는 갈색 눈에 긴 속눈썹을 가지고 있어요.

Zahn
명 *m*
치아, 이빨

Man soll dreimal am Tag seine Zähne putzen.
하루에 세 번 이를 닦아야 해요.

관 Auge um Auge, Zahn um Zahn 눈에는 눈, 이에는 이
참 Zahnpasta *f.* 치약 | Karies *f.* 충치 | Zahnbürste *f.* 칫솔 ➡ p.175

Zunge
명 *f*
혀

Durch die Zunge können wir sprechen und schmecken.
우리는 혀로 말을 할 수 있고 맛을 볼 수 있어요.

관 auf der Zunge zergehen 혀에서 살살 녹다

1 그림에 해당하는 신체 부위를 아래에서 찾아 쓰세요.

> die Augen   die Ohren   der Mund   die Schulter   das Knie

(1) (   )   (2) (   )   (3) (   )   (4) (   )   (5) (   )

2 서로 알맞은 대화 쌍을 찾아 연결하세요.

A
(1) Ich habe es wieder nicht geschafft.
(2) Mein Bauch knurrt, ich habe Hunger.
(3) Was hast du denn?
(4) Morgen habe ich eine Prüfung.

B
① Gehen wir ins Restaurant!
② Ich drücke dir den Daumen.
③ Kopf hoch!
④ Ich habe Erkältung. Die Nase läuft.

3 다음 빈칸에 적합하지 <u>않은</u> 것을 고르세요.

(1) Mit der Nase kann man _____.
   ① etwas riechen   ② die frische Luft einatmen
   ③ die Sonne genießen

(2) Mit dem Mund kann man _____.
   ① sich unterhalten   ② sich lange überlegen
   ③ etwas Leckeres essen

(3) Mit den Händen kann man _____.
   ① fühlen   ② malen   ③ träumen

2 성격 · 외모
der Charakter · das Aussehen

abnehmen

살이 빠지다

In einem Monat habe ich 2 Kilo **abgenommen**.
한 달에 2킬로가 빠졌어요.

- [반] zunehmen 살이 찌다
- [🔍] abnehmen과 zunehmen은 크기, 정도, 수, 양 등이 감소하거나 증가할 때 사용해요.

ähnlich
[부] [형]
비슷하게, 유사하게

Er sieht seinem Vater unglaublich **ähnlich**.
그는 자신의 아버지를 몹시 닮았어요.

- [참] Ähnlichkeit *f.* 유사, 닮음
- [🔍] 독일어는 형용사가 부사로 쓰이고, 형용사가 목적어를 취하는 경우가 있는데, ähnlich는 형용사로 쓸 때 3격 목적어를 취해요.

aktiv
[형]
활동적인, 적극적인

Wie kann ich **aktiver** werden?
어떻게 내가 더 활동적일 수 있을까?

- [유] tatkräftig 추진력 있는, 적극적인
- [참] Aktivität *f.* 활동

arrogant

오만한, 잘난 체하는

Arrogante Menschen sind selten beliebt.
잘난 체하는 사람들은 인기가 없어요.

- [유] hochnäsig 교만한
- [참] Arroganz *f.* 오만

attraktiv

매력적인

Der neue Freund von Sarah ist sehr **attraktiv**.
사라의 새 남자 친구는 아주 매력적이에요.

- [참] Attraktivität *f.* 매력

aufgeschlossen

마음이 열린, 편견이 없는

Lena ist eigentlich sehr witzig und super **aufgeschlossen**.
레나는 아주 재미있고 편견이 전혀 없어요.

유 weltoffen 개방적인

Aussehen

외모

Die meisten Koreaner legen großen Wert auf das **Aussehen**.
한국 사람들은 대부분 외모에 큰 가치를 부여해요.

참 aussehen ~처럼 보이다
🔍 독일어의 동사를 대문자로 쓰면 중성 명사가 돼요.

---

bescheiden

검소한

Der Schauspieler ist reich, aber er führt ein **bescheidenes** Leben.
그 배우는 부유하지만, 검소한 삶을 살아요.

반 luxuriös 사치스러운
🔍 '겸손한'의 뜻도 있어요.

Diät

다이어트

Ich mache **Diät**, weil ich abnehmen will.
나는 살 빼려고 다이어트를 해요.

참 Schlankheitskur f. 단식원

---

egoistisch

이기적인

Wenn jemand nur an sich selbst denkt, dann ist er **egoistisch**.
자기 자신만을 생각한다면 그는 이기적이에요.

유 selbstsüchtig 이기적인
반 altruistisch 이타적인

2 성격 · 외모 der Charakter · das Aussehen

ehrlich
형 정직한

Man soll dem Partner gegenüber immer **ehrlich** sein.
파트너에게 항상 정직해야 해요.

반 unehrlich 정직하지 않은
참 Ehrlichkeit *f.* 정직

eifersüchtig
형 질투심이 많은

Meine Freundin ist so **eifersüchtig**.
내 여자 친구는 질투심이 많아요.

참 Eifersucht *f.* 질투, 시기심

fleißig
형 부지런한, 노력하는

Paul ist nicht nur **fleißig**, sondern auch klug.
파울은 부지런할 뿐만 아니라 영리해요.

반 faul 게으른 ➡ p.127
참 Fleiß *m.* 부지런함, 근면

frech
형 무례한, 뻔뻔스러운

Warum sind die Kinder in der heutigen Zeit so **frech**?
요즘 아이들은 왜 그렇게 무례할까요?

참 Frechheit *f.* 뻔뻔스러움

freundlich
형 친절한

Die meisten Deutschen sind **freundlich** und hilfsbereit.
독일인들은 대부분 친절하고 잘 도와줘요.

유 nett 친절한
반 unfreundlich 불친절한
참 Freundlichkeit *f.* 친절, 호의

내게는 특별한 **독일어 어휘**를 부탁해

Frisur
명 *f*
헤어스타일

Welche Frisur passt zu mir?
어떤 헤어스타일이 제게 어울릴까요?

참 Friseur *m.* 미용사 (= Frisör) ➡ p.68
　Friseursalon *m.* 미용실 ➡ p.225

Geduld
명 *f*
인내심

Wer Geduld hat, kann alles überstehen.
참을성이 많은 사람은 모든 것을 이겨 낼 수 있어요.

반 Ungeduld *f.* 성급, 조바심
참 geduldig 참을성이 많은

gesellig
형
사교적인

Tobias ist ein geselliger Typ.
토비아스는 사교적인 타입이에요.

유 kontaktfreudig 사교적인
참 Geselligkeit *f.* 사교

groß
형
큰

A **Wie groß sind Sie?** 키가 어떻게 되나요?
B **Ich bin 1,80 Meter groß.** 1.8미터예요.

반 klein 작은
참 Großstadt *f.* 대도시 | Größe *f.* 크기, 사이즈 ➡ p.157
　Großmutter *f.* 할머니 (= Oma) |
　Großvater *m.* 할아버지 (= Opa)
🔍 groß는 '위대한'의 뜻도 있어요.

großzügig
형
통이 큰, 인색하지 않은

Mein Onkel ist ein großzügiger Mensch, er lädt uns oft zum Essen ein.
제 삼촌은 통이 커서 우리를 식사에 자주 초대해요.

반 geizig 인색한
참 Großzügigkeit *f.* 아량, 관대

2 성격 · 외모 der Charakter · das Aussehen

haarig

머리카락의

Man sagt, eine rothaarige Frau hat viel Temperament.
사람들은 빨간 머리의 여자는 열정이 많다고 말해요.

- 참 blondhaarig 금발의 | kurzhaarig 짧은 머리의
- '형용사 + haarig' 형태로 많이 쓰여요. haarig는 '털이 많은'의 뜻도 있어요.

höflich

예의 바른, 정중한

In Korea ist man älteren Menschen gegenüber immer höflich.
한국에서는 나이 많은 사람들에게 언제나 예의를 갖춰요.

- 반 unhöflich 예의 없는, 무례한
- 참 Höflichkeit f. 정중함, 예의

hübsch

예쁜

Sie hat einen hübschen Mund.
그녀는 입매가 예뻐요.

intelligent

지적인

Ich finde, Hans sieht sehr intelligent aus.
내 생각에 한스는 몹시 지적으로 보여요.

- 유 klug 영리한 | clever 명석한
- 반 dumm 멍청한 | doof 어리석은

jung

젊은

Die Schauspielerin sieht viel jünger aus als sie wirklich ist.
그 여배우는 실제 나이보다 훨씬 더 젊어 보여요.

- 반 alt 늙은 ➜ p.81

launisch
형
변덕스러운

Mein Freund ist so launisch, das macht mich krank.
내 남자 친구는 아주 변덕스러워서, 그것이 날 힘들게 해요.

참 Laune *f.* 기분

lockig
형
곱슬곱슬한, 고수머리의

Ich habe von Natur aus lockige Haare.
난 원래 곱슬머리예요.

참 glatte Haare 직모

lustig
형
재미있는, 쾌활한

Er ist ein lustiger Mensch.
그는 재미있는 사람이에요.

유 humorvoll 유머가 있는 | heiter 명랑한 ➡ p.250
 komisch는 '우스꽝스러운', '이상한'의 의미로 사용해요.

mutig
형
용기 있는

Wer mutig ist, kann in diesem Spiel gewinnen.
용기 있는 사람이 이 게임에서 이길 수 있어요.

반 feige 비겁한 | ängstlich 겁이 많은
참 Mut *m.* 용기

neugierig
형
호기심이 많은

Kinder im Alter von 5 Jahren sind besonders neugierig.
5살 아이들은 특히 호기심이 많아요.

참 Neugier *f.* 호기심

2 성격 · 외모
der Charakter · das Aussehen

optimistisch

낙천적인, 낙관적인

Wer **optimistisch** ist, lebt glücklicher und erfolgreicher.
낙천적인 사람은 더 행복하고 성공적으로 살아요.
- 유 lebensbejahend 낙천적인
- 반 pessimistisch 비관적인
- 참 Optimist *m.* 낙관론자

oval
형
타원형의, 달걀형의

Laura hat ein **ovales** Gesicht und eine spitze Nase.
라우라는 얼굴이 갸름하고 코가 뾰족해요.
- 유 eiförmig 달걀형의
- 참 Oval *n.* 타원형

pünktlich
형
시간을 잘 지키는

Mein Kollege Martin ist ein **pünktlicher** Mensch.
제 동료 마틴은 시간을 잘 지키는 사람이에요.
- 반 unpünktlich 시간을 잘 지키지 않는
- 참 Pünktlichkeit *f.* 정각, 시간 엄수

Rücksicht

배려

Autofahrer sollen aufeinander **Rücksicht** nehmen.
운전자들은 서로 배려해야 해요.
- 참 rücksichtsvoll 배려심이 많은 | rücksichtslos 배려심이 없는

schlank

날씬한

Sport macht nicht nur **schlank**, sondern er fördert auch die Durchblutung.
운동은 날씬하게 해 줄 뿐 아니라 혈액 순환도 촉진시켜요.
- 반 dick 뚱뚱한 | übergewichtig 과체중의 | mollig 포동포동한

sich schminken
동
화장하다

Ich glaube, Teenager sollten sich noch nicht schminken.
십대들은 아직 화장하면 안 된다고 생각해요.

---

schön
형
아름다운

Sie hat lange, schöne Finger.
그녀는 길고 아름다운 손가락을 가졌어요.

- [반] hässlich 못생긴
- [참] Schönheitsoperation *f.* 성형 수술

---

süß
형
귀여운

Sie ist süß, wenn sie lächelt.
그녀는 웃을 때 귀여워요.

 süß는 '달콤한'의 뜻도 있어요. Süßigkeit는 '단 과자류'를 의미해요. ➜ p.143

---

sympathisch
형
호감을 주는

Mein Chef wird mir immer sympathischer.
사장님에게 점점 더 호감이 가요.

- [반] unsympathisch 혐오감을 주는
- [참] Sympathie *f.* 호감 | Antipathie *f.* 반감
- 'immer + 형용사 비교급'은 '점점 더 ~한'의 뜻이에요.

---

tätowieren
동
문신을 새기다

Sie hat sich eine Rose auf den Arm tätowieren lassen.
그녀는 팔에 장미 문신을 했어요.

- [참] Tätowierung *f.* 문신하기

2 성격 · 외모 der Charakter · das Aussehen

verantwortungsvoll

책임감이 강한

Mein Schwiegersohn ist ein **verantwortungsvoller** Mensch.
내 사위는 책임감이 강한 사람이에요.

- 반 verantwortungslos 무책임한
- 참 Verantwortung *f.* 책임

warmherzig

마음이 따뜻한, 인정이 많은

Sie ist eine **warmherzige** und einfühlsame Therapeutin.
그녀는 마음이 따뜻하고 공감 능력이 있는 치료사예요.

- 유 mitleidsvoll 동정심이 많은
- 참 kaltblütig 냉정한

wiegen

무게가 나가다

A Wie viel **wiegen** Sie? 체중이 얼마인가요?
B Ich **wiege** 45 Kilo. 45킬로예요.

- 참 Waage *f.* 저울 ➡ p.153
  Wie schwer sind Sie? 몸무게가 어떻게 되나요?

zielstrebig

목표 지향적인

Ich bin sehr **zielstrebig** und gebe niemals auf.
전 목표 지향적이고 결코 포기하는 법이 없어요.

- 유 zielbewusst 목표 의식이 투철한 | ehrgeizig 야심에 찬
- 반 ziellos 목표 없는
- 참 Ziel *n.* 목표, 목적 ➡ p.287

zurückhaltend

소극적인

Er hat einen stillen und **zurückhaltenden** Charakter.
그는 조용하고 소극적인 성격이에요.

- 유 schüchtern 내성적인 | scheu 수줍어하는, 소심한

연습 문제
Übungen

1 서로 관련 있는 것을 연결하세요.

(1) Sofia ist immer heiter und gesellig. •   • ① Er ist sehr geizig.

(2) Mein Bruder lädt uns nie ein. •   • ② Sie ist neugierig.

(3) Mein Zimmer ist nie sauber. •   • ③ Ihre Freunde mögen sie.

(4) Lena will immer alles wissen. •   • ④ Ich bin faul.

2 다음 인물의 성격으로 알맞은 것을 고르세요.

(1)

① Er ist höflich.
② Er ist frech.
③ Er ist zurückhaltend.

(2)

① Er ist gesellig.
② Er ist fleißig.
③ Er ist eifersüchtig.

(3)

① Sie ist arrogant.
② Sie ist ehrlich.
③ Sie ist zielstrebig.

(4)

① Sie ist mutig.
② Sie ist fleißig.
③ Sie ist rücksichtsvoll.

3 빈칸에 들어갈 말을 골라 문장을 완성하세요.

(1) Marie denkt nur an sich selbst. Sie ist _____.

① sympathisch   ② egoistisch   ③ verantwortungsvoll

(2) Meine Eltern helfen gern armen Leuten. Sie sind _____.

① optimistisch   ② aufgeschlossen   ③ warmherzig

3 감정
das Gefühl

track 003

Angst
명 f
겁, 두려움

Meine Tochter hat immer Angst vor Prüfungen.
제 딸은 항상 시험을 두려워해요.

- 참 Angsthase *m.* 겁쟁이 | ängstlich 겁먹은
- 🔍 두려움의 대상을 표현할 때 전치사 vor 다음에 3격을 써요.

ärgerlich
형
화가 난

Meine Mutter war so ärgerlich, weil ich gestern zu spät nach Hause kam.
내가 어제 너무 늦게 집에 들어갔기 때문에 엄마가 화나셨어요.

- 유 böse 화가 난 | sauer 화가 난, 불쾌한 ➡ p.143
- 관 sich ärgern über ~에 대해 화가 나다
- 참 Ärger *m.* 분노, 언짢은 일

Aufregung
명 f
긴장, 흥분

Wie kann man die Aufregung vor dem Vorstellungsgespräch überwinden?
면접 보기 전에 긴장되는 것을 어떻게 극복할 수 있을까요?

- 관 sich aufregen über ~에 대해 흥분하다
- 참 nervös 긴장한 | aufgeregt 긴장한 ➡ p.355

---

bedauerlich
형
유감스러운

Es ist sehr bedauerlich, dass Sie an diesem Projekt nicht mitarbeiten können.
당신이 이 프로젝트를 함께 할 수 없어서 유감이에요.

---

begeistert
형
감동받은, 감동한

Wir waren total begeistert von dem Film.
우리는 그 영화에 몹시 감동받았어요.

- 참 Begeisterung *f.* 감동

---

30 내게는 특별한 **독일어 어휘를** 부탁해

bereuen

후회하다

Ich bereue nichts in meinem Leben.
나는 내 인생에서 아무것도 후회하지 않아요.

참 Reue f. 후회

---

sich beruhigen

마음을 진정시키다

Was kann man tun, um sich zu beruhigen?
마음을 진정시키기 위해 무엇을 할 수 있을까요?

참 Beruhigung f. 평온

---

einsam

외로운

In der Großstadt fühlt man sich oft einsam.
대도시에서 사람들은 자주 외롭게 느껴요.

참 Einsamkeit f. 외로움, 고독

---

enttäuscht

실망한

Ich bin enttäuscht von dir.
난 네게 실망했어.

참 Enttäuschung f. 실망

---

froh

기쁜

Ich bin froh, weil die Prüfungszeit schon vorbei ist.
시험 기간이 지나서 기뻐요.

유 fröhlich 즐거운
관 sich freuen auf ~을/를 고대하다 |
  sich freuen über ~을/를 기뻐하다

I. 인간 der Mensch

3 감정 das Gefühl

sich fühlen

느끼다

Wenn man regelmäßig Sport treibt, kann man sich jünger fühlen.
규칙적으로 운동을 하면, 더 젊게 느낄 수 있어요.

참 Gefühl *n.* 감정

glücklich

행복한

Ich kann gar nicht beschreiben, wie glücklich ich bin.
내가 얼마나 행복한지 말로 다 표현할 수가 없어요.

반 unglücklich 불행한
참 Glückspilz *m.* 행운아 | Glück *n.* 행운 ➡ p.83
glücklicherweise 운이 좋게도

grausam

잔인한

Er war ein grausamer Mensch, alle hatten Angst vor ihm.
그는 잔인한 사람이었고, 모두가 그를 두려워했어요.

유 brutal 잔인한
참 Grausamkeit *f.* 잔인, 잔혹

langweilig

지루한

Wollen wir etwas unternehmen? Mir ist furchtbar langweilig.
우리 뭐 좀 할까? 너무 지루해.

반 interessant 흥미로운
참 langweilen 지루하게 하다 | sich langweilen 지루하다 | Langeweile *f.* 따분함

leiden

견디다, 참다

Ich kann ihn einfach nicht leiden.
난 그가 그냥 싫어요.

'대상을 견딜 수 없다'는 표현은 '싫어하다'는 의미로 쓰여요.

nerven

신경을 건드리다

Mein Freund nervt mich andauernd, ich halte das nicht mehr aus.
내 남자 친구가 자꾸 짜증나게 해요. 더 이상 참을 수가 없어요.

- 관 jmdm. auf die Nerven gehen 누구를 귀찮게 하다
- 참 Nerv *m.* 신경 ➡ p.16

Scham

부끄러움, 창피

Petra wurde ganz rot vor Scham.
페트라는 부끄러워서 얼굴이 발그레해졌어요.

- 관 sich schämen vor ~을/를 부끄러워하다
- 참 schamlos 뻔뻔한, 수치심이 없는

schrecklich

끔찍한

Auf der Autobahn ist gestern ein schrecklicher Unfall passiert.
고속 도로에서 어제 끔찍한 사고가 발생했어요.

- 참 erschrecken 깜짝 놀라다(놀라게 하다)

stolz

자랑스러운

Ich bin stolz auf meinen Sohn.
내 아들이 자랑스러워요.

- 참 Stolz *m.* 자부심
- 🔍 stolz는 전치사 auf와 함께 써요.

traurig

슬픈

Ich war so traurig, als er mich verlassen hatte.
그가 떠났을 때 난 몹시 슬펐어요.

- 유 deprimiert 우울한
- 반 fröhlich 즐거운
- 참 Trauer *f.* 슬픔, 비애

3 감정 das Gefühl

überraschen

놀라게 하다

Die Nachricht hat uns alle total überrascht.
그 소식은 우리 모두를 깜짝 놀라게 했어요.

- 유 verblüffen 깜짝 놀라게 하다
- 참 Überraschung f. 놀람

vermissen

그리워하다

Ich habe meine Familie so vermisst, während ich im Ausland studiert habe.
외국에서 유학을 하는 동안 전 가족이 몹시 그리웠어요.

- 참 Heimweh n. 향수

verzweifelt

절망한

Karin ist verzweifelt, weil sie bis jetzt keine feste Stelle gefunden hat.
카린은 지금까지 확실한 일자리가 없어서 절망하고 있어요.

- 유 hoffnungslos 희망이 없는
- 참 verzweifeln an ~에 절망하다 | Verzweiflung f. 절망

weinen

울다

Ich musste weinen, als ich die Nachricht gehört habe.
그 소식을 들었을 때 난 울지 않을 수 없었어요.

- 유 heulen 심하게 울다
- 반 lachen 웃다
- 🔍 als는 과거의 일회적 사건을 표현하는 종속 접속사예요.

zufrieden

만족한

Sie ist mit ihrer neuen Wohnung sehr zufrieden.
그녀는 새집에 아주 만족해요.

- 반 unzufrieden 불만족스러운
- 🔍 zufrieden은 전치사 mit과 함께 쓰여요.

연습 문제
Übungen

1 그림을 보고 알맞은 단어를 넣어 대화를 완성하세요.

| ärgerlich | verliebt | verzweifelt |

(1) **A** Wie sieht Maria aus?
B Sie ist _____.

(2) **A** Wie sieht Sandra aus?
B Sie ist _____.

(3) **A** Wie sieht Peter aus?
B Er ist _____.

2 빈칸에 들어갈 적절한 말을 고르세요.

(1) Franz _____ sich sehr, dass er bald Sommerferien hat.
① bereut   ② freut   ③ ärgert

(2) Ich bin _____ von ihm, weil er wieder gelogen hat.
① glücklich   ② hoffnungslos   ③ enttäuscht

(3) In der Großstadt fühlt man sich oft_____, weil man wenig Kontakt zu den Nachbarn hat.
① bedauerlich   ② einsam   ③ aufgeregt

3 반대어로 연결된 것이 <u>아닌</u> 것을 고르세요.
① traurig – fröhlich   ② langweilig – interessant
③ schamlos – ängstlich

4 빈칸에 들어갈 적합한 전치사를 고르세요.

Mein Vater ist _____ seinem neuen Wagen sehr zufrieden.

① bei   ② von   ③ mit   ④ aus

I. 인간 der Mensch   35

 # 행동 · 생리 현상
das Verhalten · die Körperfunktion

aufmachen

열다

A Um wie viel Uhr **macht** der Supermarkt **auf**?
슈퍼마켓은 몇 시에 여나요?
B Um 8 Uhr. 8시요.

- 유 öffnen 열다
- 반 zumachen 닫다

ausatmen

숨을 내쉬다

Holen Sie tief Luft und **atmen** Sie langsam wieder **aus**!
공기를 깊이 들이마시고 천천히 다시 숨을 내쉬세요!

- 반 einatmen 숨을 들이쉬다

basteln

조립하다, 손으로 만들다

Die Kinder **basteln** gern Modellflugzeuge.
아이들은 모형 비행기를 즐겨 조립해요.

- 참 Handwerker *m.* 수공업자 | Werkzeug *n.* 공구

bewegen

움직이다

Herr Klein kann seinen rechten Arm nicht **bewegen**.
클라인 씨는 오른팔을 움직일 수 없어요.

- 참 Bewegung *f.* 움직임
- 🔍 bewegen은 '마음을 움직이다', '감동시키다'의 뜻으로도 쓰여요.

brechen

부러뜨리다

Hans hat sich beim Skifahren das Bein **gebrochen**.
한스는 스키를 타다 다리가 부러졌어요.

- 참 Bruch *m.* 무너짐, 부러짐

drücken

누르다, 밀다

Wenn Sie drücken, geht die Tür auf.
누르시면 문이 열려요.

- 반 ziehen 당기다, 끌다
- 참 Druck *m.* 압박 | Drucker *m.* 프린터 ➡ p.330
  Eindruck *m.* 인상

Durst

목마름, 갈증

In der Nacht wache ich oft auf, weil ich heftigen Durst habe.
심한 갈증 때문에 밤에 자주 깨요.

- 참 durstig 목마른

einschlafen

잠들다

Nach dem anstrengenden Tag bin ich schon früh eingeschlafen.
힘들었던 하루를 마치고 난 일찍 잠들었어요.

- 반 aufwachen 잠에서 깨다
- 참 ausschlafen 숙면하다

Eintritt

입장

Bis 20 Uhr ist der Eintritt kostenlos.
오후 8시까지 입장이 무료예요.

- 참 eintreten 입장하다

fallen
떨어지다

Mein Bruder ist von der Leiter gefallen.
내 남동생이 사다리에서 떨어졌어요.

- 참 Fall *m.* 추락, 경우 | Falle *f.* 함정, 덫
- 🔍 auf jeden Fall은 '어떤 경우에도'라는 부사구예요.
  falls는 '~의 경우에'라는 종속 접속사로 '만약 ~한다면'의 뜻인 종속 접속사 wenn과 비슷하게 쓰여요.

4 행동・생리 현상 das Verhalten · die Körperfunktion

gehen

가다, 걷다

Am Wochenende **gehe** ich gern mit meinen Freunden ins Kino.
주말에 난 친구들과 영화관에 즐겨 가요.

관 es geht jmdm. ~이/가 어떻게 지내다

hängen

걸다

Wir haben das Bild an die Wand **gehängt**.
우리는 그 그림을 벽에 걸었어요.

hängen이 자동사로 쓰여 '걸려 있다'라는 뜻이 되면 과거와 과거분사에서 불규칙 변화해요. (hängen-hing-gehangen)

heben

들다

Ben macht Bodybuilding und **hebt** mühelos Gewichte von hundert Kilo.
벤은 근육 단련 운동을 하여 100킬로 무게를 쉽게 들어 올려요.

Hunger
명 *m*
배고픔, 허기

A **Hast** du noch **Hunger**?
아직 배고프니?

B Nein, ich bin schon satt.
아니요, 이제 배불러요.

참 hungrig 배고픈 | Bärenhunger *m.* 심한 허기

knurren

꼬르륵 소리가 나다

Mein Magen **knurrt**. Gehen wir essen!
내 배에서 꼬르륵 소리가 나요. 식사하러 가요!

knurren 동사는 동물이 '으르렁거리다'의 뜻으로도 쓰여요.

kommen

오다

Mein Cousin kommt morgen zu uns.
제 사촌이 내일 우리 집에 와요.

- kommen aus ~ 출신이다. 원산지가 ~이다
  (Maria kommt aus Griechenland.
  마리아는 그리스 출신이에요.)
- 국가나 지역이 중성이 아닌 경우 반드시 정관사와 함께 써요.
  (Julia kommt aus der Schweiz. 율리아는 스위스 출신이에요.)

kosten

맛보다

A **Würdest du die Suppe kosten?**
　수프 맛 좀 봐 줄래?
B **Ja, gern.**
　응, 그럴게.

- probieren 시식하다 ➜ p.142
- kosten은 '값이 나가다'의 뜻으로도 쓰여요. ➜ p.184

küssen

키스하다

Er küsste ihr die Hand.
그는 그녀의 손에 키스를 했어요.

- Kuss m. 키스

lächeln

미소 짓다

Sie ist am schönsten, wenn sie lächelt.
그녀는 미소를 지을 때 가장 아름다워요.

- am schönsten은 schön의 최상급 형태예요.

laufen

달리다

Lauf, sonst erreichst du den Zug nicht mehr!
달려. 그렇지 않으면 그 기차를 탈 수가 없어!

- Läufer m. 달리는 사람, 주자
- laufen은 '걷다'의 뜻으로도 쓰여요.

I. 인간 der Mensch

4 행동 · 생리 현상 das Verhalten · die Körperfunktion

lesen

읽다

Der Schriftsteller **liest** heute im Theater aus seinen Werken.
그 작가는 오늘 극장에서 자신의 작품을 읽어요.

참 Lesung *f.* 낭송회 | vorlesen 낭독하다 |
Leser *m.* 독자 ➡ p.115

liegen

누워 있다, 놓여 있다

Der Arzt sagt, ich soll im Bett **liegen** bleiben.
의사 선생님이 난 침대에 누워 있어야 한대요.

참 Liege *f.* 눕는 의자
🔍 legen은 타동사로 '눕히다'의 뜻이에요.

riechen

냄새가 나다

Du **riechst** stark nach Knoblauch. Was hast du denn gegessen?
너한테 마늘 냄새가 심하게 나. 도대체 뭘 먹은 거야?

참 Geruch *m.* 냄새

rülpsen

트림하다

In Europa sieht man es als unhöflich an, wenn man **rülpst**.
유럽에서는 트림을 하면 예의가 없다고 생각해요.

참 Rülpser *m.* 트림 | Schluckauf *m.* 딸꾹질

schauen

보다

Schau mal, ob die Pizza schon fertig ist!
피자가 다 되었는지 한번 봐!

유 sehen 보다 | gucken 보다

schlagen
동
때리다, (심장이) 뛰다

Als ich ihn sah, schlug mein Herz heftig.
그를 처음 보았을 때 제 심장이 몹시 두근거렸어요.

참 Puls *m.* 맥박

Schrei
명 *m*
외침, 비명

Gerade habe ich einen spitzen Schrei gehört.
방금 날카로운 비명 소리를 들었어요.

참 schreien 외치다 | der letzte Schrei 최신 유행

schütteln
동
(고개를 좌우로) 젓다

Sie hat verneinend den Kopf geschüttelt.
그녀는 부정하며 고개를 가로저었어요.

참 nicken (고개를 위아래로) 끄덕이다

schwitzen
동
땀을 흘리다

Ich war völlig nass geschwitzt.
온몸이 땀으로 젖었어요.

참 Schweiß *m.* 땀

sitzen
동
앉아 있다

Er sitzt den ganzen Tag auf dem Sofa.
그는 하루 종일 소파에 앉아 있어요.

참 Sitz *m.* 좌석, 소재지
 setzen은 타동사로 '앉히다'의 뜻이에요.

I. 인간 der Mensch

4 행동 · 생리 현상 das Verhalten · die Körperfunktion

stecken

끼우다, 꽂다

Er hat seiner Braut den Ring an den Finger **gesteckt**.
그는 신부의 손가락에 반지를 끼워 주었어요.

참 Stecker *m.* 플러그 | Steckdose *f.* 콘센트 ➡ p.201

🔍 stecken은 '꽂혀 있다'의 자동사로도 쓰여요.

stehen

서다, 서 있다

Der Zug war so voll, dass wir **stehen** mussten.
우리가 서서 가야 할 정도로 기차는 꽉 찼어요.

🔍 stehen은 '적혀 있다'의 뜻으로도 쓰여요.

streichen

바르다

Ich habe Honig auf die Brötchen **gestrichen**.
난 빵에 꿀을 발랐어요.

🔍 streichen은 '페인트칠을 하다'와 '쓰다듬다'의 뜻으로도 쓰여요.

tragen

나르다

Die Rettungssanitäter **trugen** den Verletzten zum Krankenwagen.
구조 요원들이 부상자를 구급차로 옮겼어요.

참 Trage *f.* 들것 | tragbar 옮길 수 있는

Träne
명 *f*
눈물

Die Preisträger vergossen **Tränen** der Freude.
수상자들은 기쁨의 눈물을 흘렸어요.

관 Tränen laufen jmdm. über die Wangen
눈물이 ~의 뺨으로 흘러내리다

umarmen

껴안다, 포옹하다

Sie haben sich zum Abschied umarmt.
그들은 작별하기 위해 포옹했다.

참 Umarmung *f.* 포옹

🔍 um은 분리도 되고 비분리도 되는 접두어인데, umarmen은 비분리 동사예요.

---

umdrehen

돌리다, 회전하다

Wenn du dich umdrehst, siehst du, wer hinter dir steht.
네가 몸을 돌리면 네 뒤에 누가 서 있는지 알 거야.

참 Umdrehung *f.* 회전

Verstopfung

변비

Viele Menschen leiden zu Beginn der Reise an Verstopfung.
많은 사람들이 여행 초기에 변비에 시달려요.

반 Durchfall *m.* 설사
참 furzen 방귀를 뀌다 | Stuhlgang *m.* 배변

---

wecken

깨우다

Bitte wecken Sie mich morgen früh um 6 Uhr!
내일 아침 6시에 깨워 주세요!

참 Wecker *m.* 알람

---

zuhören

경청하다

Sie hat der Diskussion nur schweigend zugehört.
그녀는 단지 토론을 묵묵히 경청했어요.

참 Zuhörer *m.* 청중 ➡ p.359
🔍 zuhören 동사는 3격 목적어를 취해요.

연습 문제
Übungen

1 A의 동작과 B의 신체 부위를 알맞게 연결하세요.

A	B
(1) die Nase •	• ① knurrt
(2) die Augen •	• ② kostet
(3) der Mund •	• ③ schlägt
(4) das Herz •	• ④ lesen
(5) der Magen •	• ⑤ riecht

2 다음 그림이 나타내는 동작을 아래에서 찾아 쓰세요.

> laufen   schwitzen   aufmachen   hängen   umarmen

(1) (   )   (2) (   )   (3) (   )   (4) (   )   (5) (   )

3 빈칸에 들어갈 말을 골라 문맥에 맞게 고쳐 쓰세요.

> tragen   basteln   liegen   streichen   einschlafen

(1) Die Kinder _____ viel im Kindergarten.

(2) Der Arzt sagt, er soll ein paar Tage im Bett _____ bleiben.

(3) Meine Wohnung ist sehr alt, so möchte ich die Wände neu _____.

(4) Was _____ man in der Regel auf einer Gartenparty?

(5) Ich war totmüde, deshalb bin ich gleich _____.

5 사고 활동
das Denken

---

beurteilen

판단하다

Man soll jemand nicht nach seinem Äußeren **beurteilen**.
사람을 외모로 판단해서는 안 돼요.

참 Vorurteil *n.* 선입견 | verurteilen 형을 선고하다 | Urteil *n.* 판단, 판결 ➡ p.312

---

denken

생각하다

A **Woran denkst du?** 넌 무슨 생각을 하고 있니?
B **Ich denke gerade an unsere Hochzeit.** 난 지금 우리 결혼식에 대해 생각하고 있어.

관 denken an ~을/를 생각하다
참 Gedanke *m.* 생각, 사고

---

einfallen

생각이 떠오르다

Da ist mir eine Idee eingefallen.
그때 하나의 생각이 떠올랐어요.

참 Einfall *m.* 착상
🔍 einfallen은 3격 목적어를 써요.

---

entscheiden

결정하다

Wir haben uns für eine Busreise nach Berlin entschieden.
우리는 베를린 버스 여행으로 결정했어요.

유 beschließen 결정하다
참 Entscheidung *f.* 결정 | entscheidend 결정적인

---

sich erinnern

기억하다

A **Erinnerst du dich an unsere Schulzeit?**
우리 학창 시절 기억나니?
B **Ja, natürlich.** 그럼, 당연하지.

관 sich erinnern an ~을/를 기억하다
참 Erinnerung *f.* 기억, 추억

I. 인간 der Mensch 45

5 사고 활동 das Denken

finden

생각하다

Laura findet den Mann charmant.
라우라는 그 남자가 매력적이라고 생각해요.

🔍 finden은 '찾다', '발견하다'의 뜻도 있어요.

Forschung

연구

Nach einer Forschung lebt man länger, wenn man verheiratet ist.
한 연구에 따르면 결혼한 사람이 더 오래 살아요.

유 Studie *f.* 연구 (논문) | Untersuchung *f.* 연구 ➜ p.99
참 Forscher *m.* 연구자 | forschen 연구하다

---

hoffen

희망하다, 바라다

Ich hoffe, dass wir uns bald wiedersehen können.
우리가 곧 다시 볼 수 있기를 바라요.

관 hoffen auf ~을/를 바라다, 희망하다
참 Hoffnung *f.* 희망 | hoffnungsvoll 희망에 찬

---

interessieren

관심을 일으키다

Am meisten interessiert mich die moderne Malerei.
난 현대 미술에 가장 관심이 많아요.

관 sich interessieren für ~에 흥미를 가지다
참 Interesse *n.* 흥미, 관심

---

lernen

배우다

A **Wie lange lernen Sie schon Deutsch?**
독일어를 배운 지 얼마나 되나요?
B **Seit drei Monaten.** 3개월 됐어요.

관 Man lernt nie aus. 배움에는 끝이 없어요. |
auswendig lernen 외우다

Sorge
명 *f*
걱정

Meine Mutter macht sich viele Sorgen um mich.
엄마는 제 걱정을 많이 해요.

 sorgen um ~을/를 걱정하다

träumen
동
꿈꾸다

Warum träumen wir Menschen?
우리 인간은 왜 꿈을 꿀까요?

 träumen von ~에 관한 꿈을 꾸다
참 Traum *m.* 꿈 | Trauma *n.* 트라우마, 정신적 충격 | traumhaft 꿈 같은, 환상적인

überlegen
동
숙고하다

Man muss gut überlegen, bevor man sich ein Haustier kauft.
애완동물을 사기 전에 잘 숙고해야 돼요.

참 Überlegung *f.* 숙고
 überlegen이 '숙고하다'의 의미로 쓰이면 비분리 동사예요.

vergessen
동
잊어버리다

Ich habe mein Passwort vergessen. Was soll ich tun?
패스워드를 잊어버렸어요. 어떻게 해야 할까요?

참 Vergessenheit *f.* 망각 | vergesslich 잘 잊어버리는

vernünftig
형
합리적인

Er ist ein vernünftiger Mensch.
그는 합리적인 사람이에요.

유 rational 이성적인
반 unvernünftig 불합리한
참 Vernunft *f.* 이성

5 사고 활동 das Denken

verstehen

이해하다

Ich kann leider Ihre Frage nicht so gut **verstehen**.
유감스럽게도 당신의 질문을 잘 이해할 수가 없네요.

- 반 missverstehen 오해하다
- 관 sich mit jmdm. (gut) verstehen 누구와 (좋은) 관계이다
- 참 Verständnis *n.* 이해 | Verstand *m.* 사고, 지성 | verständlich 분명한

---

verwechseln

혼동하다

Er **verwechselt** sie oft mit ihrer Zwillingsschwester.
그는 그녀의 쌍둥이 자매와 그녀를 자주 혼동해요.

- 참 Verwechselung *f.* 혼동, 착오

---

sich vorstellen

상상하다

Ich kann **mir** nicht **vorstellen**, ohne Handy zu leben.
휴대폰 없이 사는 것을 난 상상할 수가 없어요.

- 참 Vorstellung *f.* 상상, 공연, 소개
- 🔍 vorstellen은 '~을/를 소개하다'라는 뜻도 있어요. ➡ p.79

---

wissen

알다

Ich **weiß** nicht, ob ich recht habe.
제가 옳은 건지 잘 모르겠어요.

- 참 Wissenschaft *f.* 학문, 과학 ➡ p.99

---

zweifeln

의심하다, 의문시하다

Ich **zweifle** noch, ob ich das wirklich tun soll.
내가 정말 그것을 해야 할지 의문스러워요.

- 참 Zweifel *m.* 의심, 의혹 | zweifelhaft 의문스러운 | zweifellos 의문의 여지가 없는

연습 문제
Übungen

1 연결된 단어의 의미가 서로 <u>다른</u> 것을 고르세요.
① Forschung – Untersuchung ② beschließen – entscheiden
③ vergessen – verwechseln ④ vernünftig – rational

2 다음 빈칸에 공통으로 들어갈 수 있는 전치사를 고르세요.

- Ich erinnere mich noch gut _____ unser letztes Treffen.
- Ich muss auch _____ die Zukunft denken.

① über ② um ③ an ④ von

3 빈칸에 들어갈 알맞은 동사를 고르세요.

A Gehst du auch an diesem Samstag zu seiner Geburtstagsfeier?
B Ich _____ noch.

① verstehe ② beurteile ③ überlege ④ interessiere

4 빈칸에 들어갈 수 <u>없는</u> 인칭 대명사를 고르세요.

Da ist _____ kein Wort eingefallen.

① mir ② ihnen ③ ihn ④ ihr

5 다음 그림이 나타내는 동작을 아래에서 찾아 쓰세요.

überlegen vorstellen träumen lernen

(1) (2) (3) (4)

6 건강 · 질병
die Gesundheit · die Krankheit

🔊 track 006

Allergie
명 *f*
알레르기

Ich habe eine schlimme **Allergie** gegen Hundehaare.
난 개털에 대한 심한 알레르기가 있어요.

관 an einer Allergie leiden 알레르기로 고통받다
참 allergisch 알레르기의 | Allergiker *m.* 알레르기성 체질의 사람

anstecken
동
감염(전염)시키다

Mein Mann hat mich mit seiner Grippe **angesteckt**.
남편이 내게 감기를 전염시켰어요.

유 infizieren 감염(전염)시키다
참 Ansteckung *f.* 감염, 전염

Apotheke
명 *f*
약국

Sie geht zur **Apotheke** und kauft ein Medikament gegen Fieber.
그녀는 약국에 가서 해열제를 사요.

Attest
명 *n*
진단서

Ich brauche ein ärztliches **Attest**.
의사 진단서가 필요해요.

Beschwerde
명 *f*
통증

Seit wann haben Sie diese **Beschwerden**?
언제부터 이 통증을 느끼셨나요?

유 Schmerzen *pl.* 통증 ➜ p.55
🔍 '불평', '불만'의 뜻으로도 쓰고, '통증'의 의미로 쓸 때는 주로 복수로 표현해요.

50 내게는 특별한 **독일어 어휘**를 부탁해

Besserung
명 *f*
회복

Ich wünsche Ihnen gute Besserung!
쾌유를 빌어요!

참 besser 더 좋은 | verbessern 개선하다

Blutdruck
명 *m*
혈압

Meine Mutter leidet an hohem Blutdruck.
저의 어머니는 고혈압을 앓고 계세요.

참 Blutdruckmesser *m.* 혈압 측정기 | Blut *n.* 피, 혈액 ➡ p.11

hoch가 형용사 어미 변화할 때 c가 탈락해요.

bluten
동
피가 나다

Er blutet am Bein.
그의 다리에서 피가 나요.

참 Blutung *f.* 출혈 | Durchblutung *f.* 혈액 순환

entlassen
동
퇴원시키다

Wann werde ich aus dem Krankenhaus entlassen?
제가 언제 퇴원할 수 있나요?

참 Entlassung *f.* 퇴원

'해고하다'라는 뜻도 있어요. ➡ p.316

Entzündung
명 *f*
염증

Wenn eine Wunde anschwillt, kann dies Anzeichen einer Entzündung sein.
상처가 붓는다면, 그것은 염증의 징후일 수 있어요.

참 Mandelentzündung *f.* 편도선염

6 건강·질병 die Gesundheit · die Krankheit

Erkältung
명 f
감기

Ich glaube, ich habe eine **Erkältung**.
전 감기에 걸린 것 같아요.

참 Grippe f. 독감 | erkältet 감기에 걸린

---

fehlen
동
병이 나다, 아프다

A Was **fehlt** Ihnen? 어디가 아프세요?
B Ich habe starke Kopfschmerzen.
전 심한 두통이 있어요.

🔍 '부족하다', '그립다'라는 뜻도 있어요.
(Du hast mir gefehlt. 난 네가 그리웠어.)

---

fit
형
몸의 (체력) 상태가 좋은

Um **fit** zu bleiben, soll man sich gut ernähren.
건강을 유지하기 위해서는 영양 섭취를 잘 해야 해요.

---

fix und fertig
기진맥진한

Nach der Arbeit bin ich immer **fix und fertig**.
일을 마친 후에 난 언제나 녹초가 돼요.

참 müde 피곤한 | kaputt 지친

Gesundheit
명 f
건강

Sport ist gut für die **Gesundheit**.
운동은 건강에 좋아요.

참 gesund 건강한 | Gesundheitsamt n. 보건소 | Krankheit f. 질병

🔍 재채기를 한 사람에게 '건강하세요'라고 인사하는 표현으로도 사용해요.

gutartig

(의학적으로) 양성의

Zum Glück muss dieses **gutartige** Geschwulst nicht operiert werden.
다행스럽게도 이 양성 종양을 수술할 필요는 없어요.

반 bösartig 악성의

---

heilen

동
치료하다

Viele Krankheiten können heutzutage problemlos **geheilt** werden.
많은 질병들이 오늘날 문제없이 치료될 수 있어요.

참 Heilung f. 치료 | heilbar 치료할 수 있는

Heuschnupfen

꽃가루 알레르기

Er hat **Heuschnupfen**.
그는 꽃가루 알레르기가 있어요.

유 Pollenallergie f. 꽃가루 알레르기

---

impfen

예방 접종하다

Gegen Grippe muss man sich jährlich **impfen** lassen.
독감 예방 접종을 매년 해야 해요.

---

krank

아픈

Du siehst nicht gut aus. Bist du **krank**?
안색이 안 좋아 보여. 아프니?

참 Krankenwagen m. 구급차 |
Krankenschwester f. 간호사 ➡ p.70

I. 인간 der Mensch

6 건강 · 질병 die Gesundheit · die Krankheit

Kranken-versicherung
명 (f)
건강 보험(의료 보험)

Haben Sie eine Krankenversicherung?
의료 보험에 가입되어 있나요?

유 Krankenkasse f. 건강 보험 (조합)

leiden
동
고통당하다, 고통받다

Meine Tante leidet an Krebs.
제 이모가 암으로 고통받고 있어요.

참 bösartig 악의 | gutartig 양성의 ➜ p.53

🔍 leiden 동사는 전치사 an 다음에 병명을 써서 표현해요.

Medikament
명 (n)
의약품

Dieses Medikament müssen Sie dreimal am Tag nehmen.
이 약을 하루에 세 번 복용하세요.

유 Tablette f. 알약 | Arzneimittel n. 약

Ohnmacht
명 (f)
기절

Ein zu niedriger Blutdruck kann die Ursache einer Ohnmacht sein.
너무 낮은 혈압은 기절의 원인이 될 수도 있어요.

참 ohnmächtig 기절한

operieren

수술하다

Ich wurde vor zwei Wochen am Blinddarm operiert.
난 2주일 전에 맹장 수술을 받았어요.

참 Operation f. 수술

Patient

환자

Wir wollen heute den Patienten im Krankenhaus besuchen.
우리는 오늘 병원에 있는 환자를 방문하려고 해요.

Praxis

명 *f*
개인 병원

Die Praxis ist zurzeit geschlossen.
그 병원은 지금 진료를 보지 않아요.

참 Krankenhaus *n.* 종합 병원 ➜ p.226

---

röntgen

엑스레이를 찍다

Ich habe mir das Bein gebrochen und habe mich röntgen lassen.
다리가 부러져서 엑스레이를 찍었어요.

참 Röntgenaufnahme *f.* 엑스레이 촬영 |
Röntgenbild *n.* 엑스레이 사진

---

schädlich

해로운

Die schädliche Wirkung der Putzmittel für die Gesundheit ist seit langem bekannt.
세제가 건강에 끼치는 해로운 영향은 오래전부터 알려졌어요.

Schmerzen

통증

Ich habe schreckliche Schmerzen.
심한 통증이 있어요.

참 Bauchschmerzen 복통 | Rückenschmerzen 요통 |
Mein Kopf tut weh. 머리가 아파요.

6 건강 · 질병 die Gesundheit · die Krankheit

Sprechstunde
명 *(f)*
진료 시간

Von wann bis wann hat Doktor Kohl heute **Sprechstunde**?
콜 (의사) 선생님의 오늘 진료 시간이 언제부터 언제까지인가요?

Station
명 *(f)*
병동

Sie liegt auf der Frauen**station**.
그녀는 부인 병동에 입원해 있어요.

Stress
명 *(m)*
스트레스

Gegen **Stress** muss man etwas unternehmen.
스트레스를 없애기 위해서 무엇인가를 해야 돼요.

관 Stress abbauen 스트레스를 없애다

Termin
명 *(m)*
예약

Morgen habe ich einen **Termin** beim Augenarzt.
내일 난 안과에 예약되어 있어요.

🔍 Termin은 다른 공식적인 시간 약속에도 사용해요.

übel
형
(속이) 메스꺼운

Mir ist **übel**.
구역질이 나요.

관 sich übergeben 토하다
참 schwindlig 어지러운 | schlecht (속이) 안 좋은

untersuchen

진찰하다

Der Frauenarzt hat mich untersucht.
산부인과 의사가 저를 진찰했어요.

참 Untersuchung 검사, 진찰 ➡ p.99
'연구하다', '조사하다'라는 뜻으로도 쓰여요.

verdaulich

소화가 되는

Fettiges Essen ist immer schwer verdaulich.
기름진 음식은 항상 소화가 잘 안돼요.

참 verdauen 소화하다 | Verdauung *f.* 소화

verletzt

부상당한

Der Mann wurde beim Unfall schwer verletzt.
그 남자는 사고로 심하게 다쳤어요.

참 Verletzung *f.* 부상 | verletzen 상처를 입히다

verschreiben

처방하다

Der Arzt hat mir ein Medikament gegen Husten verschrieben.
의사가 내게 기침감기 약을 처방해 줬어요.

참 Rezept *n.* 처방전, (요리) 레시피 ➡ p.152
verschrieben은 verschreiben의 과거 분사예요.

Wartezimmer

대기실

Sie sind als nächster dran. Setzen Sie sich bitte ins Wartezimmer.
당신이 다음 순서예요. 대기실에 앉아 주세요.

연습 문제
Übungen

1 그림에 해당하는 알맞은 표현을 아래에서 골라 번호를 쓰세요.

> ① Gabriela hat starke Kopfschmerzen.
> ② Der Frauenarzt untersucht die schwangere Frau.
> ③ Sport ist wichtig für die Gesundheit.
> ④ Ich muss mich vor der Reise noch impfen lassen.

(1)　　　　　(2)　　　　　(3)　　　　　(4)

(　　)　　(　　)　　(　　)　　(　　)

2 빈칸에 들어갈 알맞은 단어를 고르세요.

(1) Kommen Sie nächste Woche noch einmal in die _____.
　① Termin　　② Sprechstunde　　③ Schmerzen

(2) Im Frühling hustet er öfters. Er leidet unter _____.
　① Heuschnupfen　　② Bauchschmerzen　　③ Medikamente

3 다음 표현을 해당하는 영역으로 분류해 번호를 쓰세요.

> ① untersuchen　　　　② Medikamente verschreiben
> ③ bluten　　　　　　④ Schmerzen haben
> ⑤ zur Apotheke gehen　⑥ im Wartezimmer bleiben
> ⑦ operieren　　　　　⑧ schwer verletzt sein
> ⑨ ein Attest schreiben

(1) Patienten	(2) Ärzte

II 인간관계・사회

die menschliche Beziehung · die Gesellschaft

- **1** 가족 die Familie
- **2** 직업 der Beruf
- **3** 인간관계 die menschliche Beziehung
- **4** 인생 das Leben

1 가족
die Familie

🔊 track 007

---

adoptieren
동
입양하다

Wir haben einen Sohn adoptiert.
우리는 아들을 입양했어요.

참 Adoption *f.* 입양 | Adoptivkind *n.* 입양아

Bruder
명 *m*
남자 형제

Mein Bruder ist zwei Jahre jünger als ich.
내 남동생은 나보다 두 살 어려요.

참 Schwester *f.* 여자 형제

Cousin/Cousine
명
사촌

Peter ist mein Cousin mütterlicherseits.
페터는 나의 외사촌이에요.

참 Vetter *m.* 사촌 | Vetterin *f.* 여자 사촌

 Cousine를 Kusine로 표기하기도 해요.

Eltern
명 *(pl)*
부모님

Alle Eltern wollen das Beste für ihr Kind.
모든 부모님들은 아이를 위해 최선을 다하려고 해요.

참 Mutter *f.* 어머니 | Vater *m.* 아버지

Enkel/in
명
손자/손녀

Er ist der Enkel eines berühmten Schauspielers.
그는 유명한 배우의 손자예요.

 Enkelkind *n.* 손자, 손녀
참 Enkeltochter *f.* 손녀 | Enkelsohn *m.* 손자

erben
동
상속받다

Sophia hat von ihren Eltern ein Haus geerbt.
소피아는 부모로부터 집을 상속받았어요.

🔍 명사 Erbe가 남성이면 '상속인'의 뜻이고, 중성이면 '유산'의 뜻이에요.

Familie
명 (f)
가족

Zur Geburtstagsfeier meines Großvaters trifft sich die ganze Familie.
할아버지 생신 잔치 때는 온 가족이 만나요.

🔍 Familie는 복수로 혼동하기 쉬운데, 복수는 Familien이에요.

Frau
명 (f)
아내

Ich suche ein Geschenk für meine Frau.
제 아내를 위한 선물을 찾고 있어요.

참 Mann *m.* 남편
🔍 Frau/Mann은 '여자/남자'의 뜻도 있어요.

Generation
명 (f)
세대

Die Generation meiner Großmutter hat den Koreakrieg erlebt.
제 할머니 세대는 한국 전쟁을 겪었어요.

참 Generationskonflikt *m.* 세대 갈등 |
　　Generationswechsel *m.* 세대 교체

Geschwister
명 (pl)
형제자매

A **Haben Sie noch Geschwister?**
　형제자매가 있나요?

B **Ja, ich habe noch einen Bruder.**
　예, 남자 형제 한 명이 있어요.

참 Zwilling *m.* 쌍둥이

II. 인간관계 · 사회 die menschliche Beziehung · die Gesellschaft

1 가족 die Familie

Heimat
명 *f*
고향

Sie wohnt seit langem in Hamburg, nun ist Hamburg zu ihrer zweiten **Heimat** geworden.
그녀는 오래전부터 함부르크에서 살고 있고, 이제 함부르크는 그녀의 두 번째 고향이 되었어요.

> 참 Heimweh *n.* 향수, 향수병 | Heimatland *n.* 고국, 모국 ➜ p.357

Kind
명 *n*
자녀

A Haben Sie **Kinder**?
    자녀가 있나요?
B Nein, ich habe keine **Kinder**.
    아뇨, 전 자식이 없어요.

> Kind는 '아이', '어린이'의 뜻으로도 쓰여요.

Neffe
명 *m*
조카

Ich habe zwei **Neffen** und eine Nichte.
전 두 명의 남자 조카와 한 명의 여자 조카가 있어요.

> 참 Nichte *f.* 조카(여)

Onkel
명 *m*
삼촌

In diesem Sommer besuche ich meinen **Onkel**, der jetzt in der Schweiz wohnt.
이번 여름에 나는 현재 스위스에 살고 있는 삼촌을 방문해요.

> 참 Tante *f.* 이모, 숙모, 고모, 아줌마
> Onkel은 부모의 남자 형제, 즉 큰아버지, 작은아버지, 외삼촌 등을 모두 부르는 말이에요.

Schwager
명 *m*
처남, 형부, 매부

Mein **Schwager** ist jünger als meine Schwester.
형부는 언니보다 연하예요.

> 참 Schwägerin *f.* 올케, 시누이
> 배우자의 남자 형제나 자매의 배우자를 가리키는 말이에요.

Schwieger-eltern
명 pl
시부모님/장인 · 장모

Meine **Schwiegereltern** passen gern auf meinen kleinen Sohn auf, wenn ich manchmal abends ausgehe.
제가 가끔 밤에 외출할 때면, 시부모님은 제 어린 아들을 잘 돌봐 주세요.

Schwieger-tochter
명 f
며느리

Wir verstehen uns mit unserer **Schwiegertochter** leider überhaupt nicht.
우리는 유감스럽게도 며느리와 사이가 아주 안 좋아요.

반 Schwiegersohn m. 사위

---

väterlicher-seits
부
친가 쪽으로

Auf diesem Foto siehst du meine Großeltern **väterlicherseits**.
이 사진에서 너는 나의 친조부모님을 보고 있어.

반 mütterlicherseits 외가 쪽으로

---

verwandt
형
친척의

Er ist mit der Frau des Bürgermeisters **verwandt**.
그는 시장의 부인과 친척이에요.

참 Verwandtschaft f. 친척 관계

Vorfahr
명 m
선조, 조상

Einer seiner **Vorfahren** hat eine Prinzessin geheiratet.
그의 조상들 중 한 명은 공주와 결혼했어요.

유 Ahn m. 선조
반 Nachfahr m. 후손
 동사 형태인 vorfahren은 '차를 타고 앞서가다'의 뜻이 있어요.

II. 인간관계 · 사회 die menschliche Beziehung · die Gesellschaft

1 아래 가계도를 보고 질문에 답하세요.

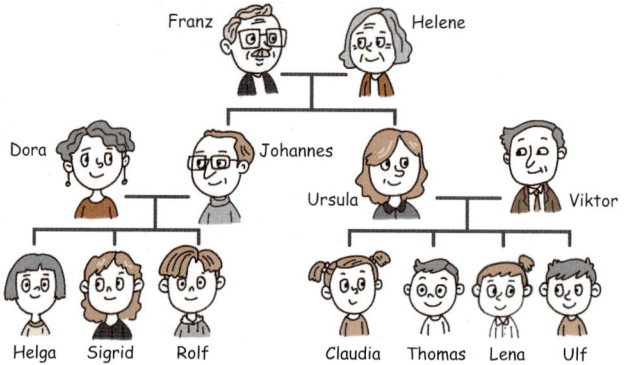

(1) 가계도에 대한 설명으로 옳지 <u>않은</u> 것을 고르세요.

① Helga hat zwei Cousinen.
② Sigrids Großeltern haben sieben Enkelkinder.
③ Thomas und Lena haben eine Tante und einen Onkel.
④ Ulfs Mutter hat einen Bruder.
⑤ Claudia und Rolf sind Geschwister.

(2) 가계도를 보고 빈칸을 채우세요.

ⓐ Ich bin Helene.
Mein _____ heißt Franz. Dora ist meine _____.
Helga ist meine _____.

ⓑ Ich bin Viktor.
Mein _____ heißt Franz. Er hat zwei _____.
Seine _____ heißt Ursula. Sein _____ heißt Johannes.

2 짝지어진 단어의 관계가 어색한 것을 고르세요.

① Tante – Onkel   ② Vetter – Cousine
③ Bruder – Geschwister   ④ Schwager – Schwägerin

2 직업
der Beruf

track 008

Angestellter/ Angestellte
명
회사원

Mein Vater ist Angestellter in einer Firma.
아빠는 한 회사의 회사원이에요.

🔍 형용사 angestellt(고용된)의 명사화된 단어예요.

Arbeitgeber
명 *m*
사용자, 고용주

Was kann man tun, wenn der Arbeitgeber das Gehalt nicht mehr zahlt?
만약 고용주가 급여를 더 이상 지급하지 않으면, 무엇을 할 수 있나요?

반 Arbeitnehmer *m.* 노동자 | Aushilfskraft *f.* 임시직 노동자

---

arbeitslos
형
실직한

Elias ist seit einem halben Jahr arbeitslos.
엘리아스는 반년 전부터 실직한 상태예요.

참 Arbeitslosengeld *n.* 실업 급여 | Arbeitslosenversicherung *f.* 고용 보험 | Arbeitsvertrag *m.* 근로 계약(서) ➡ p.314

Architekt/in
명
건축가

Der junge Architekt hat ein riesiges Hochhaus entworfen.
그 젊은 건축가는 엄청나게 큰 고층 건물을 설계했어요.

참 Architektur *f.* 건축

Arzt/Ärztin
명
의사

Der Arzt hat den Patienten untersucht und ein Medikament verschrieben.
의사는 환자를 진찰하고 약을 처방했어요.

관 zum Arzt gehen 개인 병원에 가다
참 Notarzt *m.* 응급실 (담당) 의사
 의사 선생님을 부를 때는 Doktor라고 해요.

Ⅱ. 인간관계 · 사회 die menschliche Beziehung · die Gesellschaft

2 직업 der Beruf

Ausbildung
명 *f*
직업 교육

Wie lange dauert die **Ausbildung** zur Kindergärtnerin?
유치원 교사가 되기 위한 교육은 얼마나 걸리나요?

참 Azubi *m.f.* 직업 훈련생
Azubi는 Auszubildende(r)의 약어예요.

Bäcker
명 *m*
제빵사

Wer den Beruf des **Bäckers** erlernt, der muss früh aufstehen.
제빵사 일을 배우는 사람은 일찍 일어나야 해요.

참 Bäckerei *f.* 빵집 ➔ p.145

Bauer/Bäuerin
명
농부

In letzter Zeit wollen immer mehr Leute in Korea **Bauer** werden.
최근 한국에서 점점 더 많은 사람들이 농부가 되길 원해요.

참 Landwirtschaft *f.* 농업

Beamte
명 *m*
공무원

Alle Lehrer und Professoren sind **Beamte** in Deutschland.
독일의 모든 교사와 교수는 공무원이에요.

참 Beamtin *f.* 공무원(여)

sich bewerben
동
지원하다, 응모하다

Sie hat **sich** bei einer Computerfirma **beworben**.
그녀는 한 컴퓨터 회사에 지원했어요.

관 sich bewerben um 어떤 자리에 지원하다
참 Bewerbung *f.* 지원 | Werbung *f.* 광고 ➔ p.334

Briefträger
명 *m*
우편배달부

Der Briefträger ist heute noch nicht da.
오늘 우편배달부가 아직 안 왔어요.

참 Briefmarke *f.* 우표 ➡ p.337

Diplomat/in
명
외교관

Diplomat ist für viele Menschen ein Traumberuf.
외교관은 많은 사람들에게 꿈의 직업이에요.

참 Botschafter *m.* 대사 | Botschaft *f.* 대사관 ➡ p.308
Konsulat *n.* 영사관 | Generalkonsul *m.* 총영사

Dolmetscher/in
명
통역사

Eine wichtige Rolle spielt die Arbeit der Dolmetscher bei den Institutionen der EU.
EU (산하) 기관에서 통역사의 업무는 매우 중요해요.

참 Übersetzer/in *m./f.* 번역가

Fachmann/Fachfrau
명

전문가

Er ist ein erfahrener Fachmann in diesem Gebiet.
그는 이 분야에서 경험 있는 전문가예요.

유 Experte *m.* 전문가 | Spezialist *m.* 전문가
참 fachmännisch 전문가적인

Feierabend
명 *m*
퇴근

Ich wünsche Ihnen einen schönen Feierabend.
즐거운 퇴근 시간 보내세요.

참 Feiertag *m.* 공휴일 ➡ p.290

II. 인간관계 · 사회 die menschliche Beziehung · die Gesellschaft

2 직업 der Beruf

Feuerwehrmann
명 *m*
소방관

Als Kind wollte ich immer **Feuerwehrmann** werden.
어렸을 때 난 항상 소방관이 되고 싶었어요.

- 참 Feuerwehrfrau *f.* 여성 소방관 | Feuerwehr *f.* 소방대
- 복수는 Feuerwehrmänner/Feuerwehrleute예요.

Firma
명 *f*
회사

Mein Großvater hat diese **Firma** gegründet.
내 할아버지가 이 회사를 설립했어요.

- 유 Unternehmen *n.* 기업 ➡ p.319
- 복수는 Firmen이에요.

Flugbegleiter/in
명
승무원

Flugbegleiter ist ein toller Beruf, weil man immer auf Reisen ist.
승무원은 항상 여행을 하기 때문에 멋진 직업이에요.

- 참 Flugzeug *n.* 비행기 ➡ p.236

Fotograf/in
명
사진사

Wir suchen einen professionellen **Fotografen** für unsere Hochzeit.
우리는 결혼식을 위해 전문 사진사를 찾고 있어요.

- Fotograf는 단수 1격을 제외하고 2, 3, 4격 어미에 전부 -en이 붙어요.

Friseur/in
명
미용사

Der **Friseur** färbt einer Kundin die Haare.
미용사가 손님의 머리를 염색해요.

- Frisör/in이라고 쓰기도 해요.

Fußball-spieler/in
명
축구 선수

Mein kleiner Bruder will ein berühmter **Fußballspieler** werden.
내 남동생은 유명한 축구 선수가 되고 싶어 해요.

참 Fußballmannschaft *f.* 축구팀 |
Fußballweltmeisterschaft *f.* 축구 월드컵 선수권 대회

Geschäfts-mann/ Geschäftsfrau
명
사업가

Er ist ein erfolgreicher **Geschäftsmann**, deshalb ist er viel unterwegs.
그는 성공적인 사업가예요. 그래서 많이 돌아다녀요.

참 Geschäftsführer *m.* 대표 이사, 사장 |
Geschäftsreise *f.* 출장 ➡ p.274

 Geschäft는 '가게'라는 뜻으로도 쓰여요.

Hausfrau/ Hausmann
명
전업주부

Die Arbeit einer **Hausfrau** wird oft gering geschätzt.
전업주부의 노동은 종종 과소 평가돼요.

Ingenieur/in
명
엔지니어, 기술자

Er arbeitet als **Ingenieur** bei BMW.
그는 BMW 회사에서 기술자로 일해요.

Journalist/in
명
(신문, 방송의) 기자

Mein Onkel arbeitet als **Journalist** bei einer Zeitung.
제 삼촌은 한 신문사에서 기자로 일해요.

참 Ansager/in *m./f.* 아나운서 ➡ p.328

Ⅱ. 인간관계 · 사회 die menschliche Beziehung · die Gesellschaft

2 직업 der Beruf

Kassierer/in

계산원, 수납원

Ich finde den **Kassierer** in diesem Supermarkt sehr nett.
난 이 슈퍼마켓의 계산원이 아주 친절한 것 같아요.

참 Kasse *f.* 계산대 ➡ p.178

Koch/Köchin

요리사

Koch als Beruf ist heute besonders bei jungen Menschen beliebt.
요리사라는 직업은 특히 요즘 젊은 사람들에게 인기가 많아요.

참 Chefkoch *m.* 주방장, 일류 요리사 | Kochkunst *f.* 요리법

Kollege/Kollegin

동료

Mein **Kollege** und bester Freund hat morgen Geburtstag, was soll ich ihm schenken?
나랑 가장 친한 동료가 내일 생일인데 뭘 선물해야 할까요?

유 Mitarbeiter/in *m./f.* 동료

Kranken-schwester
명 *f*
간호사

Die Arbeit einer **Krankenschwester** ist körperlich sehr anstrengend.
간호사 일은 육체적으로 몹시 힘들어요.

참 Krankenpfleger/in *m./f.* 간호사, 간병인 | Krankenhaus *n.* 종합 병원 ➡ p.226

Lehrer/in

교사

Er ist **Lehrer** für Mathematik und Physik an einem Gymnasium.
그는 인문 고등학교에서 수학과 물리를 가르치는 선생님이에요.

참 Schule *f.* 학교 ➡ p.97

Maler/in

 화가

Vincent van Gogh ist ein niederländischer **Maler**.

빈센트 반 고흐는 네덜란드 화가예요.

참 Bildhauer/in *m./f.* 조각가 ➜ p.107

Metzger/in

 정육업자

Leon arbeitet seit drei Jahren als **Metzger** in einer Metzgerei.

레온은 3년 전부터 정육점에서 정육업자로 일해요.

유 Fleischer/in *m./f.* 정육업자
참 schlachten 도축하다 | Metzgerei *f.* 정육점 ➜ p.147

Musiker/in

 음악가

Der **Musiker** begann Gitarre zu spielen.

그 음악가는 기타 연주를 시작했어요.

관 Musik machen 악기를 연주하다
참 Sänger/in *m./f.* 가수 | Instrument *n.* 악기 ➜ p.108
　Oper *f.* 오페라 ➜ p.110

Pfarrer/in

 목사

Der **Pfarrer** hält am Sonntag seine Predigt.

목사님은 일요일에 설교를 해요.

참 evangelischer Pfarrer 개신교 목사 |
　katholischer Pfarrer 가톨릭 신부 | Gottesdienst *m.* 예배
　| Messe *f.* 가톨릭 미사

Pilot/in

 조종사, 비행사

Trotz des dichten Nebels hat der **Pilot** das Flugzeug sicher gelandet.

짙은 안개에도 불구하고 조종사는 비행기를 안전하게 착륙시켰어요.

참 Flugzeug *n.* 비행기 ➜ p.236

2 직업 der Beruf

Polizist/in

경찰관

Der Traumberuf tausender kleiner Jungen ist **Polizist**.
수없이 많은 어린 소년들의 꿈이 경찰관이에요.

유 Polizei *f.* 경찰, 경찰관

Professor/in

교수

Er ist **Professor** für französische Sprachwissenschaft.
그는 프랑스어 학과의 교수예요.

참 Dozent/in *m./f.* 대학 강사 |
Wissenschaftler/in *m./f.* 학자, 과학자

Rechtsanwalt/ Rechtsanwältin

변호사

Heinz hat Jura studiert, um **Rechtsanwalt** zu werden.
하인츠는 변호사가 되기 위해 법학을 전공했어요.

참 Staatsanwalt/Staatsanwältin *m./f.* 검사 |
Richter/in *m./f.* 판사 ➜ p.311

Schauspieler/in

배우

Ich glaube, das Privatleben der bekannten **Schauspieler** muss geschützt werden.
저는 유명한 배우들의 사생활이 보호되어야 한다고 생각해요.

Schriftsteller/in

작가

Goethe war nicht nur **Schriftsteller**, sondern auch Naturforscher und Staatsmann.
괴테는 작가였을 뿐만 아니라, 자연 과학자와 정치가였어요.

유 Autor/in *m./f.* 작가 ➜ p.112
참 Künstler/in *m./f.* 예술가 ➜ p.109

Sekretär/in

비서

Wenn Sie mit Herrn Hoffmann sprechen wollen, melden Sie sich zuerst bei seiner **Sekretärin**.

호프만 씨와 이야기하고 싶으시면, 먼저 그의 비서에게 연락하세요.

selbständig

독립적인, 자영업을 하는

Ich möchte mich mit meiner Geschäftsidee **selbständig** machen.

난 내 사업 아이디어로 자영업을 하고 싶어요.

- 관 sich selbständig machen 자영업을 하다
- 참 Selbständige *m.f.* 자영업자
- 🔍 selbstständig로 표기하기도 해요.

tüchtig

유능한

Herr Bauer war ein **tüchtiger** Mitarbeiter, der alle Arbeiten mit großem Fleiß erledigt hat.

바우어 씨는 모든 업무를 성실히 수행한 유능한 직원이었어요.

- 참 Tüchtigkeit *f.* 유능함

Überstunde

초과 근무

Wir müssen **Überstunden** machen, um mit dem Auftrag fertig zu werden.

우리는 주문을 끝내기 위해 초과 근무를 해야 해요.

Verkäufer/in

판매원, 점원

Der **Verkäufer** hat mir diese Krawatte empfohlen.

그 판매원이 내게 이 넥타이를 추천했어요.

연습 문제
Übungen

1 다음 그림에 해당하는 직업을 쓰세요.

(1)  (2)  (3)   (4)

(   ) (   ) (   ) (   )

2 다음 설명에 맞는 직업을 고르세요.

(1)
A Er untersucht den Patienten und schreibt ein Rezept. Was ist er von Beruf?
B Er ist _____.

① Pilot   ② Krankenschwester   ③ Rechtsanwalt   ④ Arzt

(2)
A Sie fertigt eine Skizze an oder mischt die Farben auf der Palette. Was ist sie von Beruf?
B Sie ist _____.

① Bäckerin   ② Architektin   ③ Malerin   ④ Schauspielerin

3 빈칸에 들어갈 적합한 단어를 골라 글을 완성하세요.

> Überstunden   bewerben   selbstständig   arbeitslos

Anton war Angestellter bei einer Firma. Aber er ist seit drei Monaten (1) _____.
Jetzt will er sich um eine neue Stelle (2) _____.
Man sagt, da muss man oft (3) _____ machen.
Das gefällt ihm nicht. Deshalb überlegt er sich nun, ob er sich lieber (4) _____ machen sollte.

3 인간관계
die menschliche Beziehung

 track 009

Beziehung
명 f
관계

Wir haben eine freundschaftliche **Beziehung** zueinander.
우린 서로 친구 관계예요.

[참] Liebesbeziehung f. 사랑하는 사이

einladen
동
초대하다

Ich habe ein paar Freunde zu meinem Geburtstag **eingeladen**.
친구 몇 명을 내 생일에 초대했어요.

[관] jmdn. einladen zu ~을/를 ~(으)로 초대하다
[참] Einladung f. 초대

Freund/in
명
친구

Anna fährt in diesem Sommer mit ihrem **Freund** in Urlaub.
안나는 이번 여름에 남자 친구와 휴가를 가요.

[반] Feind m. 적, 원수
[참] Freundschaft f. 우정 | freundlich 친절한 ➜ p.22

gefallen
동
마음에 들다

Das Mädchen mit dem blonden Haar hat ihm gut **gefallen**.
금발 머리 소녀가 그의 마음에 들었어요.

 Gefallen이 명사로 쓰일 때 '친절', '호의'라는 뜻이 있어요.
gefallen은 3격 목적어를 취해요.

gegenseitig
형
상호의, 서로의

Man muss sich **gegenseitig** respektieren.
사람들은 서로 존중해야 해요.

II. 인간관계 · 사회 die menschliche Beziehung · die Gesellschaft

3 인간관계 die menschliche Beziehung

gehorchen
동
순종하다, 따르다

Er **gehorchte** dem Wunsch seiner Eltern und studierte Medizin.
그는 부모님의 뜻을 따라 의학을 전공했어요.

참 Gehorsam *m.* 복종 | gehorsam 순종적인

hassen
동
미워하다, 싫어하다

Kann man jemanden ohne Grund **hassen**?
누군가를 이유도 없이 미워할 수 있을까요?

반 lieben 사랑하다 ➡ p.77
참 Hass *m.* 미움, 증오 | hässlich 싫은, 혐오스러운

helfen
동
돕다

Können Sie mir **helfen**, wenn Sie Zeit haben?
시간이 있으면 좀 도와줄래요?

참 Hilfe *f.* 도움, 조력

kennenlernen
동
알게 되다, 사귀다

Wo und wie habt ihr euch **kennengelernt**?
너희들은 어디서 어떻게 알게 되었니?

Konflikt
명 *m*
갈등

Ich weiß nicht, wie ich **Konflikte** mit meinem Kollegen lösen kann.
내 동료와의 갈등을 어떻게 풀어야 할지 모르겠어요.

Kontakt
명 *m*
교류, 접촉

Ich habe heute noch **Kontakt** zu meiner Grundschullehrerin.
난 지금까지 초등학교 선생님과 연락을 해요.

관 Kontakt haben zu(mit) ~와/과 교류하다, 연락하다

lieben
동
사랑하다

Wenn man **liebt**, sieht die Welt viel schöner aus.
사랑을 하면 세상이 훨씬 더 아름답게 보여요.

관 jmdn. lieb haben 누구를 사랑하다
참 Liebe *f.* 사랑

mögen
동
좋아하다

Ich **mag** kleine Kinder, deshalb passe ich gern auf meinen Enkelsohn auf.
난 어린아이들을 좋아하기 때문에 손자를 기꺼이 돌봐 줘요.

관 jmdn. gern haben 누구를 좋아하다

Nachbar/in
명
이웃

Wir haben nette **Nachbarn** und trinken manchmal zusammen Kaffee.
우리 이웃들은 친절해요. 그리고 우리는 가끔 함께 커피를 마셔요.

Pate/Patin
명
대부/대모

Ich bin **Pate** von zwei Mädchen und kümmere mich immer um die beiden.
나는 두 소녀의 대부이고 항상 이 둘에 대해 신경 써요.

유 Patentante/Patenonkel *m./f.* 대부/대모
참 Patenkind *n.* 대자/대녀
🔍 대부와 대모는 가톨릭에서 영세를 받을 때 증인이 되는 신앙적인 후견인을 의미해요.

II. 인간관계 · 사회 die menschliche Beziehung · die Gesellschaft

3 인간관계 die menschliche Beziehung

quälen

괴롭히다

Mein Chef quält mich dauernd mit schwierigen Aufgaben.
나의 상사는 어려운 업무로 지속적으로 나를 괴롭혀요.

참 Qual f. 고통

---

streiten

싸우다

Kinder streiten ständig um das Spielzeug.
아이들은 장난감을 두고 끊임없이 싸워요.

참 Streit m. 싸움, 분쟁

---

sich trennen

헤어지다

Neulich hat sie sich von ihrem Freund getrennt.
최근에 그녀는 남자 친구와 헤어졌어요.

참 Trennung f. 헤어짐, 별거 | trennbar 분리할 수 있는

---

sich unterhalten

대화를 나누다

Wir treffen uns regelmäßig und unterhalten uns über alles.
우리는 정기적으로 만나서 모든 것에 대해 대화를 나눠요.

참 Unterhaltung f. 환담, 즐거움 | unterhaltsam 즐거운

🔍 unter-는 분리 접두어이자 비분리 접두어로도 쓰여요. 여기서는 unterhalten이 비분리 동사로 쓰였어요.

Verabredung

약속

Es ist respektlos, eine Verabredung nicht einzuhalten.
약속을 지키지 않는 것은 실례예요.

참 sich verabreden 약속하다

sich verlieben

사랑에 빠지다

Ich habe mich auf den ersten Blick in ihn verliebt.
난 첫눈에 그에게 반했어요.

관 sich verlieben in jmdn. 누구에게 반하다, 사랑에 빠지다

verraten

배신하다

Er hat seinen Freund verraten.
그는 친구를 배신했다.

'비밀을 누설하다', '밀고하다'의 뜻으로도 쓰여요.

vertrauen

신뢰하다

Geschäftspartner sollen einander vertrauen können.
사업 파트너는 서로 신뢰할 수 있어야 해요.

참 vertrauenswürdig 신뢰할 만한

vorstellen

소개하다

A **Ich stelle Ihnen meinen Mann vor.**
당신에게 제 남편을 소개해 드릴게요.

B **Angenehm.**
반가워요.

'만나서 반갑다'는 말을 할 때는 Angenehm 또는 Freut mich라고 해요.

zuverlässig

신뢰할 수 있는

Martina ist hilfsbereit und zuverlässig, wir sind gute Freunde.
마티나는 잘 돕고 신뢰할 수 있어요. 우리는 좋은 친구죠.

유 treu 믿을 수 있는, 진실한
참 Zuverlässigkeit f. 신뢰

II. 인간관계 · 사회 die menschliche Beziehung · die Gesellschaft

1 그림에 해당하는 단어를 찾아 쓰세요.

> sich trennen   sich verlieben   sich streiten   sich unterhalten

(1)  (2)  (3)  (4)

(   )   (   )   (   )   (   )

2 서로 반대되는 말끼리 연결하세요.

(1) hassen   •   • ① Freund

(2) verraten   •   • ② lieben

(3) Feind   •   • ③ vertrauen

(4) verstehen   •   • ④ missverstehen

3 다음 빈칸에 들어갈 수 <u>없는</u> 표현을 고르세요.

> Anna ist meine liebe Nachbarin.
> _____

① Wir respektieren uns gegenseitig.

② Wir haben eine freundschaftliche Beziehung.

③ Wir verstehen uns sehr gut.

④ Wir quälen uns andauernd.

⑤ Wir unterhalten uns manchmal.

 **인생** das Leben

alt

늙은, 나이가 ~살인

A Wie **alt** sind Sie? 몇 살인가요?
B Ich bin gerade dreißig Jahre **alt** geworden.
전 이제 막 30세가 되었어요.

참 Alter *n.* 나이
'늙은'의 뜻으로도 쓰여요.

aufwachsen

성장하다

Meine Mutter ist in einer kleinen Stadt **aufgewachsen**.
제 어머니는 작은 도시에서 성장했어요.

참 Wachstum *n.* 성장, 발육 ➡ p.319
현재 완료에서 sein과 결합해요.

Baby

아기

Sie hat ein **Baby** bekommen.
그녀는 아기를 낳았어요.

참 Babysitter/in *m./f.* 베이비시터 | Babyflasche *f.* 젖병

Beerdigung

장례식

Die **Beerdigung** von meinem Großvater findet am Mittwoch statt.
제 할아버지 장례식은 수요일이에요.

유 Bestattung *f.* 장례식
참 begraben 매장하다 | Grab *n.* 묘, 무덤 | Friedhof *m.* 묘지 ➡ p.225

Beileid

조의

Mein herzliches **Beileid**!
진심으로 애도를 표합니다!

참 Beileidsbesuch *m.* 문상

4 인생 das Leben

Chance
명 *f*
기회

Du hast ja gute **Chancen**, den Job zu kriegen.
넌 그 일자리를 얻을 좋은 기회를 가졌어.

유 Gelegenheit *f.* 기회

Ehepaar
명 *n*
부부

Das glückliche **Ehepaar** feiert heute goldene Hochzeit.
그 행복한 부부는 오늘 금혼식을 올려요.

참 Braut *f.* 신부 | Bräutigam *m.* 신랑 | Ehe *f.* 혼인 관계
🔍 은혼식은 silberne Hochzeit로 표현해요.

Erfolg
명 *m*
성공

Er hatte leider keinen **Erfolg** in seinem Leben.
안타깝게도 그는 삶에서 성공을 해 본 적이 없어요.

반 Misserfolg *m.* 실패
참 erfolgreich 성공적인 | erfolglos 실패한

erwachsen
형
성인이 된

Es ist nicht leicht, mit **erwachsenen** Kindern zusammen zu leben.
성인이 된 자식과 함께 사는 것은 쉽지 않아요.

참 Erwachsene *m.f.* 성인

erziehen
동
양육하다, 키우다

Sie **erzieht** ihre Kinder liebevoll, aber manchmal auch streng.
그녀는 아이를 사랑으로 키우지만, 때때로 엄하게 대하기도 해요.

참 Erziehung *f.* 교육, 양육 | Kindheit *f.* 유년기

Familienstand

혼인 관계

A **Wie ist Ihr Familienstand?**
당신의 혼인 관계가 어떻게 되나요?
B **Ich bin verheiratet.** 전 결혼했어요.

참 ledig 미혼의 | geschieden 이혼한 | verheiratet 기혼의 | verwitwet 사별한

Flitterwochen

신혼여행

Sie verbringen jetzt in der Schweiz die Flitterwochen.
그들은 지금 스위스에서 신혼여행 중이에요.

유 Hochzeitsreise *f.* 신혼여행

geboren

태어난

A **Wann sind Sie geboren?**
당신은 언제 태어났나요?
B **Am 3. April 1985.**
1985년 4월 3일이에요.

참 Geburt *f.* 출생 | Geburtsort *m.* 출생지 | Geburtsdatum *n.* 생년월일

Glück

행운

Es war ein Glück, dass ich den Zug in letzter Sekunde noch erwischt habe.
기차를 마지막 순간에 겨우 탈 수 있었던 것은 운이 좋았어요.

반 Unglück *n.* 불행, 불운 | Pech *n.* 불운
🔍 구어체에서 '돼지'를 뜻하는 Schwein은 '행운'을 의미하기도 해요.
➡ p.264

heiraten

결혼하다

Vor drei Jahren hat meine Tochter einen Italiener geheiratet.
3년 전에 제 딸이 이탈리아인과 결혼했어요.

참 unter die Haube kommen 결혼하다 | Hochzeit *f.* 결혼식 ➡ p.290

Ⅱ. 인간관계 · 사회 die menschliche Beziehung · die Gesellschaft

4 인생 das Leben

Jugendliche
명 m f
청소년

Ab wann dürfen Kinder und Jugendliche arbeiten?
어린이와 청소년은 몇 살부터 노동이 허락되나요?

참 Jugend *f.* 청소년기 | Junge *m.* 소년 | Mädchen *n.* 소녀 | Pubertät *f.* 사춘기

🔍 형용사 jugendlich로 만들어진 명사예요.

Schicksal
명 n
운명

Es war Schicksal, dass wir uns getroffen haben.
우리가 만난 것은 운명이었어요.

참 schicksalhaft 운명적인

schwanger
형
임신한

Meine Frau ist im vierten Monat schwanger.
제 아내는 임신한 지 4개월이 되었어요.

참 Schwangerschaft *f.* 임신 | Frauenarzt *m.* 산부인과 의사

Standesamt
명 n
호적 관리청

Immer mehr Paare verzichten auf eine kirchliche Trauung und entschließen sich zum Heiraten im Standesamt.
점점 더 많은 커플들이 교회에서 결혼식을 하지 않고 호적 관리청에서 해요.

참 Trauzeuge *m.* 결혼 증인

sterben
동
죽다

Der beliebte Filmstar ist durch einen Autounfall viel zu jung gestorben.
그 인기 있는 영화배우는 자동차 사고로 너무 일찍 죽었어요.

유 ums Leben kommen 죽다
 sterben an ~(으)로 죽다

stillen

젖을 먹이다, 수유하다

Die meisten Mütter wollen ihr Baby **stillen**.
대부분의 산모는 모유 수유하기를 원해요.

참 Muttermilch *f.* 모유, 젖

---

taufen

세례를 하다

Der Pfarrer hat meinen Sohn auf den Namen Benjamin **getauft**.
신부님이 제 아들을 벤야민이란 이름으로 세례를 베풀어 주셨어요.

참 Taufe *f.* 세례

Tod

죽음

Krebs ist eine schwere Krankheit, die zum **Tod** führen kann.
암은 사망에 이를 수 있는 심각한 질병이에요.

반 Leben *n.* 삶
참 tot 죽은 | töten 죽이다 ➜ p.325

---

trauern

애도하다, 슬퍼하다

Sie **trauert** noch heute um ihren verstorbenen Mann.
그녀는 지금도 죽은 남편을 애도해요.

참 Trauer *f.* 애도

Verlobte

명 *m* *f*
약혼자

Claudia ist die **Verlobte** von meinem Cousin.
클라우디아는 제 사촌의 약혼녀예요.

참 verlobt 약혼한 | Verlobung *f.* 약혼

연습 문제
Übungen

1 삶의 시기를 단계별로 적어 보세요.

| die Geburt | der Tod | die Jugend |
| die Erwachsenen | die Kindheit | das hohe Alter |

(1) _____ (2) _____

(3) _____ (4) _____

(5) _____ (6) _____

2 다음 그림에 해당하는 단어를 아래에서 골라 쓰세요.

| schwanger | heiraten | Beerdigung | taufen |

(1) (2) (3) (4)

(_____) (_____) (_____) (_____)

3 다음 빈칸에 들어갈 알맞은 단어를 고르세요.

(1)
A Sind Sie verheiratet?
B Nein, ich bin nicht verheiratet. Ich bin _____.

① verwitwet   ② ledig   ③ geschieden

(2)
A Meine Großmutter ist gestern an Krebs gestorben.
B Mein herzliches _____.

① Bestattung   ② Beileid   ③ Trauer

III 교육 · 문화

das Bildungswesen · die Kultur

1. 학용품 die Schulsachen
2. 학교 · 학교생활 die Schule · das Schulleben
3. 영화 · 공연 der Film · die Aufführung
4. 음악 · 회화 die Musik · die Kunst
5. 언어 · 문학 die Sprache · die Literatur

1 학용품
die Schulsachen

Bleistift
명 *m*
연필

In der Regel beginnt das Schreiben in der Grundschule mit dem **Bleistift**.
보통 초등학교에서 쓰기(연습)는 연필로 시작해요.

참 Spitzer *m.* 연필깎이 | Farbstift *m.* 색연필 | Filzstift *m.* 사인펜

Buch
명 *n*
책

In einer Schule lesen alle Schüler und Lehrer ein **Buch** in der Woche.
한 학교에서 모든 학생과 선생님들이 일주일에 책 한 권을 읽어요.

참 Notizbuch *n.* 수첩 | Notizzettel *m.* 메모 용지

Füller
명 *m*
만년필

Leonie hat mir zum Geburtstag einen **Füller** geschenkt.
레오니가 내 생일에 만년필을 선물했어요.

Heft
명 *n*
공책

Der Lehrer sammelt die **Hefte** mit den Hausaufgaben ein.
선생님이 숙제를 한 공책을 걷어요.

Hefter
명 *m*
스테이플러

Kannst du mir kurz deinen **Hefter** ausleihen?
네 스테이플러를 잠깐 빌려줄 수 있니?

참 Heftklammer *f.* 스테이플러 심

Kleber
명 *m*
풀

Warten Sie lange genug, bis der **Kleber** getrocknet ist.
풀이 마를 때까지 충분히 오래 기다리세요.

참 kleben 붙이다

Kreide
명 *f*
분필

Die Lehrerin schreibt etwas mit **Kreide** an die Tafel.
선생님이 분필로 칠판에 무엇인가를 써요.

참 Tafel *f.* 칠판

Kugelschreiber
명 *m*
볼펜

Ich brauche einen **Kugelschreiber**, der sehr leicht ist.
난 아주 가벼운 볼펜 한 자루가 필요해요.

유 Kuli *m.* 볼펜

Landkarte
명 *f*
지도

Wie Sie auf dieser **Landkarte** sehen, liegt die Stadt München in Bayern.
여러분이 지도에서 보듯이, 뮌헨 시는 바이에른 주에 위치하고 있어요.

Lineal
명 *n*
자

Ein **Lineal** wird meistens zum Unterstreichen verwendet.
자는 주로 밑줄을 긋기 위해 쓰여요.

참 Winkellineal *n.* 삼각자, 직각자

III. 교육 · 문화 das Bildungswesen · die Kultur

1 학용품 die Schulsachen

Malkasten
명 *m*
그림물감 상자

Im Kunstunterricht lernen Kinder die Farben in ihrem **Malkasten** kennen.
미술 수업 시간에 아이들은 물감 상자의 색깔을 배우며 익혀요.

Mäppchen
명 *n*
필통

Das ist ein süßes **Mäppchen**. Wo hast du das gekauft?
예쁜 필통이네. 어디서 샀어?

Ordner
명 *m*
서류철, 파일

Ich habe alle Akten in einem **Ordner** abgeheftet.
난 모든 서류를 파일에 정리했어요.

Pinsel
명 *m*
붓

Mit einem feinen **Pinsel** kannst du sehr genau malen.
가는 붓으로 너는 아주 정확히 그릴 수 있어.

Radiergummi
명 *m*
지우개

Mein Vater sagt, das Leben ist wie Zeichnen ohne **Radiergummi**.
아빠는 인생이란 지우개 없이 그리는 그림 같은 것이라고 말해요.

Schere
명 (f)
가위

Reich mir bitte die Schere, damit ich das Buntpapier ausschneiden kann.
그 색종이를 자르게 가위 좀 줘.

관 die Schere zwischen Reich und Arm 빈부 격차

Schreibwaren
명 (pl)
문구류

Wo kann man Schreibwaren günstig kaufen?
어디에서 문구류를 싸게 구입할 수 있나요?

Schultasche
명 (f)
책가방

Ich habe für mein Enkelkind eine Schultasche gekauft.
손주를 위해 책가방 하나를 구입했어요.

유 Schulranzen m. 책가방

Taschenrechner
명 (m)
계산기

Man darf in der Prüfung Taschenrechner benutzen.
시험 시간에 계산기를 사용해도 돼요.

참 rechnen 계산하다 | Tasche f. 주머니 ➡ p.166

Tesafilm
명 (m)
스카치테이프, 셀로판 테이프

Ich habe einen Riss im Papier mit Tesafilm geklebt.
난 종이에 찢어진 곳을 스카치테이프로 붙였어요.

III. 교육 · 문화 das Bildungswesen · die Kultur

연습 문제
Übungen

1 그림에 해당하는 단어를 연결하세요.

(1) • • ① ein Radiergummi

(2) • • ② ein Mäppchen

(3) • • ③ ein Tesafilm

(4) • • ④ eine Schere

2 다음 대화에서 밑줄 친 부분에 해당하지 <u>않는</u> 것을 고르세요.

> A Natürlich kann ich die Adresse sagen. Haben Sie <u>etwas zum Schreiben</u> dabei?
> B Ja, legen Sie los.

① einen Kugelschreiber   ② einen Bleistift
③ einen Füller   ④ einen Malkasten

3 빈칸에 용도에 맞는 학용품을 아래에서 골라 쓰세요.

Pinsel	Ordner	Lineal
Kleber	Kreide	Taschenrechner

(1) Zum Addieren von Zahlen braucht Anna einen _____.
(2) Zum Malen einer Landschaft brauchst du einen _____.
(3) Zum Schreiben an die Tafel braucht er eine _____.
(4) Zum Messen der Länge einer Linie braucht das Kind ein _____.
(5) Zum Abheften der Papiere brauche ich einen _____.
(6) Zum Kleben brauchen die Kinder einen _____.

2 학교 · 학교생활
die Schule · das Schulleben

Abitur
명 (n)
대학 입학시험

Er macht im Mai sein **Abitur**, danach möchte er eine Reise machen.
그는 5월에 대학 입학시험을 보고 난 후, 여행을 하려고 해요.

참 Abiturient *m.* 대학 입학 수험생
🔍 독일 대학은 가을에 입학해요.

abschließen
동
(학교, 과정을) 끝내다, 졸업하다

Ich möchte mein Studium erfolgreich **abschließen**.
난 학업을 성공적으로 마치고 싶어요.

참 Abschluss *m.* 졸업
🔍 '잠그다', '(계약을) 체결하다'의 의미로도 쓰여요.

Aufsatz
명 (m)
에세이, 논문

Wir müssen einen **Aufsatz** über das schönste Erlebnis in den Ferien schreiben.
우리는 방학에 겪은 가장 멋진 경험에 대한 에세이를 써야 해요.

ausfallen

휴강하다, (예정된 것이) 취소되다

Das Seminar von Frau Professor Kottmann **fällt** heute wegen Krankheit **aus**.
코트만 교수의 세미나는 교수님이 편찮으셔서 오늘 휴강이에요.

Bibliothek

도서관

Ich gehe jetzt in die **Bibliothek**, um ein paar Bücher auszuleihen.
책을 몇 권 빌리려고 도서관에 가요.

참 Bibliothekar/in *m./f.* 도서관 사서

2. 학교 · 학교생활 die Schule · das Schulleben

Diplom
명 (n)
석사 학위

Er hat vor einem Jahr sein **Diplom** in Physik gemacht.
그는 1년 전에 물리학 석사를 받았어요.

- 참 Diplomarbeit *f.* 석사 논문 | Magister *m.* 석사 학위
- 🔍 Magister는 인문학과에서 수여하는 석사 학위예요.

Dissertation
명 (f)
박사 논문

Sie hat eine **Dissertation** über den Klimawandel geschrieben.
그녀는 기후 변화에 관한 박사 논문을 썼어요.

- 참 Promotion *f.* 박사 과정 | Doktorand/in *m./f.* 박사 과정생

durchfallen
동
(시험에) 떨어지다

Sie ist bei der Prüfung schon zum zweiten Mal **durchgefallen**.
그녀는 시험에서 벌써 두 번째 떨어졌어요.

- 반 bestehen 합격하다

Fach
명 (n)
과목, 전공

Mein Sohn hat in drei **Fächern** eine Eins bekommen.
제 아들은 세 과목에서 1등급을 받았어요.

- 참 Lieblingsfach *n.* 좋아하는 과목 | Fachgebiet *n.* 전문 분야 | Fachkenntnis *f.* 전문 지식 | Fachzeitschrift *f.* 전문 잡지

fehlen
동
결석하다, 결근하다

Die Schülerin **fehlt** heute wegen Krankheit.
그 여학생은 오늘 질병으로 결석했어요.

- 참 Fehlen *n.* 결석 | Abwesenheit *f.* 결석
- 🔍 '부족하다', '병이 나다', '그립다'의 뜻으로도 쓰여요.

Ferien

명 *pl*
방학, 휴가

Mein Sohn freut sich schon, dass er bald **Ferien** hat.
제 아들은 곧 방학이 되기를 고대해요.

참 Ferienjob *m.* 방학에 하는 아르바이트 | Ferienhaus *n.* 펜션

Gymnasium

명 *n*
인문 고등학교

Wenn man studieren will, muss man aufs **Gymnasium** gehen.
대학 진학을 원하는 사람은 인문 고등학교를 가야 해요.

참 Hauptschule *f.* 하우프트슐레 (실업계) |
Realschule *f.* 레알슐레 (실업계) |
Gesamtschule *f.* 종합 학교

Hausaufgabe

명 *f*
숙제

Du musst zuerst deine **Hausaufgaben** machen, bevor du Fußball spielen gehst.
넌 축구하러 가기 전에 우선 너의 숙제를 해야 해.

Hörsaal

명 *m*
강의실

In welchem **Hörsaal** ist die Anatomievorlesung?
해부학 강의는 어느 강의실에서 하나요?

참 Aula *f.* 대강당

sich immatri-kulieren

대학에 등록하다

Karin hat **sich** für das Sommersemester an der Uni Berlin **immatrikuliert**.
카린은 베를린 대학에 여름 학기 등록을 했어요.

유 sich einschreiben 등록하다
반 sich exmatrikulieren 제적하다, 등록을 말소하다
참 Immatrikulation *f.* 대학 등록

2 학교 · 학교생활 die Schule · das Schulleben

Kindergarten
명 *m*
유치원

Ich muss jetzt mein Kind vom **Kindergarten** abholen.
제 아이를 지금 유치원에서 데리고 와야 해요.

참 Kindergärtner/in *m./f.* 유치원 교사

Klasse
명 *f*
학년

Ihr Sohn kommt nächstes Jahr schon in die dritte **Klasse**.
그녀의 아들은 내년에 벌써 3학년이에요.

참 Klassenzimmer *n.* 교실 | Klassenfahrt *f.* 수학 여행 | Klassenlehrer/in *m./f.* 담임 교사

🔍 '학급'의 뜻으로도 쓰여요.

---

korrigieren
동
첨삭하다, 수정하다

Eigentlich wollte der Lehrer die Aufsätze bis heute **korrigieren**.
원래 선생님이 오늘까지 작문을 첨삭해 주신다고 했어요.

참 Korrektur *f.* 교정

Kurs
명 *m*
강좌

Ich möchte nicht an dem **Kurs** teilnehmen.
난 그 강좌를 수강하지 않을래요.

관 teilnehmen an ~에 참가하다 ➡ p.285

Leistung
명 *f*
업적, 성과

Drei Schüler aus Bayern haben bei der internationalen Mathematik-Olympiade eine hervorragende **Leistung** gezeigt.
바이에른 출신의 세 명의 학생은 국제 수학 올림피아드에서 놀라운 성과를 거두었어요.

참 Leistungsdruck *m.* 성과에 대한 중압감

🔍 기계에 적용되면 '성능'이라는 뜻이에요.

Note
명 *f*
성적

Ich habe in Deutsch eine gute **Note** bekommen.
난 독일어에서 좋은 성적을 받았어요.

- 참 sehr gut 1등급 | gut 2등급 | befriedigend 3등급 | ausreichend 4등급 | mangelhaft 5등급 | ungenügend 6등급
- 🔍 '음표', '악보'의 뜻도 있어요.

Prüfung
명 *f*
시험, 검사

Er bereitet sich auf die mündliche **Prüfung** vor.
그는 구두 시험을 준비해요.

- 유 Test *m.* 시험 | Examen *n.* 시험
- 관 eine Prüfung bestehen 시험에 합격하다

Schule
명 *f*
학교

Ich gehe zu Fuß in die **Schule**, es dauert ca. 10 Minuten.
난 걸어서 학교에 가는데, 약 10분 정도 걸려요.

- 참 Schüler/in *m./f.* 학생
- 🔍 '수업'의 의미도 있어서 nach der Schule는 '방과 후'라는 뜻이에요.

schwänzen
동
(학교 등을) 게으름 피워 빼먹다

Ich war kein Streber, aber dennoch habe ich nie die Schule **geschwänzt**.
난 공붓벌레는 아니었지만 그래도 학교는 절대 빼먹지 않았어요.

- 참 Schwänzer *m.* 상습적인 결석자

Semester
명 *n*
학기

Das **Semester** geht zu Ende, bald haben wir Ferien.
학기가 끝나가요. 곧 방학이에요.

- 참 Sommersemester *n.* 여름 학기 | Wintersemester *n.* 겨울 학기

III. 교육 · 문화 das Bildungswesen · die Kultur

2 학교 · 학교생활 die Schule · das Schulleben

Stipendium
명 (n)
장학금

Ich habe mich um ein **Stipendium** beworben.
전 장학금을 신청했어요.

참 Stipendiat/in m./f. 장학생

Studienfach
명 (n)
전공

Welches **Studienfach** und welcher Beruf passen am besten zu meinen Interessen?
어떤 전공과 직업이 제 관심 분야와 가장 잘 맞을까요?

유 Studium n. 전공
참 Hauptfach n. 주전공 | Nebenfach n. 부전공

studieren
동
대학에 다니다, 전공하다

A Möchtest du nach dem Abitur **studieren**?
입학시험 끝나고 대학에 진학할 거야?
B Nein, ich will erst eine Arbeit suchen.
아니, 우선 일자리를 찾으려고 해.

참 Student/in m./f. 대학생 |
Kommilitone/Kommilitonin m./f. 대학교의 학우

Universität
명 (f)
대학

Die älteste Uni in Deutschland ist die **Universität** Heidelberg.
독일에서 가장 오래된 대학은 하이델베르크 대학이에요.

유 Hochschule f. 대학
참 Fachhochschule f. 전문 대학
 구어체에서 Uni로 줄여서 표현해요.

unterrichten
동
수업하다

Herr Anton **unterrichtet** seit vielen Jahren an dieser Schule.
안톤 씨는 오래 전부터 이 학교에서 수업을 해요.

참 Unterricht m. 수업
 unterrichten의 unter-는 비분리 접두어예요.

Untersuchung
명 *f.*
연구

Das Forschungsteam hat eine **Untersuchung** gemacht, welche Funktion Haustiere bei Kindern haben.
그 연구팀은 애완동물들이 아이들에게 어떤 기능을 하는지 연구했어요.

- 유 Forschung *f.* 연구 ➡ p.46
- 참 Studie *f.* 연구 논문

Vorlesung
명 *f.*
강의

Der Professor hält eine **Vorlesung** über die moderne Kunst.
그 교수는 현대 미술에 관한 강의를 해요.

- 참 Vorlesungsverzeichnis *n.* 강의 계획서

wiederholen
동
복습하다, 반복하다

Ich habe die Lektion noch einmal **wiederholt**.
난 그 과를 다시 복습했어요.

 wiederholen은 '복습하다', '반복하다'의 뜻으로 쓰이면 비분리 동사고 '다시 가지고 오다'의 뜻으로 쓰이면 분리 동사예요.

Wissenschaft
명 *f.*
학문, 과학

Welche Rolle spielen **Wissenschaft** und Technik für unsere Gesellschaft?
학문과 기술은 우리 사회를 위해 어떤 역할을 하나요?

- 참 Wissenschaftler/in *m./f.* 과학자, 학자 |
  Naturwissenschaft *f.* 자연 과학 |
  Geisteswissenschaft *f.* 정신과학, 인문학

Zeugnis
명 *n.*
성적 증명서

Am Ende des Schuljahres gibt es die **Zeugnisse**.
학기말에 성적표가 나와요.

 각종 증명서를 표현할 때도 써요.

Ⅲ. 교육 · 문화 das Bildungswesen · die Kultur

Übungen

1 다음 설명에 맞는 단어를 골라 넣으세요.

    Gymnasium   Bibliothek   Dissertation   Zeugnis

(1) Wenn man studieren will, muss man aufs _____ gehen.

(2) Wenn man ein paar Bücher ausleihen will, muss man in die _____ gehen.

(3) Wenn man eine Prüfung bestanden hat, bekommt man ein _____.

(4) Wenn man promoviert, muss man eine _____ schreiben.

2 의미상 서로 연관 있는 것끼리 연결하세요.

(1) fehlen   •   • ① die Wissenschaftler

(2) forschen   •   • ② der Kurs

(3) teilnehmen   •   • ③ die Abwesenheit

3 문맥상 ⓐ와 ⓑ에 들어갈 말로 알맞게 짝지은 것을 고르세요.

(1)
- Wenn Ihr Kind krank geworden ist, muss das ⓐ _____ am Unterricht in der Schule entschuldigt werden.
- Um sich um ein ⓑ _____ zu bewerben, müssen einige Voraussetzungen erfüllt werden.

① Leistung - Fehlen   ② Mensa - Fach   ③ Fehlen - Stipendium

(2)
- Der Professor hält eine ⓐ _____ über die moderne Musik.
- Mein Sohn hat in Mathe eine schlechte ⓑ _____ bekommen.

① Seminar - Zeugnis   ② Vorlesung - Note

③ Wissenschaft - Prüfung

3 영화 · 공연
der Film · die Aufführung

 track 013

Aufführung
명 *f*
공연

Die **Aufführung** war so schlecht, dass sie vom Publikum ausgepfiffen wurde.
공연은 관객에게 야유를 받을 정도로 엉망이었어요.
유 Vorstellung *f.* 공연, (영화의) 상연 시간
참 aufführen 공연하다

auftreten
동
등장하다

Die Sängerin ist endlich auf die Bühne **aufgetreten**.
가수가 마침내 무대 위로 등장했어요.
참 Auftritt *m.* 등장
🔍 어떤 현상이 나타난다는 표현을 할 때도 써요.

ausverkauft
형
매진된

Die Karten waren innerhalb von wenigen Minuten **ausverkauft**.
입장권이 몇 분 만에 다 팔려 버렸어요.

begabt
형
재능 있는

Sie gilt als künstlerisch sehr **begabt**.
그녀는 예술적 재능이 뛰어나다는 평가를 받아요.
참 Begabung *f.* 재능
🔍 gelten als는 '~(으)로 간주되다', '~(으)로 여겨지다'의 뜻이에요.

Beifall
명 *m*
갈채, 박수

Das Publikum spendete nach der Aufführung stehenden **Beifall**.
관객은 공연 후에 기립 박수를 쳤어요.
유 Applaus *m.* 박수, 갈채

III. 교육 · 문화 das Bildungswesen · die Kultur   101

3 영화 · 공연 der Film · die Aufführung

Bühne
명 *f*
무대

Der Schauspieler betritt die **Bühne** und beginnt zu spielen.
배우가 무대 위로 올라와서 연기를 시작해요.

drehen
동
영화를 촬영하다

Terence Hill **dreht** einen neuen Film in Spanien.
테렌스 힐 감독은 스페인에서 새 영화를 촬영해요.

🔍 drehen은 '돌리다'라는 뜻도 있어요.

Festival
명 *n*
축제

Jedes Jahr findet das große **Festival** für Kinderfilme statt.
매년 성대한 어린이 영화제가 열려요.

참 Filmfestival *n.* 영화 페스티벌

Film
명 *m*
영화

Der **Film** läuft seit zwei Wochen im Kino.
그 영화는 2주 전부터 극장에서 상영되고 있어요.

참 Filmemacher/in *m./f.* 영화 제작자

Garderobe
명 *f*
(공연장 등의) 물품 보관소

Im Konzert muss man den Mantel an der **Garderobe** abgeben.
음악회에서 외투는 보관소에 맡겨야 해요.

Hauptrolle
명 *(f)*
주연

Wer spielt in dem Film die Hauptrolle?
이 영화에서 누가 주연인가요?

- 유 Hauptdarsteller/in *m./f.* 주연
- 참 Nebenrolle *f.* 조연 | Statist/in *m./f.* 단역, 엑스트라

Kino
명 *(n)*
영화관

A **Wie oft gehen Sie ins Kino?**
영화관에 얼마나 자주 가나요?

B **Einmal in der Woche.**
일주일에 한 번 가요.

klatschen
동
박수를 치다

Das Publikum hat nach jedem Satz des Redners geklatscht.
청중은 연사의 말이 끝날 때마다 박수를 쳤어요.

- 유 applaudieren 박수를 치다

Komödie
명 *(f)*
희극

'Minna von Barnhelm' ist eine deutsche Komödie von Lessing.
"민나 폰 바른헬름"은 레싱의 (독일) 희극 작품이에요.

- 반 Tragödie *f.* 비극

kostenlos
형
무료인

Der Eintritt für Kinder unter sechs Jahren ist kostenlos.
6세 이하의 어린이는 입장이 무료예요.

- 유 frei 무료의 | umsonst 무료로 | gratis 공짜로 ➜ p.184

3 영화 · 공연 der Film · die Aufführung

Leinwand
명 (f)
(영화관) 스크린

Im Kino kann man Filme auf der großen **Leinwand** genießen.
극장에서 사람들은 큰 스크린의 영화를 즐길 수 있어요.

🔍 '캔버스', '화폭'이라는 뜻도 있어요.

Publikum
명 (n)
관객

Das **Publikum** war enttäuscht von der Vorstellung des Chors.
관객은 그 합창단의 공연에 실망했어요.

유 Zuschauer/in m./f. 관객

Regisseur/in
명
감독

Der deutsche **Regisseur** Fatih Akin hat erneut einen renommierten Preis bekommen.
독일 감독 파티 아킨은 또 다시 명망 있는 상을 수상했어요.

참 Regie f. 연출, 감독

spannend
형
흥미진진한, 긴장시키는

Der Horrorfilm war wirklich gruselig und **spannend**.
그 공포 영화는 정말 무섭고 긴장됐어요.

참 spannen 팽팽하게 하다, 긴장시키다

Tänzer/in
명
무용수

Tänzer brauchen hartes Training, um auf der Bühne keinen Fehler zu machen.
무용수는 무대에서 실수하지 않기 위해 맹훈련이 필요해요.

Theater
명 (n)
연극, 연극관

Am Wochenende gehe ich manchmal ins **Theater**.
주말에 가끔 연극을 보러 가요.

Untertitel
명 (n)
자막

Die meisten Filme werden im Original mit **Untertiteln** gezeigt.
대부분의 영화는 자막이 있는 오리지널 버전으로 상영돼요.

Zeichentrick-film
명 (m)
만화 영화, 애니메이션

Der erste **Zeichentrickfilm** von Walt Disney ist ‚Schneewittchen und die sieben Zwerge'.
월트 디즈니의 첫 번째 만화 영화는 "백설공주와 일곱 난쟁이"예요.

Zirkus
명 (m)
서커스

Mit meinen Kindern war ich oft im **Zirkus**.
제 아이들과 함께 종종 서커스에 갔어요.

참 Clown *m.* 어릿광대 | Zirkuszelt *n.* 서커스 텐트

Zugabe
명 (f)
앙코르

Die Zuhörer im Konzert klatschten euphorisch und verlangten nach einer **Zugabe**.
음악회에서 청중들은 열광적으로 박수를 치며 앙코르를 요구했어요.

Ⅲ. 교육·문화 das Bildungswesen · die Kultur

연습 문제
Übungen

1 아래 설명과 관련 있는 그림의 번호를 쓰세요.

① ② ③ ④

(1) Als ich ein kleiner Junge war, war ich vollkommen vom Zirkus fasziniert. ( )

(2) Am Wochenende gehe ich manchmal mit meinen Freunden ins Kino. ( )

(3) Petra interessiert sich sehr für Salsa, deshalb sucht sie eine gute Tanzschule. ( )

(4) Ich gehe heute Abend ins Theater. Hast du auch Lust, mitzukommen? ( )

2 서로 연관성 있는 단어들을 연결하여 문장을 완성하세요.

(1) Ein Regisseur •   • ⓐ spielt   •   • ① begeistert.
(2) Das Publikum •   • ⓑ dreht   •   • ② die Hauptrolle?
(3) Wer •   • ⓒ war   •   • ③ spannend.
(4) Der Film •   • ⓓ applaudiert •   • ④ einen Film.

3 다음 설명에 알맞은 단어를 골라 쓰세요.

| begabt | gratis | ausverkauft | Garderobe |

(1) Eine Ware wurde restlos verkauft oder es gibt keine freien Plätze mehr für Veranstaltungen. _____

(2) Ein Talent oder eine besondere Leistungsvoraussetzung einer Person in einem bestimmten Gebiet. _____

(3) Man muss für etwas nichts zahlen, zum Beispiel für eine Ware oder für einen Eintritt. _____

(4) Ein Ort, wo man Mäntel, Jacken usw. während einer Veranstaltung lassen kann. _____

4 음악 · 회화
die Musik · die Kunst

Ausstellung
명 *f*
전시회

Viele Schüler besuchten die **Ausstellung** über das Leben von Anne Frank.
많은 학생들이 안네 프랑크의 일생에 관한 전시회를 방문했어요.

참 ausstellen 전시하다

Band
명 *f*
밴드

Er spielt seit zwei Jahren Schlagzeug in einer **Band**.
그는 2년 전부터 밴드에서 드럼을 연주해요.

🔍 성에 따라 의미가 달라져요. 남성이면 책이나 시리즈의 '권'이란 뜻이고 중성이면 머리에 꽂는 '띠'나 '리본'을 의미해요.

Bild
명 *n*
그림

Vincent van Gogh verkaufte zu Lebzeiten nur ein **Bild**.
빈센트 반 고흐는 생전에 단 한 점의 그림밖에 못 팔았어요.

유 Gemälde *n.* 그림
🔍 '사진'이라는 뜻도 있어요.

Bildhauer/in
명
조각가

Michelangelo ist auch ein berühmter **Bildhauer**.
미켈란젤로는 유명한 조각가이기도 해요.

참 Skulptur *f.* 조각, 조각품

Chor
명 *m*
합창, 합창단

Er leitet einen **Chor** in einer evangelischen Kirche.
그는 교회에서 합창단을 지도해요.

4 음악 · 회화 die Musik · die Kunst

Dirigent/in
명
지휘자

Das Orchester spielt unter der Leitung des jungen **Dirigenten**.
그 오케스트라는 젊은 지휘자의 주도 아래 연주해요.

참 dirigieren 지휘하다

Instrument
명
악기

Er spielt zwei **Instrumente**, Gitarre und Trompete.
그는 두 개의 악기, 기타와 트럼펫을 연주해요.

참 Geige *f.* 바이올린 | Klavier *n.* 피아노 | Blasinstrument *n.* 관악기 | Saiteninstrument *n.* 현악기

Kalligraphie
명 *f*
서예, 서예 작품

Die Volkshochschule bietet einen **Kalligraphie**-Kurs an.
평생 교육원은 서예 강좌를 제공해요.

참 Kalligraph/in *m./f.* 서예가

klassisch
형
고전의, 고전적인

Klassische Musik ist heute bei jungen Leuten nicht so beliebt.
클래식 음악은 오늘날 젊은 사람들에게는 인기가 없어요.

komponieren
동
작곡하다

Wann hat Beethoven seine fünfte Sinfonie **komponiert**?
베토벤은 언제 5번 교향곡을 작곡했나요?

참 Komponist/in *m./f.* 작곡가

Künstler/in

예술가

Der Künstler wurde erst nach seinem Tod berühmt.
그 예술가는 사망 후에 비로소 유명해졌어요.

참 Kunst *f.* 예술, 미술 | Kunststoff *m.* (플라스틱 등의) 합성 물질 | künstlerisch 예술적인 | künstlich 인공적인

Lied

노래, 가곡

Das ist ein bekanntes Lied von Robert Schumann.
이것은 로버트 슈만의 유명한 가곡이에요.

참 Volkslied *n.* 민요 | Kinderlied *n.* 동요

malen

그림을 그리다

Der Maler hat ein Porträt von seiner Mutter gemalt.
그 화가는 어머니의 초상화를 그렸어요.

참 Malerei *f.* 회화 | Maler/in *m./f.* 화가 ➡ p.71

Museum

박물관

Die meisten Museen sind montags geschlossen.
대부분의 박물관들이 월요일에는 열지 않아요.

복수는 Museen이에요.

musikalisch

음악의, 음악적인

Meine Schwester ist musikalisch sehr begabt.
내 여동생은 음악적인 재능이 뛰어나요.

관 Musik machen 악기를 연주하다
참 Musik *f.* 음악 | Musiker/in *m./f.* 음악가 ➡ p.71

III. 교육 · 문화 das Bildungswesen · die Kultur

4 음악 · 회화 die Musik · die Kunst

Note
명 *(f)*
음표

Man muss **Noten** lesen lernen, um ein Instrument zu lernen.
악기를 배우기 위해서 음표 읽는 법을 배워야 해요.

[참] Dur *n.* 장조 | Moll *n.* 단조
🔍 '성적'이라는 뜻도 있어요. ➡ p.97

Oper
명 *(f)*
오페라 (작품, 공연장)

Ich gehe heute Abend mit meinem Freund in die **Oper**.
오늘 저녁에 남자 친구와 오페라를 보러 가요.

[참] Opernsänger/in *m./f.* 오페라 가수 | Tenor *m.* 테너(가수) | Sopran *m.* 소프라노(가수) | Alt *m.* 알토(가수) | Bariton *m.* 바리톤(가수)

---

schöpferisch
형
창조적인

Er hat seine **schöpferische** Kraft entwickelt.
그는 창조력을 키웠어요.

[유] kreativ 창의적인, 창조적인

Werk
명 *(n)*
작품

Der Schriftsteller hat sein neuestes **Werk** vorgestellt.
그 작가는 최근 작품을 소개했어요.

---

zeichnen

스케치하다, 도안하다

Sie hat schon als Kind gern **gezeichnet**.
그녀는 어릴 때부터 스케치를 즐겨 그렸어요.

[참] Zeichenblock *m.* 스케치북

1 다음 설명에 해당하는 그림의 번호를 쓰세요.

① ② ③ ④ ⑤

(1) Ein Dirigent leitet ein Orchester oder einen Chor. ( )
(2) Ein Maler mischt die Farben auf der Palette. ( )
(3) Ein Opernsänger steht auf der Bühne und singt. ( )
(4) Ein Bildhauer entwirft und fertigt Skulpturen an. ( )
(5) Ein Kalligraph widmet sich der Kunst des Schönschreibens.
( )

2 빈칸에 들어갈 수 없는 것을 고르세요.

(1) A Wollen Sie ein Instrument spielen lernen?
B Ja, ich möchte gern _____ spielen lernen.

① Geige　　② Klavier　　③ Trompete　　④ Bild

(2) Vincent van Gogh war ein _____ Künstler.

① schöpferischer　　② kreativer
③ berühmter　　④ musikalischer

3 나머지와 관련이 없는 단어를 고르세요.

(1) ① Note　　② Musiker　　③ Gemälde　　④ Band
(2) ① Ausstellung　　② Museum　　③ Malerei　　④ Lied
(3) ① komponieren　　② zeichnen　　③ Dur　　④ Moll
(4) ① Künstler　　② Komponist　　③ Kunststoff　　④ Kunst

Ⅲ. 교육·문화 das Bildungswesen · die Kultur

5 언어 · 문학
die Sprachen · die Literatur

track 015

Ausdruck
명 *m*
표현

Mir fällt einfach kein besserer **Ausdruck** ein.
더 나은 표현이 떠오르지 않아요.

- 유 Formulierung *f.* 표현
- 참 ausdrücken 표현하다

Aussprache
명 *f*
발음

Wie kann ich meine deutsche **Aussprache** verbessern?
어떻게 하면 제 독일어 발음을 향상시킬 수 있을까요?

Autor/in
명
작가

Goethe ist der berühmteste deutsche **Autor**.
괴테는 가장 유명한 독일의 작가예요.

- 유 Schriftsteller/in *m./f.* 작가 ➡ p.72
- 참 Dichter/in *m./f.* 시인, 작가

beherrschen
동
언어를 구사하다

Sie suchen jemand, der Englisch in Wort und Schrift **beherrscht**.
그들은 영어로 쓰고 말할 수 있는 사람을 찾아요.

🔍 '지배하다', '통치하다'의 뜻으로도 쓰여요.

Biographie
명 *f*
전기

Der Journalist hat eine **Biographie** über den ehemaligen Kanzler geschrieben.
그 기자는 전 수상에 관한 전기를 썼어요.

Buchhandlung

명 *f*

서점

Viele **Buchhandlungen** bieten inzwischen auch portofreien Versand an.

많은 서점들이 무료 배송 서비스를 제공해요.

유 Buchladen *m.* 서점
참 Buchhändler *m.f.* 서적상

Buchmesse

명 *f*

도서 전시회

Jeden Herbst findet in Frankfurt am Main die internationale **Buchmesse** statt.

매년 가을에 프랑크푸르트에서 국제 도서 전시회가 개최돼요.

Comic

명 *m*

만화

Comics sind nicht nur bei Kindern sehr beliebt, sondern auch bei Erwachsenen.

만화는 아이들뿐만 아니라 어른들에게도 인기가 많아요.

Dialekt

명 *m*

사투리, 방언

Man kann ihn nur schwer verstehen, weil er starken **Dialekt** spricht.

그는 심한 사투리를 쓰기 때문에 그(의 말)를 이해하기 어려워요.

유 Mundart *f.* 방언
참 Hochdeutsch *n.* 표준 독일어

Epoche

명 *f*

시대, 시기

Aus welcher **Epoche** stammt dieses Werk?

이 작품은 어느 시대의 것인가요?

유 Zeitalter *n.* 시대 ➡ p.222
관 Epoche machen 새 시대를 열다 | epochemachend 획기적인

III. 교육·문화 das Bildungswesen · die Kultur

5 언어 · 문학 die Sprachen · die Literatur

erscheinen
동
출간되다

Das Buch erscheint später als geplant.
그 책은 예정보다 늦게 출간돼요.

- 참 herausgeben 발행하다, 출판하다 | veröffentlichen 출판하다
- '나타나다', '모습을 드러내다'의 뜻으로도 쓰여요.

fließend
형
유창한

Er spricht fließend Französisch.
그는 프랑스어를 유창하게 해요.

Genre
명 *(n)*
장르

Ich mag keine Romane in diesem Genre.
난 이 장르의 소설을 좋아하지 않아요.

- 유 Gattung *f.* 장르

Geschichte
명 *(f)*
이야기

Meine Großmutter erzählte mir immer spannende Geschichten.
할머니가 제게 항상 흥미진진한 이야기들을 들려줬어요.

- '역사'라는 뜻도 있어요.

Grammatik
명 *(f)*
문법

Die deutsche Grammatik fällt mir sehr schwer.
독일어 문법은 제게 몹시 어려워요.

- 참 grammatisch 문법적으로 | schwer fallen 어렵다

Leser/in

명
독자

Das Buch hat viele begeisterte Leser gefunden.

그 책은 많은 열렬한 독자가 생겼어요.

참 Leserbrief *m.* 독자란

Lexikon
명 *(n)*
백과사전

Wenn man schnell einen Begriff nachschlagen will, ist das Lexikon sehr nützlich.

개념을 빠르게 찾고자 한다면 백과사전이 아주 유용해요.

Literatur
명 *(f)*
문학

Ich interessiere mich besonders für klassische Literatur.

난 특히 고전 문학에 관심이 있어요.

참 Drama *n.* 극 문학, 희곡 | Gedicht *n.* 시

Märchen
명 *(n)*
동화

Weißt du vielleicht, wer das Märchen geschrieben hat?

누가 그 동화를 썼는지 혹시 아니?

참 Fabel *f.* 우화 | Mythos *m.* 신화

Protagonist/in
명

주인공

Bei den meisten Romanen siegt der Protagonist am Ende.

대부분의 소설에서 주인공은 결말에 승리해요.

유 Held/in *m./f.* 주인공, 영웅

5 언어 · 문학 die Sprachen · die Literatur

Redewendung
명 *f*
숙어, 관용구

Welche abergläubigen Redewendungen kennen Sie?
미신에 대한 어떤 관용구를 아나요?

유 Idiom *n.* 숙어, 관용어

Roman
명 *m*
소설

Der Roman ‚Unterm Rad' ist ein bekanntes Werk von Hermann Hesse.
소설 "수레바퀴 아래서"는 헤르만 헤세의 유명한 작품이에요.

참 Romantik *f.* 낭만주의 | romantisch 낭만적인 | Erzählung *f.* 단편 소설, 이야기

---

schildern
동
묘사하다

In dem Roman schildert der Autor die Kindheit und Jugend in der Nachkriegszeit.
소설에서 작가는 전쟁 후의 유년기와 청소년기를 그려요.

유 beschreiben 묘사하다 | darstellen 묘사하다

Sprache
명 *f*
언어

A **Welche Sprachen sprechen Sie?**
어떤 언어를 할 수 있나요?

B **Englisch und ein bisschen Deutsch.**
영어와 독일어를 조금 해요.

참 Fremdsprache *f.* 외국어 | Muttersprache *f.* 모국어 | Umgangssprache *f.* 구어 | Alltagssprache *f.* 일상 언어

Sprichwort
명 *n*
격언, 속담

Viele Sprichwörter, die wir heute noch benutzen, stammen aus der Bibel.
우리가 오늘날 사용하는 많은 격언들은 성서에서 유래해요.

übersetzen
동
번역하다

Luther hat die Bibel ins Deutsche **übersetzt**.
루터가 성경을 독일어로 번역했어요.

참 Übersetzer/in *m./f.* 번역가

vergriffen
형
절판된

Dieses Buch ist **vergriffen** und wird nicht mehr nachgedruckt.
이 책은 절판돼서 더 이상 인쇄되지 않아요.

Verlag
명 *m*
출판사

Die Autorin hat ihr Manuskript an den **Verlag** geschickt.
작가는 원고를 출판사에 보냈어요.

Wörterbuch
명 *n*
사전

Was ist das beste Deutsch-Englisch **Wörterbuch** im Internet?
인터넷에서 가장 좋은 독영 사전이 무엇인가요?

Wortschatz
명 *m*
어휘

Ein guter Rhetoriker braucht einen großen **Wortschatz**.
훌륭한 웅변가는 많은 어휘를 알아야 해요.

유 Vokabular *n.* 어휘

연습 문제
Übungen

1 다음 그림과 관련 있는 단어를 연결하세요.

(1)

(2)

(3)

① Märchen   ② Roman   ③ Comic

2 아래에서 유사어를 찾아서 쓰세요.

> Ausdruck   Autor   Buchhandlung
> Dialekt   Epoche   Genre
> Protagonist Redewendung   Wortschatz
> Umgangssprache beschreiben veröffentlichen

(1) Alltagssprache _____   (2) Formulierung _____
(3) Held _____   (4) herausgeben _____
(5) schildern _____   (6) Buchladen _____
(7) Mundart _____   (8) Zeitalter _____
(9) Schriftsteller _____   (10) Gattung _____
(11) Idiom _____   (12) Vokabular _____

3 다음 빈칸에 들어갈 단어가 올바르게 배열된 것을 고르세요.

- Jemand _____ etwas Geschriebenes oder Gesprochenes von einer Sprache in eine andere.
- Ein _____ ist ein Unternehmen, das Manuskripte herstellt oder kauft und dann in gedruckter Form als Bücher oder Zeitschriften wieder verkauft.

① beherrscht, Lexikon   ② erscheint, Stimme
③ übersetzt, Verlag   ④ schildert, Geschichte

IV 식생활
die Ernährung

1. 고기 · 생선 · 해산물
   das Fleisch · der Fisch · die Meeresfrüchte
2. 과일 · 채소 · 곡물 das Obst · das Gemüse · die Getreide
3. 음식 · 음료 das Essen · die Getränke
4. 맛 · 조리법 der Geschmack · die Kochkunst
5. 상점 · 식당 die Geschäfte · die Restaurants
6. 식기 · 주방용품 das Geschirr · die Küchengeräte

 # 고기 · 생선 · 해산물
das Fleisch · der Fisch · die Meeresfrüchte

Auster
명 *f*
굴

In diesem Laden kann man frische **Austern** kaufen.
이 가게에서 신선한 굴을 살 수 있어요.

Ente
명 *f*
오리

Eine ganze **Ente** zubereiten ist leichter, als man denkt.
오리를 통째 조리하는 것은 생각보다 쉬워요.

Fisch
명 *m*
생선

Fisch ist reich an Eiweiß und enthält viele Omega-3-Fettsäuren.
생선은 단백질이 풍부하고 오메가 3 지방산이 많이 함유되어 있어요.

참 fischen 고기를 잡다 | Fischer *m.* 어부, 낚시꾼

Fleisch
명 *n*
고기

Paul isst kein **Fleisch**, weil er Vegetarier ist.
파울은 채식주의자여서 고기를 먹지 않아요.

참 Metzger *m.* 도축업자 ➡ p.71
　Metzgerei *f.* 정육점 ➡ p.147

Gans
명 *f*
거위

Zu Weihnachten kocht Maria gern **Gans** oder Pute.
마리아는 크리스마스에 거위나 칠면조로 즐겨 요리해요.

참 Gänsehaut *f.* 닭살, 소름
🔍 Truthahn도 '칠면조(수컷)'란 뜻이에요.

Garnele
명 *f*
새우

Ich würde heute gerne Spaghetti mit **Garnelen** machen.
오늘 저는 새우를 넣은 스파게티를 만들고 싶어요.

유 Shrimp *m.* 새우

Geflügel
명 *n*
(닭, 오리, 거위 등의) 가금류

Meine Kinder essen nicht gern **Geflügel**.
제 아이들은 가금류를 잘 먹지 않아요.

참 Flügel *m.* 날개, 그랜드 피아노

Huhn
명 *n*
닭

Ich koche ein **Huhn** mindestens eine Stunde, damit das Fleisch weich wird.
전 고기가 부드러워지도록 닭을 적어도 한 시간은 삶아요.

참 Küken *n.* 병아리 | Henne *f.* 암탉 | Hahn *m.* 수탉 ➜ p.259

Hummer
명 *m*
바닷가재

Hummer gehört zu den teuersten Meeresfrüchten.
바닷가재는 가장 비싼 해산물에 속해요.

Krebs
명 *m*
게

Krebse sind leuchtend rot, wenn sie gekocht werden.
게는 삶으면 붉은빛이 나요.

🔍 Krebs는 '암'이라는 질병의 뜻으로도 쓰여요.

Ⅳ. 식생활 die Ernährung

고기 · 생선 · 해산물 das Fleisch · der Fisch · die Meeresfrüchte

Lachs
명 *m*
연어

Der **Lachs** ist einer der beliebtesten Speisefische in Deutschland.
연어는 독일에서 가장 인기 있는 생선 요리 중의 하나예요.

참 geräucherter Lachs 훈제 연어

Makrele
명 *f*
고등어

Die **Makrele** ist ein sehr fettreicher Fisch.
고등어는 기름이 아주 많은 생선이에요.

Meeresfrüchte
명 *pl*
해산물

Allgemein ist die koreanische Küche reich an **Meeresfrüchten**.
일반적으로 한국 요리에는 해산물이 풍부해요(풍부하게 쓰여요).

🔍 Küche는 '부엌'이라는 뜻과 더불어 '요리'라는 뜻도 있어요. ➡ p.192

Muschel
명 *f*
조개류

Die Auster ist eine **Muschel**, in der man manchmal Perlen findet.
굴은 안에서 가끔 진주가 발견되는 조개류예요.

참 Miesmuschel *f.* 홍합

Rindfleisch
명 *n*
소고기

Je länger man **Rindfleisch** kocht, desto zäher wird es.
소고기는 오래 삶을수록 더 질겨져요.

참 Rind *n.* 소 | Rinderbraten *m.* 불고기

Sardine
명 *f*
정어리

Die **Sardine** wird meist in Öl eingelegt und in Dosen verkauft.
정어리는 보통 기름에 절여 통조림으로 팔아요.

참 Konservierungsmittel *n.* 저장 식품

Schnecke
명 *f*
달팽이

Außer in Frankreich isst man auch in vielen Ländern **Schnecken**.
프랑스 외에도 많은 나라에서 달팽이를 먹어요.

Schweine-fleisch
명 *n*
돼지고기

Moslems essen kein **Schweinefleisch**.
무슬림들은 돼지고기를 먹지 않아요.

참 Schwein *n.* 돼지 ➡ p.264

Seetang
명 *m*
해조류

In der japanischen Küche spielen Algen und **Seetang** eine große Rolle.
일본 요리에서 해조류는 중요한 역할을 해요.

참 Alge *f.* 해초 | Seetangsuppe *f.* 미역국

Thunfisch
명 *m*
참치

Thunfisch ist eine Delikatesse unten den Fischen, sein rotes Fleisch ist zart.
참치는 생선 중에서 고급 식품이며, 붉은 살이 부드러워요.

연습 문제
Übungen

1 그림에 해당하는 이름을 쓰세요.

(1)
_____

(2)
_____

(3)
_____

(4)
_____

2 아래 단어를 세 영역으로 구분하세요.

① Ente ② Algen ③ Miesmuschel
④ Schwein ⑤ Huhn ⑥ Rind

(1) Geflügel	(2) Meeresfrüchte	(3) Fleisch

3 다음 설명에 해당하는 단어를 고르세요.

(1) _____ ist ein sehr großer, im Meer lebender Krebs mit kräftigen Scheren.

① Makrele　　② Hummer　　③ Sardine

(2) _____ ist ein Tier mit kurzen Beinen und dicker Haut und gilt als Glückssymbol.

① Rindfleisch　　② Garnele　　③ Schwein

2 과일 · 채소 · 곡물
das Obst · das Gemüse · die Getreide

 track **017**

Ananas
명 *f*
파인애플

Die **Ananas** ist nach der Banane eine der beliebtesten tropischen Früchte.
파인애플은 바나나 다음으로 가장 인기 있는 열대 과일 중의 하나예요.

참 Ananassaft *m.* 파인애플 주스

Apfel
명 *m*
사과

Menschen, die regelmäßig einen **Apfel** essen, sind gesund.
규칙적으로 사과를 먹는 사람은 건강해요.

참 Apfelwein *m.* 사과주 | Granatapfel *m.* 석류

Aprikose
명 *f*
살구

Die **Aprikose** stammt ursprünglich aus Asien, wird aber heute in ganz Europa angebaut.
살구는 원래 아시아가 원산지이지만, 오늘날에는 유럽 전역에서 재배돼요.

참 Aprikosenmarmelade *f.* 살구잼

Aubergine
명 *f*
가지

Die **Aubergine** ist eine längliche und violette Frucht, die man als Gemüse isst.
가지는 사람들이 야채로 먹는 긴 보라색 열매예요.

Banane
명 *f*
바나나

Gebackene **Bananen** mit Honig sind beim Chinesen eine leckere Nachspeise.
꿀을 발라 구운 바나나는 중국인들에게 맛있는 후식이에요.

IV. 식생활 die Ernährung

2 과일 · 채소 · 곡물 das Obst · das Gemüse · die Getreide

Birne
명 *f*
배

Die **Birne** ist sehr gesund und enthält viele wichtige Vitamine.
배는 건강에 좋고 중요한 비타민을 많이 함유하고 있어요.

참 Glühbirne *f.* 전구
🔍 유럽의 배는 백열등과 형태가 유사해서 전구를 Glühbirne라고 해요.

Bohne
명 *f*
콩

Die **Bohnen** gehören zu den weltweit wichtigsten Nahrungsmitteln.
콩은 전 세계적으로 가장 중요한 식품에 속해요.

참 Erbse *f.* 완두콩

Champignon
명 *m*
양송이

Champignons sind die Pilze, die wild im Wald wachsen oder gezüchtet werden.
양송이는 숲속에서 야생하거나 재배되는 버섯이에요.

Chinakohl
명 *m*
배추

Chinakohl stammt aus China, wie man aus dem Namen vermuten kann.
배추는 그 명칭에서 추측할 수 있듯이 중국에서 유래해요.

참 Weißkohl *m.* 양배추

Erdbeere
명 *f*
딸기

A Was kostet ein Kilo **Erdbeeren**?
딸기 1kg에 얼마예요?
B **1,99 Euro.**
1유로 99센트예요.

faul

형
썩은, 부패한

Die Äpfel sahen von außen frisch aus, aber innen waren sie faul.
사과가 겉으로는 싱싱해 보였으나 속이 썩었어요.

유 verdorben 상한, 부패한

🔍 faul은 '게으르다'라는 뜻으로도 쓰여요.

Gerste

명 *(f)*
보리

In Europa isst man selten Gerste, vorwiegend wird sie für die Bierherstellung verwendet.
유럽에서 사람들은 보리를 잘 먹지 않고 주로 맥주 생산에 사용해요.

Gurke

명 *(f)*
오이

Die Gurke ist ein guter Durstlöscher, weil sie viel Wasser enthält.
오이는 수분을 많이 함유하고 있기 때문에 갈증 해소에 좋아요.

Karotte

명 *(f)*
당근

Ich trinke jeden Morgen einen frischen Saft aus Karotten.
난 매일 아침 당근 주스를 마셔요.

유 Möhre *f.* 당근

Kartoffel

명 *(f)*
감자

Kein Gemüse essen die Deutschen so häufig wie die Kartoffel.
독일인들이 감자처럼 자주 먹는 야채는 없을 거예요.

참 Kartoffelbrei *m.* 으깬 감자 |
Kartoffelmehl *n.* 녹말가루, 감자 가루

2 과일 · 채소 · 곡물 das Obst · das Gemüse · die Getreide

Knoblauch
명 m
마늘

Knoblauch ist aus der koreanischen Küche nicht wegzudenken.
한국 요리는 마늘 없이는 생각할 수 없어요.

Kürbis
명 m
호박

Ich esse am liebsten eine Suppe mit **Kürbis**.
난 호박죽을 제일 즐겨 먹어요.

참 Zucchini *f.* 애호박

Lauch
명 m
대파

Lauch wird sowohl als Gemüse als auch als Gewürz genutzt.
대파는 채소로도 쓰이고 향신료로도 쓰여요.

참 Schnittlauch *m.* 실파 | Schalotte *f.* 파

🔍 Lauch는 한국에서 생산되지 않고, Schalotte가 한국의 파와 유사해요.

Mais
명 m
옥수수

Am süßesten schmeckt **Mais** direkt nach der Ernte.
옥수수는 수확 직후에 가장 단맛이 나요.

Orange
명 f
오렌지

Die **Orange** schmeckt süßsauer und enthält besonders viel Vitamin C.
오렌지는 시고 단맛이 나며 비타민 C가 특히 풍부해요.

참 Apfelsine *f.* 오렌지 | Mandarine *f.* 귤

🔍 orange가 형용사로 쓰이면 '오렌지 색깔의'란 뜻이 돼요.

Paprika
명 *m*
고추, 파프리카

Beim Kochen kann man **Paprika** vielseitig verwenden.
고추는 요리할 때 다양하게 사용할 수 있어요.

참 Peperoni *f.* 작고 매운 고추 | Chillipulver *n.* 고춧가루

Pfirsich
명 *m*
복숭아

Wie macht man Marmelade aus **Pfirsichen**?
복숭아 잼을 어떻게 만드나요?

참 Pflaume *f.* 자두

Pilz
명 *m*
버섯

Welche **Pilze** sind giftig und welche essbar?
어떤 버섯이 독성이 있고 어떤 것이 먹을 수 있는 건가요?

참 Glückspilz *m.* 행운아

reif
형
익은, 성숙한

Wie erkennt man, ob eine Mango **reif** genug ist?
망고가 충분히 익었는지 어떻게 알 수 있나요?

🔍 reif는 시간이 무르익거나 사람이 성숙함을 나타낼 때도 사용해요.

Reis
명 *m*
쌀

Vor allem in vielen asiatischen Ländern ist **Reis** ein Grundnahrungsmittel.
특히 아시아의 많은 국가에서 쌀은 주식이에요.

참 Reiswein *m.* 막걸리

2 과일 · 채소 · 곡물 das Obst · das Gemüse · die Getreide

Rettich
명 *m*
무

Bevor Sie den **Rettich** salzen, schneiden Sie ihn in kleine Würfel.
소금에 절이기 전에 무를 깍두기 모양으로 썰어 주세요.

참 Radieschen *n.* 빨간색의 작은 무 | Meerrettich *m.* 고추냉이

Spargel
명 *m*
아스파라거스

Spargel ist als Gemüse und Heilpflanze seit langem bekannt.
아스파라거스는 오래전부터 야채이면서 약용 식물로 알려져 있어요.

Spinat
명 *m*
시금치

A Ist **Spinat** wirklich eisenreich?
시금치는 정말 철분이 풍부할까요?
B Ja, das ist die weit verbreitete Meinung.
예, 그것이 널리 퍼진(일반적인) 생각이죠.

Tomate
명 *f*
토마토

Ich habe letztes Jahr **Tomaten** im Garten gepflanzt.
전 작년에 정원에 토마토를 심었어요.

Traube
명 *f*
포도

Man kann eigentlich aus jeder **Traube** Wein herstellen, sogar aus gefrorenen **Trauben**.
원래 모든 포도로 포도주를 만들 수 있어요. 심지어 얼린 포도로도 만들어요.

참 Rebstock *m.* 포도나무 | Winzer *m.* 포도 재배자

Walnuss
명 *f*
호두

Die **Walnuss** und die Mandel gehören zu den Nüssen.
호두와 아몬드는 견과류에 속해요.

참 Erdnuss *f.* 땅콩 | Marone *f.* 밤 | Kastanie *f.* 밤

Wassermelone
명 *f*
수박

Hauptsächlich besteht die **Wassermelone** aus Wasser und enthält wenig Kalorien.
수박은 주로 물로 구성되어 있고 칼로리가 적어요.

참 Honigmelone *f.* 참외

Weizen
명 *m*
밀

Weizen ist eine der weltweit meist konsumierten Getreidesorten.
밀은 전세계적으로 가장 많이 소비되는 곡류 중의 하나예요.

참 Weizenmehl *n.* 밀가루

Zitrone
명 *f*
레몬

Wenn man **Zitrone** auf Fisch träufelt, schmeckt er besser.
생선에 레몬을 뿌리면 더 맛있어요.

Zwiebel
명 *f*
양파

Man glaubt, dass die **Zwiebel** eine heilende Wirkung bei Husten hat.
사람들은 양파가 기침에 치료 효능이 있다고 생각해요.

Ⅳ. **식생활** die Ernährung

연습 문제
Übungen

1 해당하는 과일과 채소의 이름을 쓰세요.

(1)  (2)  (3)  (4)

_____   _____   _____   _____

(5)  (6)  (7)  (8)

_____   _____   _____   _____

2 다음 질문에 알맞은 답을 고르세요.

(1) Welche Gemüse- oder Obstsorten sind rot?
   ① die Zitronen   ② die Pilze   ③ die Erdbeeren

(2) Welche Gemüse- oder Obstsorten schmecken süßsauer?
   ① die Weißkohle   ② die Apfelsinen   ③ die Radieschen

(3) Welche Gemüse- oder Obstsorten orangefarbig?
   ① die Kartoffeln   ② die Karotten   ③ die Honigmelonen

3 다음 중 나머지와 성격이 <u>다른</u> 하나를 고르세요.

(1) ① Apfel   ② Aprikose   ③ Aubergine   ④ Birne

(2) ① Reis   ② Rettich   ③ Weizen   ④ Gerste

(3) ① Spargel   ② Schnittlauch   ③ Gurke   ④ Pfirsich

3 음식 · 음료
das Essen · die Getränke

 track 018

Bier
명 (n)
맥주

Bayern ist berühmt für sein Bier und die Biergärten.
바이에른 지방은 맥주와 야외 주점으로 유명해요.

- 관 dunkles Bier 흑맥주 | eine Dose Bier 맥주 한 캔
- 참 Oktoberfest *n.* 옥토버페스트
- 🔍 옥토버페스트는 독일 뮌헨에서 매년 9월 말에 시작되는 맥주 축제예요.

Brot
명 (n)
빵

Zum Frühstück isst mein Sohn meistens Brot.
아침에 제 아들은 주로 빵을 먹어요.

- 참 Brötchen *n.* 브로첸(작은 독일 빵) | Vollkornbrot *n.* 잡곡 빵 | Schinkenbrot *n.* 햄 샌드위치 | Weißbrot *n.* 식빵

Butter
명 (f)
버터

Ich streiche erst Butter aufs Brot und lege dann Wurst darauf.
난 우선 버터를 빵에 바르고 나서 그 위에 소시지를 올려요.

- 관 Es ist alles in Butter. 모든 일이 순조롭다.

Ei
명 (n)
달걀

Deutsche essen gern morgens ein gekochtes Ei.
독일인들은 아침에 삶은 달걀을 즐겨 먹어요.

- 참 Eigelb *n.* 계란 노른자 (= Dotter *m.*) | Eiweiß *n.* 계란 흰자, 단백질 | Spiegelei *n.* 계란 프라이

Eintopf
명 (m)
찌개

Heute Mittag gab es in der Kantine einen Eintopf.
오늘 점심 때 구내 식당에서 찌개가 나왔어요.

- 🔍 Topf는 냄비라는 뜻으로 Eintopf는 고기나 야채, 감자 등을 냄비에 한꺼번에 넣고 끓인 음식을 말해요.

IV. 식생활 die Ernährung

3 음식 · 음료 das Essen · die Getränke

Eis
명 *(n)*
아이스크림

Ich esse am liebsten ein italienisches **Eis**.
난 이탈리아 아이스크림을 가장 즐겨 먹어요.

- 참 Eisberg *m.* 빙산
- 🔍 Eis는 '얼음'이라는 뜻도 있어요.

sich ernähren
동
영양 섭취를 하다

Es ist wichtig, dass man **sich** gesund **ernährt**.
건강하게 영양 섭취를 하는 것은 중요해요.

- 참 Ernährung *f.* 영양 섭취

Gulasch
명 *(m)* *(n)*
굴라쉬(소고기 스튜)

Gulasch stammt aus Ungarn, aber es ist ein beliebtes Fleischgericht in Deutschland.
굴라쉬는 헝가리에서 유래하지만 독일에서 사랑받는 고기 요리예요.

Hähnchen
명 *(n)*
치킨, 닭고기

Kinder mögen **Hähnchen** mit Pommes frites.
아이들은 감자 튀김과 함께 나오는 닭고기를 좋아해요.

- 참 Pommes frites *pl.* 감자 튀김

Kaffee
명 *(m)*
커피

Die Engländer trinken lieber Tee als **Kaffee**.
영국인들은 커피보다 차를 더 즐겨 마셔요.

- 관 eine Tasse Kaffee 커피 한 잔
- 참 Kakao *m.* 코코아 | Tee *m.* 차

Käse

명 *m*
치즈

Der Camembert ist ein bekannter französischer **Käse**.
카망베르는 유명한 프랑스 치즈예요.

- 관 So ein Käse! 엉터리 같으니라고! |
  ein Stück Käse 치즈 한 조각
- 참 Käsebrot *n.* 치즈 빵

Kuchen

명 *m*
케이크

Wollen Sie noch ein Stück **Kuchen** haben?
케이크 한 조각 더 드실래요?

- 관 ein Stück Kuchen 케이크 한 조각
- 참 Torte *f.* 데코레이션 케이크
- 🔍 Stück은 빵이나 케이크를 세기 위한 단위 명사예요.

Lebensmittel

명 *pl*
식품

Ich glaube, **Lebensmittel** in Korea sind noch teurer als in Deutschland.
제 생각에 식품은 독일보다 한국이 훨씬 더 비싸요.

- 참 Nahrungsmittel *n.* 식품 |
  Lebensmittelgeschäft *n.* 식료품점

Marmelade

명 *f*
잼

Meine Oma macht jedes Jahr **Marmelade** aus Erdbeeren.
저희 할머니는 해마다 딸기잼을 만드세요.

Milch

명 *f*
우유

Trinken Sie Kaffee mit **Milch** oder ohne **Milch**?
커피에 우유를 넣나요? 아니면 우유 없이 마시나요?

- 참 Muttermilch *f.* 모유 | Milchzahn *m.* 유치

IV. 식생활 die Ernährung

3 음식 · 음료 das Essen · die Getränke

Müsli
명 *n*
시리얼, 뮤즐리

Die Kinder essen morgens gern **Müsli** mit Milch.
아침에 아이들은 우유에 시리얼을 말아 먹어요.

---

naschen
동
군것질하다

Wenn du abnehmen möchtest, musst du aufhören zu **naschen**.
살을 빼고 싶으면, 넌 군것질을 끊어야 해.

참 Keks *m.n.* 비스킷 | Plätzchen *n.* 쿠키

Saft
명 *m*
주스

Möchtest du ein Glas frisch gepressten **Saft**?
방금 짠 신선한 주스 한잔할래?

관 eine Flasche Saft 주스 한 병
참 Orangensaft *m.* 오렌지 주스 | Apfelsaft *m.* 사과 주스

Salat
명 *m*
샐러드

Ich habe einen **Salat** aus frischen Tomaten, Käse und Zwiebeln vorbereitet.
제가 신선한 토마토와 치즈, 양파로 만든 샐러드를 준비했어요.

참 Nudelsalat *m.* 누들 샐러드

Schinken
명 *m*
햄

A Was darf es denn sein?
무엇을 드릴까요?
B Ich hätte gern 200 Gramm **Schinken**.
햄 200g 주세요.

참 Speck *m.* 베이컨, 비곗살

Schnaps
명 *m*
슈납스(증류주)

Schnaps hat einen sehr hohen Prozentanteil an Alkohol.
슈납스는 알코올 도수가 상당히 높아요.

🔍 Schnaps는 과일이나 곡류를 증류시켜 만든 한국의 소주 같은 술이에요.

Schnitzel
명 *n*
돈가스

Das Wiener **Schnitzel** ist die Königin der österreichischen Küche.
비엔나 돈가스(슈니첼)는 오스트리아의 요리 중에서 최고예요.

Schokolade
명 *f*
초콜릿

Wer liebt keine **Schokolade**? Ich schenke meinem Freund **Schokolade** zum Valentinstag.
누가 초콜릿을 안 좋아하겠어요? 전 밸런타인데이에 남자 친구에게 초콜릿을 선물할 거예요.

관 eine Schachtel Schokolade 한 갑의 초콜릿
참 Süßigkeit *f.* 단 과자류

Schweine-braten
명 *m*
구운 돼지고기

Wenn ich ins Restaurant gehe, bestelle ich oft einen **Schweinebraten**.
레스토랑에 가면 전 종종 구운 돼지고기를 주문해요.

Soße
명 *f*
소스

Wollen Sie noch etwas **Soße** über das Steak?
스테이크에 소스를 약간 더 하실래요?

참 Sojasoße *f.* 간장
🔍 Sauce라고 쓰기도 해요.

3 음식 · 음료 das Essen · die Getränke

Spaghetti
명 *pl*
스파게티

Spaghetti mit Tomatensauce sind beliebt bei Jung und Alt.
토마토 소스가 들어간 스파게티는 노소를 막론하고 좋아해요.

🔍 Spagetti라고 쓰기도 해요.

Suppe
명 *f*
수프

Ich habe eine Gemüse**suppe** bestellt. Sie schmeckt mir am besten.
난 야채수프를 주문했어요. 전 야채수프가 제일 맛있어요.

관 ein Teller Suppe 수프 한 접시

Wasser
명 *n*
물

Ohne Luft und **Wasser** kann man nicht leben.
공기와 물 없이는 살 수 없어요.

참 Hochwasser *n.* 홍수 | Gesichtswasser *n.* 스킨, 화장수 ➡ p.174

Wein
명 *m*
포도주

Welcher **Wein** passt am besten zu einem Fischgericht?
어떤 포도주가 생선 요리에 가장 잘 맞을까요?

참 Sekt *m.* 샴페인 | Rotwein *m.* 적포도주 | Weißwein *m.* 백포도주

Wurst
명 *f*
소시지

Es gibt so viele Sorten von **Wurst** in Deutschland.
독일에는 많은 종류의 소시지가 있어요.

참 Bratwurst *f.* 구운 소시지 | Currywurst *f.* 카레 소시지

연습 문제
Übungen

1 다음 그림에 해당하는 단어를 쓰세요.

(1)  (2)  (3)  (4)

_____   _____   _____   _____

2 빈칸에 알맞은 단어를 골라 쓰세요.

> Kuchen   Bier   Kaffee
> Salat   Spaghetti

(1) A Was bekommen Sie?
　　B Ich möchte gern eine Tasse _____.

(2) A Was möchten Sie?
　　B Ich hätte gern ein Stück _____.

(3) A Was hätten Sie gern?
　　B Ich möchte gern einen Teller _____.

3 다음 질문에 대한 알맞은 답을 고르세요.

> Anna isst überhaupt kein Fleisch. Sie ernährt sich nur vegetarisch. Was kann sie noch essen?

① ein Schinkenbrot　　② ein Gulasch
③ ein Hähnchen　　④ einen Nudelsalat

4 다음 중 나머지와 관련이 <u>없는</u> 하나를 고르세요.

(1) ① Schnaps　② Apfelsaft　③ Wasser　④ Milch
(2) ① Keks　② Plätzchen　③ Eis　④ Sekt
(3) ① Bratwurst　② Soße　③ Schnitzel　④ Schweinebraten

4 맛 · 조리법
der Geschmack · die Kochkunst

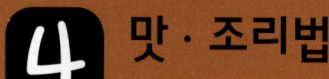

backen

(케이크 등을) 굽다

Am Sonntag will ich einen Schokoladenkuchen **backen**.
일요일에 초콜릿 케이크를 구우려고 해요.

참 Backofen *m.* 오븐 | Backform *f.* 빵 굽는 틀

bitter

맛이 쓴

Es gibt auch **bittere** Schokolade, die mag ich lieber.
맛이 쓴 초콜릿도 있는데, 전 그것을 더 좋아해요.

braten

프라이팬에 기름을 두르고 굽다

Ich **brate** die Wurst in heißem Öl ca. 5 Minuten.
난 소시지를 뜨거운 기름에서 약 5분간 구워요.

참 Rinderbraten *m.* 소고기 구이 | Schweinebraten *m.* 돼지고기 구이 ➡ p.137

fade

싱거운, 맛없는

Die Suppe schmeckt **fade**, da fehlt noch ein wenig Salz.
수프가 싱겁네요, 소금이 조금 더 들어가야 해요.

Fett

지방, 기름

Nüsse sollen gesund sein, aber man darf nicht zu viel davon essen, weil sie viel **Fett** enthalten.
견과류는 건강에 좋지만 기름기가 많아서 너무 많이 먹으면 안 돼요.

참 fett 기름진, 살찐 | Öl *n.* 기름 | Sesamöl *n.* 참기름 | Olivenöl *n.* 올리브 기름

frittieren

기름에 튀기다

Die **frittierten** Bananen schmecken am besten, solange sie noch warm sind.
기름에 튀긴 바나나는 따뜻할 때 가장 맛있어요.

🔍 solange는 '~하는 동안'의 뜻을 가진 종속 접속사예요.

Geschmack

맛, 미각

A Hat die Suppe nicht einen seltsamen **Geschmack**? 이 수프 맛이 이상하지 않아요?
B Ja, ich glaube, sie ist schlecht geworden.
네, 제 생각에 상한 것 같아요.

🔍 Geschmack은 취향이나 기호를 의미하기도 해요.

Gewürz

양념, 향신료, 조미료

Ingwer ist ein weit verbreitetes **Gewürz** in der asiatischen Küche.
생강은 아시아의 요리에서 널리 사용되는 양념이에요.

참 würzen 양념을 하다 | würzig 풍미 있는, 양념 맛이 강한

grillen

석쇠로 굽다, 바비큐 하다

Wir wollen heute Abend Würstchen und Steaks im Garten **grillen**.
우리는 오늘 저녁에 정원에서 소시지와 고기 바비큐를 하려고 해요.

참 Grillgerät *n.* 바비큐 기구 | Grillparty *f.* 바비큐 파티 | Kohle *f.* 숯, 석탄

kochen

삶다, 익히다

Wie lange muss man Süßkartoffeln **kochen**?
고구마를 얼마 동안 삶아야 하나요?

참 gar 익은, 삶아진

🔍 kochen은 '요리하다'의 뜻으로 많이 쓰여요. ➡ p.206

IV. 식생활 die Ernährung

4 맛 · 조리법 der Geschmack · die Kochkunst

Pfeffer

후추

Kannst du mir bitte den **Pfeffer** reichen?
내게 후추를 좀 넘겨줄 수 있니?

참 Pfefferminz *m.* 박하

probieren

맛보다

A **Haben Sie schon mal Kimchi probiert?**
김치 맛본 적 있나요?
B **Ja, das war zwar scharf, aber lecker.**
예, 맵긴 했지만 맛있었어요.

유 kosten 맛보다 ➡ p.39

rösten

볶다

Sesam ist deutlich länger haltbar, wenn man ihn röstet.
참깨는 볶으면 확실히 더 오래 보관할 수 있어요.

rühren

젓다

Geben Sie Milch, Eier und Mehl in eine Schüssel und rühren Sie kräftig mit einem Schneebesen!
대접에 우유, 달걀, 밀가루를 넣고 거품기로 세게 저으세요!

참 Schneebesen *m.* 거품기
🔍 rühren은 '사람의 마음을 감동시키다'는 뜻으로도 쓰여요.

Salz

소금

Ich habe gehört, dass Salz gegen einen niedrigen Blutdruck hilft. Ist das richtig?
소금이 저혈압에 좋다고 들었는데, 맞나요?

참 salzig 짠 | salzen 소금을 치다, 절이다

sauer
형
신맛의

Ich habe eine Kirsche gegessen und sie war total sauer.
체리 하나를 먹었는데 아주 신맛이 났어요.

 Essig *m.* 식초

sauer는 '화가 난'의 뜻으로도 쓰여요.
(Meine Frau ist sauer auf mich. 내 아내는 나에게 화가 났어요.)

---

schälen
동
껍질을 벗기다

Kartoffeln schälen macht Mühe, dafür braucht man ein gutes Schälmesser.
감자 껍질을 벗기는 것은 힘든 일이라서, 좋은 껍질 벗기는 칼이 필요해요.

 Schale *f.* 껍질

---

scharf
형
매운

Die Peperoni auf der Pizza waren mir zu scharf.
피자에 들어간 고추가 내겐 너무 매워요.

scharf는 '날카로운', '예리한'의 뜻으로도 쓰여요.

---

schneiden
동
자르다, 썰다

Schneiden Sie Tomaten in kleine Stücke!
토마토를 작은 조각으로 썰어 주세요!

 Schnitt *m.* 잘라냄, 절단

---

süß
형
단맛이 나는

Die Trauben sind noch nicht süß.
포도가 아직 달지 않아요.

 Zucker *m.* 설탕 | Honig *m.* 꿀

'귀여운'의 뜻도 있어요. ➡ p.27

IV. 식생활 die Ernährung

연습 문제
Übungen

1 다음 식품에 해당하는 맛을 연결하세요.

(1) Honig　　•　　　　　　•　① süß

(2) Essig　　•　　　　　　•　② salzig

(3) Peperoni　•　　　　　•　③ fett

(4) Öl　　　•　　　　　　•　④ scharf

(5) Salz　　•　　　　　　•　⑤ sauer

2 빈칸에 들어갈 알맞은 단어를 고르세요.

> A　Probier mal! Die Soße schmeckt _____.
> B　Ich glaube, da fehlt noch ein bisschen Salz.

① gar　　　　　② würzig　　　　　③ fade

3 다음 빈칸에 들어갈 동사를 아래에서 골라 알맞은 형태로 활용해 넣으세요.

| schneiden | rühren | schälen | grillen |

(1) Sie _____ Kartoffeln.

(2) Er _____ Eier mit Zucker schaumig.

(3) Sie _____ die Karotten.

5 상점 · 식당
die Geschäfte · die Restaurants

track 020

Appetit
명 *m*
식욕

Meine kleine Tochter isst überhaupt nicht, wie soll ich ihren **Appetit** anregen?
제 어린 딸이 전혀 먹지를 않는데, 어떻게 식욕을 돋게 할까요?

관 Guten Appetit! 맛있게 드세요!

Bäckerei
명 *f*
빵집

Gibt es in Ihrer Nähe eine **Bäckerei**, die selbst backt?
당신의 집 근처에 빵을 직접 구워서 파는 빵집이 있나요?

참 Konditorei *f.* (주로 케이크를 파는) 제과점 | Bäcker *m.* 제빵사 ➜ p.66

Bedienung
명 *f*
(레스토랑) 종업원

Am Wochenende arbeitet mein Sohn in einem Café als **Bedienung**.
제 아들은 주말에 카페에서 웨이터로 일해요.

🔍 '서비스'라는 뜻으로도 쓰여요.
(Selbstbedienung *f.* 셀프 서비스)

Biergarten
명 *m*
야외 맥줏집

München ist für seine **Biergärten** bekannt.
뮌헨은 야외 맥줏집으로 유명해요.

참 Bierzelt *n.* (축제 등에 설치되는) 대형 천막 맥줏집

Café
명 *n*
카페

Ich kenne ein nettes **Café**, wo man sich schön unterhalten kann.
내가 즐겁게 대화를 나눌 수 있는 좋은 카페를 알아요.

Ⅳ. 식생활 die Ernährung

5 상점 · 식당 die Geschäfte · die Restaurants

durch

부
잘 익힌

A **Wie möchten Sie Ihr Steak?**
스테이크를 어떻게 원하세요?
B **Ich hätte es gern gut durch.**
잘 익혀 주세요.

참 medium 중간 정도로 익힌

Feinschmecker
명 m
미식가, 식도락가

Dieses Restaurant ist sehr bekannt für Feinschmecker.
이 레스토랑은 미식가들에게 아주 유명해요.

유 Gastronom m. 미식가
참 Gastronomie f. 요식업

Fischladen
명 m
생선 가게

Christine geht immer in den Fischladen, um frischen Fisch zu kaufen.
크리스티네는 신선한 생선을 사기 위해 항상 생선 가게로 가요.

Kantine
명 f
구내 식당

Ich esse gern mittags mit meinen Kollegen in der Kantine.
난 점심 때 동료들과 함께 구내 식당에서 식사를 즐겨 해요.

Kellner/in
명
웨이터

Die Kellner in diesem Restaurant sind alle freundlich und höflich.
이 레스토랑의 웨이터들은 모두 친절하고 정중해요.

참 Keller m. 지하실 ➡ p.191

146 내게는 특별한 **독일어 어휘**를 부탁해

Kiosk
명 *m*
매점, 가판대

In unserer Schule gibt es einen Kiosk.
우리 학교에는 매점이 있어요.

🔍 가판대에서 신문이나 잡지를 파는 상점의 뜻도 있어요.

Kneipe
명 *f*
주점

Nach der Arbeit sind wir in eine Kneipe auf ein Bier gegangen.
일을 마치고 우리는 맥주 한잔하러 주점에 갔어요.

참 Zum Wohl! 건배! | Prost! 건배! ➡ p.292

Mensa
명 *f*
학생 식당

Viele Studenten beschweren sich manchmal über das Essen in der Mensa, aber ich finde es billig und lecker.
많은 학생들이 학생 식당의 음식에 대해 가끔 불평하지만, 난 싸고 맛있다고 생각해요.

Metzgerei
명 *f*
정육점

In dieser Metzgerei kann man sowohl gutes Fleisch als auch gute Wurst kaufen.
이 정육점에서 좋은 고기와 소시지를 살 수 있어요.

참 Metzger *m.* 정육업자 ➡ p.71

Nachspeise
명 *f*
후식

Wollt ihr ein Stück Kuchen oder ein Eis als Nachspeise?
너희들 후식으로 케이크 아니면 아이스크림 먹을래?

유 Nachtisch *m.* 후식
반 Vorspeise *f.* 전채 요리
참 Hauptgericht *n.* 주요리

Ⅳ. 식생활 die Ernährung

5 상점·식당 die Geschäfte · die Restaurants

Rechnung
명 *f*
계산서

A **Die Rechnung bitte!**
계산서 주세요!

B **Ja, ich komme sofort.**
예, 곧 갈게요.

참 Quittung *f.* 영수증 ➡ p.180
🔍 독일에서는 식사한 테이블에서 계산을 해요.

reservieren
동
예약하다

Ich möchte einen Tisch für heute Abend reservieren.
오늘 저녁을 위해 테이블 하나를 예약하고 싶어요.

참 Reservierung *f.* 예약 | bestellen 주문하다

Restaurant
명 *n*
레스토랑

Gibt es hier in der Nähe ein gutes italienisches Restaurant?
이 근처에 좋은 이탈리아 레스토랑이 있나요?

참 Imbissbude *f.* 간이 음식 코너

satt
형
배부른

A **Möchtest du noch etwas essen?**
좀 더 먹을래?

B **Nein danke, ich bin schon satt.**
아니 고마워, 난 벌써 배가 불러.

참 Ich habe genug. 배가 부르다.

servieren
동
서빙하다

Darf ich Ihnen jetzt den Nachtisch servieren?
이제 후식을 가져다드릴까요?

참 Serviette *f.* 냅킨

 148 내게는 특별한 **독일어 어휘**를 부탁해

Speisekarte
명 *f*
메뉴판

Können Sie mir die Speisekarte bringen?
제게 메뉴판을 가져다줄 수 있나요?

참 Getränkekarte *f.* 음료 메뉴판

Supermarkt
명 *m*
슈퍼마켓

Ich kaufe jeden Tag im Supermarkt ein.
전 매일 슈퍼마켓에서 장을 봐요.

Trinkgeld
명 *n*
팁

Marie gab dem Kellner ein großzügiges Trinkgeld.
마리는 웨이터에게 넉넉한 팁을 주었어요.

Vegetarier
명 *m*
채식주의자

Er ist aus Protest gegen die Massentierhaltung zum Vegetarier geworden.
그는 동물 집단 사육에 대한 저항으로 채식주의자가 되었어요.

참 vegetarisch 채식의

Wochenmarkt
명 *m*
매주 서는 장

An jedem Freitag findet bei uns ein Wochenmarkt statt.
매주 금요일에 우리 동네에 장이 서요.

Ⅳ. 식생활 die Ernährung

연습 문제
Übungen

1 다음 식품을 구입하기 위해 가는 상점을 쓰세요.

(1)  (2)  (3)

_____ _____ _____

2 빈칸에 알맞은 단어를 찾아 쓰세요.

| Vorspeise | Trinkgeld | Mensa |
| Kantine | Vegetarier | Nachspeise |

(1) _____ ist eine kleine Geldsumme, die die Kunden den Kellnern nach dem Bedienen zusätzlich geben.

(2) _____ gelten allgemein als diejenigen, die aus unterschiedlichen Gründen auf den Verzehr von Fleisch verzichten.

(3) _____ ist eine Gaststätte innerhalb eines Unternehmens oder einer Firma, die den Mitarbeitern warme Mahlzeiten anbietet.

(4) _____ ist eine meist süße Speise, die in der europäischen Küche nach dem Hauptgericht serviert wird.

3 다음 빈칸에 들어갈 알맞은 단어를 고르세요.

(1) _____ kommt beim Essen.

① Die Rechnung ② Der Koch ③ Der Appetit

(2) A Wie möchten Sie das Steak?
B Ich hätte es gern gut _____.

① satt ② durch ③ genug

150 내게는 특별한 **독일어 어휘**를 부탁해

6 식기 · 주방용품
das Geschirr · die Küchengeräte

🔊 track 021

Becher
명 *m*
머그잔

Mein Vater trinkt morgens Kaffee aus einem großen **Becher**.
아빠는 아침에 큰 머그잔으로 커피를 마셔요.

🔍 요거트를 셀 때도 쓰여요.
(drei Becher Joghurt 요거트 3개)

Besteck
명 *n*
식기 한 벌
(나이프, 포크, 숟가락)

Die Kinder lernen Tischmanieren und **Besteck** zu benutzen.
아이들은 식탁 예절과 식기 사용을 배워요.

참 Löffel *m.* 숟가락 | Gabel *f.* 포크 | Messer *n.* 나이프

Glas
명 *n*
유리잔

Dieses **Glas** ist für den Weißwein und das andere für das Mineralwasser.
이 잔은 백포도주용이고 다른 잔은 생수용이에요.

🔍 유리잔에 마시는 음료수를 셀 때도 사용해요.
(ein Glas Bier 맥주 한 잔)

Herd
명 *m*
레인지

Was für einen **Herd** soll ich kaufen?
어떤 종류의 레인지를 구입해야 할까?

참 Gasherd *m.* 가스레인지 | Elektroherd *m.* 전기 레인지

Kessel
명 *m*
주전자

Thomas füllt den **Kessel** mit Wasser und stellt ihn auf den Herd.
토마스는 주전자에 물을 채워 레인지에 올려요.

참 Kanne *f.* (차나 커피를 담는) 주전자

IV. 식생활 **die Ernährung**

6 식기 · 주방용품 das Geschirr · die Küchengeräte

Pfanne
명 (f)
프라이팬

Man muss zuerst die leere **Pfanne** auf den Herd stellen.
먼저 빈 프라이팬을 레인지 위에 올려야 해요.

Rezept
명 (n)
레시피

Ich koche immer nach Gefühl, nie nach **Rezept**.
난 레시피에 따르지 않고 항상 감으로 요리를 해요.

🔍 의사 처방전도 Rezept이라고 해요. ➡ p.57

Schüssel
명 (f)
대접, 사발

In welcher **Schüssel** soll ich den Salat anmachen?
어떤 대접에서 샐러드를 무쳐야 할까요?

참 Schale f. 납작한 사발, 대접

Stäbchen
명 (n)
젓가락

In Asien essen die meisten Menschen mit **Stäbchen**.
아시아에서는 대부분의 사람들이 젓가락으로 식사를 해요.

Tablett
명 (n)
쟁반

Tragen Sie bitte die Speisen auf dem **Tablett** zum Tisch!
쟁반에 담긴 음식을 테이블로 옮겨 주세요!

Tasse
명 *f*
(커피나 차의) 잔

Die Tasse ist mir beim Spülen heruntergefallen und zerbrochen.
그 잔이 설거지할 때 떨어져 깨지고 말았어요.

참 Untertasse *f.* 잔 받침
🔍 커피나 차를 셀 때도 쓰여요.
(zwei Tassen Kaffee 두 잔의 커피)

Teller
명 *m*
접시

Ich habe für meine Mutter ein paar schöne Teller gekauft.
엄마를 위해 예쁜 접시 몇 개를 샀어요.

Topf
명 *m*
냄비

Füllen Sie so viel Wasser in den Topf, dass die Kartoffeln knapp bedeckt sind.
감자가 겨우 잠길 정도로 물을 냄비에 채우세요.

관 alles in einen Topf werfen 똑같이 취급하다
참 Schnellkochtopf *m.* 압력 (밥)솥 | (Blumen)topf *m.* 화분

Tuch
명 *n*
마른 행주, 수건

Nach dem Spülen trockne ich mit einem Tuch das Geschirr ab.
설거지를 하고 난 후에 난 마른 행주로 식기를 닦아요.

Waage
명 *f*
저울

Der Verkäufer hat die Äpfel auf die Waage gelegt.
판매원이 사과를 저울 위에 올렸어요.

참 waagerecht 수평의 | wiegen 무게가 나가다 ➡ p.28

연습 문제
Übungen

1 다음 그림에 해당하는 단어를 쓰세요.

(1) (　　　　　)

(2) (　　　　　)

(3) (　　　　　)

(4) (　　　　　)

(5) (　　　　　)

2 다음 빈칸에 들어갈 알맞은 단어를 고르세요.

(1) Zum Besteck gehören Löffel, ＿＿＿＿＿＿ und Messer.

① Schüssel　　② Kessel　　③ Gabel

(2)
A Ich bin fertig mit dem Spülen. Kannst du bitte das Geschirr abtrocknen?
B Aber leider haben wir kein sauberes ＿＿＿＿＿＿ mehr.

① Tuch　　② Rezept　　③ Teller

3 다음 빈칸에 들어갈 알맞은 단어를 고르세요.

(1) Zum Kochen braucht man einen ＿＿＿＿＿＿.

① Untertasse　　② Topf　　③ Tablett

(2) Zum Braten braucht man eine ＿＿＿＿＿＿.

① Schale　　② Becher　　③ Pfanne

(3) Zum Wiegen braucht man eine ＿＿＿＿＿＿.

① Kanne　　② Waage　　③ Messer

V 패션 · 쇼핑
die Mode · das Einkaufen

- **1** 옷 die Kleidung
- **2** 패션 · 소품 die Mode · das Accessoire
- **3** 소재 · 무늬 · 형태 der Stoff · das Muster · die Form
- **4** 미용 · 위생 die Kosmetik · die Hygiene
- **5** 쇼핑 · 가게 der Einkauf · der Laden
- **6** 가격 · 지불 der Preis · die Bezahlungsweise

1 옷
die Kleidung

track 022

Anorak
명 m
모자가 달린 점퍼, 후드 점퍼

Du solltest eine dicke Jacke oder einen warmen **Anorak** mitnehmen.
넌 두꺼운 자켓이나 따뜻한 후드 점퍼를 가지고 가야 해.

anprobieren
동
입어 보다

A Darf ich mal dieses Kleid **anprobieren**?
이 원피스를 입어 봐도 될까요?
B Ja, natürlich.
네, 당연하죠.

anziehen
동
옷을 입다

Meine Kollegin **zieht** sich sehr elegant **an**.
내 동료는 옷을 아주 우아하게 입어요.

[반] ausziehen 옷을 벗다

Anzug
명 m
양복, 정장

A Welcher **Anzug** gefällt Ihnen besser?
어떤 양복이 더 마음에 드나요?
B Der schwarze.
검은색이요.

[참] Schlafanzug m. 잠옷 | Badeanzug m. 수영복

Ärmel
명 m
소매

Die Jacke, die ich online bestellt habe, gefällt mir gut, nur die **Ärmel** sind ein bisschen lang.
온라인에서 주문한 자켓이 마음에 드는데, 소매가 약간 길어요.

BH

브래지어

Meine Tochter ist 13 Jahre alt, sie trägt jetzt einen BH.
내 딸은 13살인데, 이제 브래지어를 착용해요.

🔍 신체의 상반신을 뜻하는 Büste와 halten 동사가 결합된 Büstenhalter의 약자예요.

Bluse
명 *f*
블라우스

Ich trage nur ab und zu mal Blusen.
나는 블라우스를 가끔 입어요.

Größe
명 *f*
크기, 사이즈

A **Welche Größe haben Sie?**
어떤 사이즈를 입으시나요?
B **Die Größe 38.** 사이즈 38이요.

[참] vergrößern 확대하다 | groß 큰 ➡ p.23

Hemd
명 *n*
셔츠

Ich muss heute auf eine Hochzeit, deswegen werde ich einen schwarzen Anzug mit einem weißen Hemd tragen.
오늘 결혼식에 가야 해요. 그래서 흰색 셔츠와 검은색 정장을 입으려고 해요.

[참] Unterhemd *n.* 속내의

Hose

바지

In diesem Kaufhaus kann man modische Hosen für Damen preiswert kaufen.
이 백화점에서 유행하는 여성용 바지를 저렴하게 구입할 수 있어요.

[참] Jeanshose *f.* 청바지 | Unterhose *f.* 팬티

V. 패션 · 쇼핑 die Mode · das Einkaufen

1 옷 die Kleidung

Jacke
명 *f*
자켓

Wenn es dir kalt ist, zieh dir doch eine Jacke über.
추우면 자켓을 걸쳐.

참 Lederjacke *f.* 가죽 자켓

Klamotten
명 *pl*
옷

Ich möchte die Klamotten, die ich nicht mehr gern trage, spenden.
더 이상 잘 안 입는 옷을 기부하고 싶어요.

Kleid
명 *n*
원피스, 옷

Sie hat sich für eine Hochzeit ein schickes Kleid gekauft.
그녀는 결혼식을 위해 세련된 원피스를 하나 샀어요.

참 Abendkleid *n.* 이브닝드레스

Kleidung
명 *f*
의복, 의류

Viele Designer entwerfen außer Kleidung auch Brillengestelle und Schmuck.
많은 디자이너들이 의류 외에도 안경테나 보석도 디자인해요.

Knopf
명 *m*
단추, 버튼

Ich habe an der Jacke einen Knopf verloren.
자켓 단추 하나를 잃어버렸어요.

참 Knopfloch *n.* 단춧구멍 | Reißverschluss *m.* 지퍼

Kostüm
명 *n*
의상

Welches Kostüm willst du an Halloween anziehen?
할로윈 때 어떤 의상 입으려고 하니?

관 sich verkleiden 변장하다

Kragen
명 *m*
칼라, 깃

Sie schlug den Kragen des Mantels hoch und band den Schal um.
그녀는 외투의 깃을 세우고 목도리를 둘어 맸어요.

참 Rollkragen *m.* 터틀넥

Mantel
명 *m*
외투

Zieh einen Mantel an, es ist kalt draußen.
외투를 입어. 바깥이 추워.

참 Bademantel *m.* 목욕 가운 | Regenmantel *m.* 비옷

nähen
동
바느질하다, 꿰매다

Meine Mutter näht für mich Knöpfe ans Kleid.
엄마가 저를 위해 원피스에 단추를 달아요.

참 Nähmaschine *f.* 재봉틀

passen
동
어울리다, (사이즈가) 맞다

Der rote Rock passt nicht zu der orangefarbenen Bluse.
빨간 치마는 오렌지 색 블라우스와 어울리지 않아요.

 '어울리다'의 뜻일 경우 전치사 zu와 함께 사용하고, '사이즈가 맞다'의 뜻일 경우 3격 목적어를 취해요.

V. 패션 · 쇼핑 die Mode · das Einkaufen

1 옷 die Kleidung

Pullover
명 (m)
스웨터

Für den Winter will ich mir einen richtig dicken **Pullover** stricken.
겨울을 위해 아주 두꺼운 스웨터를 뜨려고 해요.

Rock
명 (m)
치마

Sie trägt lieber Hosen als **Röcke** oder Kleider.
그녀는 치마나 원피스보다 바지를 즐겨 입어요.

🔍 Röcke는 Rock의 복수예요.

---

stehen
동
어울리다

Ich glaube, helle Farbtöne **stehen** mir nicht.
밝은 색상은 내게 어울리지 않는 것 같아요.

🔍 '서 있다'의 뜻인 stehen이 '어울리다'의 뜻으로 쓰일 때에는 3격 목적어를 취해요. ➡ p.42

---

tragen
동
옷을 입고 있다

Am liebsten **trage** ich Kleidung, die schön aussieht, aber dennoch bequem ist.
난 예쁘게 보이면서도 편안한 옷을 가장 즐겨 입어요.

🔍 tragen은 안경이나 보석 등 몸에 지니는 것을 표현할 때도 쓰고, '(짐을) 나르다'는 뜻도 있어요. ➡ p.42

Trend
명 (m)
경향, (유행의) 추세

Der modische **Trend** geht wieder zu kurzen Röcken.
유행이 다시 짧은 치마로 가고 있어요.

T-Shirt
 n
티셔츠

Das Kleidergeschäft an der Ecke bietet eine große Auswahl an T-Shirts.
모퉁이에 있는 옷 가게는 다양한 종류의 티셔츠를 제공해요.

[참] Kleidergeschäft *n.* 옷 가게

umziehen

옷을 갈아입다

Hast du dich schon umgezogen? Wir haben nicht so viel Zeit. Beeil dich.
옷 갈아입었니? 우린 시간이 많지 않아. 서둘러.

🔍 '이사하다'의 뜻도 있어요. 현재 완료에서 '이사하다'의 뜻으로 쓰일 때는 sein과 결합하고, '옷을 갈아입다'의 뜻일 때는 haben과 결합해요. ➡ p.215

Uniform
 f
유니폼

Es gibt eine heiße Debatte darüber, ob Schüler Uniform tragen sollen.
학생들이 교복을 입어야 하는지에 대한 논쟁이 뜨거워요.

Unterwäsche
 f
속옷

Man muss aus hygienischen Gründen jeden Tag seine Unterwäsche wechseln.
위생적인 이유로 매일 속옷을 갈아입어야 해요.

Weste
명 *f*
조끼

Westen halten in der Übergangszeit schön warm.
간절기에는 조끼를 입는 게 아주 따뜻해요.

V. 패션·쇼핑 die Mode · das Einkaufen

연습 문제
Übungen

1 다음 그림에 해당하는 단어를 연결하세요.

(1)　　　　　(2)　　　　　(3)　　　　　(4)

① ein Rock　② ein Mantel　③ ein Anzug　④ ein Hemd

2 ⓐ와 ⓑ에 들어갈 말로 알맞게 짝지은 것을 고르세요.

- Die Jacke ⓐ_____ mir nicht. Haben Sie eine Nummer größer?
- Du siehst heute toll aus. Das Kleid ⓑ_____ dir sehr gut.

① steht - trägt　　② trägt - steht　　③ passt - steht

3 빈칸에 들어갈 동사를 골라 인칭에 맞게 활용하여 넣으세요.

tragen　　anziehen　　anprobieren

(1) Er _____ eigentlich gern Jeans, aber heute will er nicht.

(2) Susanne möchte die Bluse _____, um sie zu kaufen.

(3) Bitte _____ dir schnell etwas _____, wir müssen jetzt los.

4 다음 문장의 내용이 맞으면 O, 어색하면 X 표시를 하세요.

(1) Das weiße Hemd passt gut zu dem schwarzen Anzug. (　)

(2) Laura kauft einen Badeanzug, weil sie ans Meer in Urlaub fährt. (　)

(3) Die Hose gefällt mir gut, nur die Ärmel ist ein bisschen lang. (　)

2 패션 · 소품
die Mode · das Accessoire

track 023

Absatz
명 *m*
(신발 뒤축의) 굽

Ich trage nicht gern Schuhe mit hohen **Absätzen**, weil sie unbequem sind.
난 불편해서 굽이 높은 신발을 잘 안 신어요.

🔍 Absatz는 '판매'의 뜻도 있어요. ➡ p.177

Armband
명 *n*
팔찌

Isabellas Verlobter hat ihr ein goldenes **Armband** geschenkt.
이자벨라의 약혼자가 그녀에게 금팔찌를 선물했어요.

참 Armbanduhr *f.* 손목시계

Geldbeutel
명 *m*
지갑

Mein **Geldbeutel** wurde gestohlen und nun möchte ich bei der Polizei Anzeige erstatten.
지갑을 도난당했고 지금 경찰에 신고하려고 해요.

유 Brieftasche *f.* 지갑 | Portemonnaie *n.* 지갑

Gürtel
명 *m*
벨트, 허리띠

Ich möchte meinem Freund einen **Gürtel** zu Weihnachten schenken.
난 크리스마스에 남자 친구에게 벨트를 선물하고 싶어요.

Halskette
명 *f*
목걸이

Er hat seiner Frau zu ihrem ersten Jubiläum eine **Halskette** geschenkt.
그는 결혼 1주년에 아내에게 목걸이를 선물했어요.

V. 패션 · 쇼핑 die Mode · das Einkaufen

2 패션·소품 die Mode · das Accessoire

Handschuhe
명 pl
장갑

Handschuhe sind an kalten Wintertagen unentbehrlich.
추운 겨울에는 장갑이 필수예요.

Hut
명 m
모자

Anders als Männer dürfen Frauen auch in Kirchen einen **Hut** tragen.
남성들과 달리 여성들은 교회에서 모자를 써도 돼요.

참 Mütze f. 털모자

Krawatte
명 f
넥타이

Mein Mann fragt mich, ob ihm eine breite **Krawatte** oder eine schmale **Krawatte** steht.
남편이 제게 폭 넓은 넥타이가 어울리는지 혹은 폭 좁은 넥타이가 어울리는지 물어요.

Mode
명 f
유행, 패션

Paris gilt immer noch als die Hauptstadt der **Mode**.
파리는 여전히 패션의 중심지로 여겨지고 있어요.

참 modisch 유행의 | altmodisch 유행에 뒤떨어진 | Modeschau f. 패션쇼

Ohrring
명 m
귀걸이

Ohrringe liegen aktuell wieder voll im Trend.
귀걸이가 최근에 다시 유행해요.

참 Ring m. 반지

Regenschirm

 m

우산

Ich habe meinen **Regenschirm** in der U-Bahn vergessen.

지하철에 우산을 두고 내렸어요.

Sandale

 f

샌들

Kein anderer Schuh ist im Sommer bei Frauen so beliebt wie die **Sandale**.

여름에 여성들에게 샌들만큼 인기 있는 신발은 없어요.

[참] Pantoffel *m.* 슬리퍼

Schal

 m

목도리, 스카프

Im Winter tragen viele einen **Schal**, um sich vor der Kälte zu schützen.

겨울에는 많은 사람들이 추위로부터 자신을 보호하기 위해 목도리를 착용해요.

Schmuck

 m

보석, 장신구

Schmuck ist eines der schönsten Dinge, um seine Individualität zu akzentuieren.

보석은 개성을 강조하기 위해 가장 아름다운 것 중의 하나예요.

Schuhe

 pl

신발

Bequem und gut sitzende **Schuhe** sind wichtig für gesunde Füße.

편하고 잘 맞는 신발이 건강한 발을 위해 중요해요.

[참] Turnschuhe *pl.* 운동화 (= Sportschuhe)

2 패션·소품 die Mode · das Accessoire

Socken
명 pl
양말

Im Sommer trage ich gewöhnlich keine **Socken**.
나는 보통 여름에 양말을 신지 않아요.

참 Strumpf *m.* 스타킹

Sonnenbrille
명 f
선글라스

Worauf sollte man beim Kauf einer **Sonnenbrille** unbedingt achten?
선글라스를 구입할 때 꼭 주의해야 할 점은 무엇인가요?

참 Sonnenschirm *m.* 파라솔

Stiefel
명 pl
부츠, 장화

Schwarze **Stiefel** können zu allen Kleidungsstücken kombiniert werden.
검은색 부츠는 모든 옷에 잘 어울릴 수 있어요.

Tasche
명 f
가방

Ich habe zum Geburtstag eine **Tasche**, die sehr eigenartig aussieht, geschenkt bekommen.
생일에 디자인이 아주 독특한 가방을 선물 받았어요.

🔍 '주머니'라는 뜻도 있어요.

Taschentuch
명 n
손수건

Taschentücher aus Stoff sind waschbar und somit mehrfach verwendbar.
천으로 된 손수건은 세탁할 수 있어서 재사용이 가능해요.

Übungen

1 다음 그림에 해당하는 단어를 골라 쓰세요.

> eine Halskette   eine Sonnenbrille   ein Hut
> ein Gürtel   ein Schal

(1) _____   (2) _____   (3) _____   (4) _____   (5) _____

2 다음 상황에 맞는 소품을 연결하세요.

(1) Es wird heute Nachmittag ein Gewitter geben. •   • ① ein Anzug

(2) Daniel geht heute zu einer Hochzeit. •   • ② ein Taschentuch

(3) Sie ist erkältet und putzt sich die Nase. •   • ③ ein Regenschirm

(4) Paul und Petra wollen heiraten. •   • ④ ein Ring

3 다음 신체 부위에 착용하는 소품들을 분류해 번호를 쓰세요.

> ① die Armbanduhr   ② die Stiefel   ③ die Sandalen
> ④ die Ohrringe   ⑤ der Schal   ⑥ die Tasche
> ⑦ die Mütze   ⑧ die Krawatte ⑨ die Socken

(1) Kopf	(2) Füße	(3) Hand/Handgelenke	(4) Hals

3 소재 · 무늬 · 형태
der Stoff · das Muster · die Form

🔊 track 024

Baumwolle
명 (f)
면

Baumwolle ist fein und weich, daher ist sie sehr hautfreundlich.
면은 섬유가 가늘고 부드러워서 피부에 아주 좋아요.

---

eng
형
폭이 좁은

Der Rock ist mir zu **eng**, haben Sie eine Nummer größer?
치마 폭이 너무 좁아요. 한 치수 더 큰 것 있나요?

반 weit 폭이 넓은

Faden
명 (m)
실

Einen **Faden** in eine Nadel einzufädeln ist für viele Menschen nicht einfach.
바늘에 실을 꿰는 것이 많은 사람들에게 쉽지 않아요.

관 den Faden verlieren 이야기의 맥락을 잃다 | der rote Faden 주제

Farbe
명 (f)
색상

In diesem Test erfahren Sie, welche **Farbe** Ihnen am besten steht.
이 테스트로 어떤 색상이 당신에게 가장 잘 어울리는지 알게 돼요.

참 farbenblind 색맹의

Faser
명 (f)
섬유

In unserer Kleidung werden auch häufig **Fasern** aus Kunststoff eingesetzt.
우리의 옷에는 합성 섬유가 자주 사용돼요.

gepunktet

물방울무늬가 있는,
점이 있는

Meine Tochter zieht das rot **gepunktete** Kleid am liebsten an.
제 딸은 빨간 물방울무늬의 치마를 가장 즐겨 입어요.

참 Punkt *m.* 점 | punkten 점을 찍다

gestreift

줄무늬가 있는

Gestreifte Herrenhemden sind noch nie aus der Mode gekommen.
줄무늬가 있는 남성용 셔츠는 유행에 뒤떨어진 적이 없어요.

kariert

체크무늬가 있는

Karierte Krawatten sind für viele Anlässe geeignet.
체크무늬의 넥타이는 많은 경우에 잘 어울려요.

관 kleinkariert 편협한, 옹졸한

kurz

짧은

Ich erlaube es nicht, dass meine Tochter mit einem **kurzen** Minirock zur Schule geht.
전 딸이 너무 짧은 미니스커트를 입고 학교에 가는 것을 허락하지 않아요.

반 lang 긴

Leder

가죽

Aus **Leder** werden vor allem Schuhe, Taschen und Gürtel hergestellt.
주로 가죽으로 신발과 가방이나 벨트를 제작해요.

3 소재 · 무늬 · 형태 der Stoff · das Muster · die Form

Muster
명 (n)
무늬

Es gibt T-Shirts in den verschiedenen Farben und **Mustern**.
다양한 색상과 무늬의 티셔츠가 있어요.

- 참 gemustert 무늬가 있는
- 🔍 '견본'이나 '모범'의 뜻으로도 쓰여요.

Pelz
명 (m)
모피

Das Tragen eines **Pelzes** wird heute aus ethischen Gründen oft abgelehnt.
오늘날 사람들은 윤리적인 이유로 모피를 입는 것을 종종 거부해요.

- 참 Pelzmantel *m.* 모피 코트

Seide
명 (f)
실크, 견

Seide ist zwar teuer, hat aber wundervollen Glanz und fühlt sich toll an.
실크는 비싸지만 광택이 우수하고 감촉이 좋아요.

Stickerei
명 (f)
자수, 자수품

Das Kleid mit bunter **Stickerei** gefällt mir am besten.
다채로운 색의 자수가 들어간 원피스가 제일 마음에 들어요.

Stoff
명 (m)
옷감, 천

Dieser **Stoff** ist hautfreundlich und atmungsaktiv.
이 천은 피부에 좋고 통기성이 좋아요.

stricken

뜨개질하다

Meine Oma hat für mich einen warmen Pullover **gestrickt**.
할머니가 저를 위해 따뜻한 스웨터를 떠 주셨어요.

synthetisch

합성의, 인조의

Synthetische Stoffe können Hautprobleme hervorrufen.
합성 섬유는 피부 문제를 일으킬 수 있어요.

참 Synthetics *pl.* 합성 섬유

Textilien

섬유 제품, 직물류

Textilien werden entweder aus Naturfasern oder aus Kunstfasern hergestellt.
직물은 천연 섬유나 합성 섬유로 생산돼요.

verblichen

색이 바랜

Es wäre doch schade, wenn Sie Ihre Kleidung wegwerfen, nur weil die Farbe **verblichen** ist.
단지 색이 바랬다고 당신이 옷을 버리다니 유감이네요.

Wolle

양모, 울

Wolle kann in der Waschmaschine schon bei 30 Grad schrumpfen.
양모는 세탁기에서 30도의 온도에도 수축될 수 있어요.

연습 문제
Übungen

1 다음 무늬에 해당하는 단어를 골라 쓰세요.

| gemustert | kariert | gestreift | gepunktet |

(1) _____ (2) _____ (3) _____ (4) _____

2 서로 연관성 있는 단어끼리 연결하세요.

(1) die Farbe　　•　　　　• ① glänzend
(2) die Nadel　　•　　　　• ② verblichen
(3) die Seide　　•　　　　• ③ einfädeln
(4) der Stoff　　•　　　　• ④ atmungsaktiv

3 다음 설명에 해당하는 섬유의 명칭을 골라 쓰세요.

| Seide | Baumwolle | Pelz | Wolle |

(1) Das sind die geschnittenen Haare von meistens Schafen.　　(　　)

(2) Das ist ein dünner Faden, der von einem Insekt produziert wird.　　(　　)

(3) Das ist eine Pflanze, deren Faser zur Herstellung von Textilien verwendet wird.　　(　　)

(4) Das ist die Haut mit den dicht wachsenden Haaren bestimmter Tiere.　　(　　)

4 다음 빈칸에 들어갈 수 <u>없는</u> 단어를 고르세요.

Aus Leder werden besonders _____, _____ und _____ produziert.

① Schuhe　　② Jacken　　③ Pullover　　④ Gürtel

내게는 특별한 **독일어 어휘**를 부탁해

4 미용 · 위생
die Kosmetik · die Hygiene

 track 025

baden

목욕하다

Die Pflegerin kommt jeden Tag und **badet** die alte Dame.
간병인은 매일 와서 노부인을 목욕시켜요.

- 참 Badewanne *f.* 욕조
- '해수욕하다'의 뜻도 있어요.

Creme
명 *f*
크림

Sie sollen diese **Creme** mehrmals täglich auf die betroffenen Hautpartien auftragen und leicht einmassieren.
이 크림을 하루에 여러 번 해당하는 부위에 바르고 가볍게 마사지하세요.

- 참 Handcreme *f.* 핸드크림

Dauerwelle
명 *f*
파마

Ich lasse mir alle zwei Monate vom Frisör eine **Dauerwelle** machen.
난 미용실에서 두 달마다 파마를 해요.

duschen

샤워하다

Meine Kinder weinen und regen sich auf, wenn ich sie **duschen** will.
제 아이들은 샤워를 시키려고 하면 울면서 가만있지를 않아요.

färben

염색하다

Ich möchte meine Haare **färben** lassen, aber meine Mutter ist strikt dagegen.
난 머리를 염색하고 싶은데, 엄마가 완강히 반대해요.

V. 패션 · 쇼핑 die Mode · das Einkaufen

4 미용 · 위생 die Kosmetik · die Hygiene

Gesichtswasser
명 *n*
스킨, 화장수

Ich möchte ein Gesichtswasser für trockene Haut.
건성 피부용 스킨을 원해요.

참 Gesichtspflege *f.* 피부 관리 | Gesichtsmaske *f.* 미용팩

hygienisch
형
위생적인

Aus hygienischen Gründen sollte man die Zahnbürste regelmäßig wechseln.
위생적인 이유로 칫솔을 정기적으로 교체해야 해요.

kämmen
동
머리를 빗다

Nach dem Duschen kämmen viele ihre nassen Haare, aber die Experten sagen, das sei schädlich für das Haar.
샤워 후에 많은 사람들이 젖은 머리를 빗지만 전문가들은 그것이 머리카락을 손상시킨다고 해요.

참 Kamm *m.* 빗

Kosmetik
명 *f*
화장품

Kosmetik selber machen hat viele Vorteile und macht Spaß.
화장품을 직접 만드는 것은 장점이 많고 재미도 있어요.

참 Kosmetikerin *f.* 화장 전문가

Lippenstift
명 *m*
립스틱

Du hast etwas zu viel Lippenstift aufgetragen.
넌 립스틱을 너무 진하게 발랐어.

Nagellack
명 *m*
매니큐어

A Welcher **Nagellack** passt zu meinem Hauttyp?
어떤 매니큐어가 제 피부 타입에 맞을까요?

B Ich glaube, der klare.
제 생각에 투명한 색이요.

Reinigungsmilch
명 *f*
클렌징 로션

Meine Haut ist empfindlich, deshalb benutze ich eine milde **Reinigungsmilch**.
피부가 민감해서 난 부드러운 클렌징 로션을 사용해요.

참 reinigen 깨끗하게 하다

Seife
명 *f*
비누

Man soll sich unbedingt mit **Seife** die Hände waschen.
반드시 비누로 손을 씻어야 해요.

waschen

씻다

Ich **wasche** meine Haare jeden Tag, weil sie sonst leicht fettig aussehen.
난 머리를 매일 감아요. 그렇지 않으면 금방 기름져 보이거든요.

Zahnbürste
명 *f*
칫솔

Heute habe ich mir eine elektrische **Zahnbürste** gekauft.
오늘 전동 칫솔을 하나 구입했어요.

관 Zähne putzen 양치질하다
참 Zahnpasta *f.* 치약

1 그림에 맞는 표현을 찾아 알맞은 형태로 바꿔 쓰세요.

> duschen   die Zähne putzen   die Hände waschen

(1) Nach dem Training hat sich Anton kalt _____.

(2) Du musst dreimal am Tag _____.

(3) Er _____ so oft wie möglich.

2 다음 설명이 가리키는 것을 찾아 쓰세요.

> die Seife   die Dauerwelle   die Kosmetik   die Reinigungsmilch

(1) Das sind Locken, die mit chemischen Mitteln ins Haar gemacht werden und die dann längere Zeit halten. ( )

(2) Damit reinigt man die Haut und entfernt Make-up. ( )

(3) Das verwendet man zum Waschen und zur Körperpflege. ( )

(4) Das verwendet man, um den Körper und besonders das Gesicht zu pflegen und schöner zu machen. ( )

3 빈칸에 들어갈 수 <u>없는</u> 말을 고르세요.

> Sie lässt sich ihre Haare _____.

① auftragen   ② färben   ③ eine Dauerwelle machen

5 쇼핑 · 가게
der Einkauf · der Laden

🔊 track 026

Absatz
명 *m*
판매

Die deutschen Autobauer finden in China reißenden **Absatz** für ihre Fahrzeuge.
독일 자동차 회사의 차들이 중국에서 날개 돋친 듯이 팔리고 있어요.

Angebot
명 *n*
제공, 세일

Obst und Gemüse haben wir heute im **Angebot**.
오늘은 과일과 채소를 세일해요.

🔍 Angebot는 '공급'의 뜻도 있어요.

Einkaufswagen
명 *m*
쇼핑 카트

Ein **Einkaufswagen** voller Getränke ist sehr schwer, deshalb lässt er sich oft schwer kontrollieren.
음료수를 가득 채운 쇼핑 카트는 몹시 무거워서, 종종 다루기가 힘들어요.

🔍 인터넷 구매 사이트의 장바구니도 Einkaufswagen이라고 해요.

Einkaufs-zentrum
명 *n*
쇼핑센터

In der Innenstadt wird ein neues **Einkaufszentrum** gebaut.
시내에 새 쇼핑센터가 들어선대요.

Fachgeschäft
명 *n*
전문점

Weine sollte man lieber in einem **Fachgeschäft** kaufen.
포도주는 전문점에서 사는 것이 더 좋아요.

V. 패션 · 쇼핑 die Mode · das Einkaufen

5 쇼핑 · 가게
der Einkauf · der Laden

Garantie
명 *f*
보증

Der Fernseher hat noch ein halbes Jahr **Garantie**.
이 TV는 아직 보증 기간이 반년 남았어요.

참 Garantieschein *m.* 보증서

Kasse
명 *f*
계산대

Vor der **Kasse** hat sich eine lange Schlange gebildet.
계산대 앞에 줄이 아주 길었어요.

참 Kassierer/in *m./f.* 계산원 ➡ p.70

Kaufhaus
명 *n*
백화점

Das **Kaufhaus** am Marktplatz feiert im Jahr 2019 sein fünfzigjähriges Bestehen.
광장 옆에 있는 백화점은 2019년에 50주년 기념행사를 해요.

참 Sportabteilung *f.* 스포츠 용품 코너 |
Schmuckabteilung *f.* 보석, 장신구 코너

Kunde
명 *m*
고객

Die Lieferung der Waren gehört bei uns zum Dienst am **Kunden**.
상품 배달은 우리 가게의 고객 서비스에 해당해요.

liefern
동
배달하다

Ich möchte Sie fragen, ob Sie Ihre Produkte auch ins Ausland **liefern**.
상품을 외국으로 배송해 주는지도 물어보고 싶어요.

유 versenden 배송하다
참 Versandkosten *pl.* 배송 비용 |
Versandhaus *n.* 통신 판매 전문점(무점포 판매 전문점)

Marke
명 f
상표, 브랜드

Viele Koreaner legen großen Wert auf bekannte Marken.
많은 한국인들은 유명 브랜드에 큰 가치를 둬요.

Nachfrage
명 f
수요

Die Nachfrage nach Elektroautos steigt in Europa ständig.
유럽에서 전기차에 대한 수요가 꾸준히 늘고 있어요.

반 Angebot n. 공급 ➔ p.177

Öffnungszeit
명 f
개점 시간

Wie sind die Öffnungszeiten der Boutique neben der Bäckerei?
빵집 옆에 있는 옷 가게 영업 시간이 어떻게 되나요?

Parfümerie
명 f
화장품 가게

In dieser Parfümerie findet man internationale Parfüm- und Kosmetikmarken.
이 화장품 가게는 세계적인 향수와 화장품 브랜드가 있어요.

Qualität
명 f
품질

Wir achten bei unseren Produkten stets auf Qualität.
우리는 항상 제품의 품질에 주의를 기울여요.

반 Quantität f. 양
참 qualitativ 질적인

5 쇼핑・가게 der Einkauf · der Laden

Quittung
명 *f*
영수증

Ohne **Quittung** hat man auch Anspruch auf Umtausch.
영수증 없이도 교환할 수 있어요.

참 Rechnung *f.* 계산서 ➡ p.148

Schaufenster
명 *n*
쇼윈도, 진열장

Im **Schaufenster** habe ich eine tolle Tasche gesehen.
쇼윈도에서 멋진 가방을 봤어요.

Schnäppchen
명 *n*
세일 상품, 싸게 사는 것

So ein Angebot gibt es nicht alle Tage, der Seidenschal war ein echtes **Schnäppchen**.
그런 세일은 매일 있는 것이 아니죠. 실크 스카프가 정말 쌌어요.

참 schnappen 덥석 잡다

Umkleide-kabine
명 *f*
탈의실

Sie können den Anzug noch nicht anprobieren, alle **Umkleidekabinen** sind besetzt.
당신은 아직 양복을 입어 볼 수가 없네요. 빈 탈의실이 없거든요.

Umsatz
명 *m*
매출

Der **Umsatz** von Spielen für Smartphones ist in den letzten Jahren stark gestiegen.
스마트폰 게임의 매출이 지난 수년간 급증했어요.

참 Umsatzsteigerung *f.* 매출 증가 |
Umsatzrückgang *m.* 매출 감소

umtauschen

교환하다

Er hat im Kaufhaus die defekte Kamera gegen eine neue **umgetauscht**.
그는 백화점에서 결함이 있는 카메라를 새 것으로 교환했어요.

참 Umtausch *m.* 교환

Verbraucher

소비자

Verbraucher ärgern sich über die hohen Bezinpreise.
소비자들은 높은 휘발유 가격에 분개해요.

참 Verbraucherschutz *m.* 소비자 보호 | verbrauchen 소비하다 ➡ p.319

verpacken

포장하다

A Können Sie das als Geschenk **verpacken**?
선물 포장으로 해 줄 수 있나요?

B Ja, natürlich.
네, 그럼요.

참 Geschenkpapier *n.* 선물 포장지 | einpacken 포장을 싸다 | auspacken 포장을 풀다

wählen

선택하다

A Haben Sie schon **gewählt**?
선택했나요?

B Nein, ich überlege noch.
아니요, 아직 고민하고 있어요.

관 die Qual der Wahl 선택의 어려움
참 Wahl *f.* 선택, 선거 ➡ p.305
🔍 '선거하다'의 뜻도 있어요.

wünschen

원하다, 바라다

Mein Sohn **wünscht** sich zu Weihnachten einen Teddybären.
내 아들은 크리스마스에 곰 인형을 원해요.

참 Wunsch *m.* 소망 | wünschenswert 바람직한

V. 패션 · 쇼핑 die Mode · das Einkaufen

연습 문제
Übungen

1 아래 물품을 살 수 있는 상점이나 매장을 연결하세요.

(1) • • ① in der Sportabteilung

(2) • • ② in der Parfümerie

(3) • • ③ in der Schmuckabteilung

(4) • • ④ im Kleidergeschäft

2 빈칸에 알맞은 말을 고르세요.

(1) Wir _____ die Waren kostenfrei im Umkreis von 50 km.
   ① verpacken   ② verbrauchen   ③ liefern

(2) Man kann gekaufte Produkte bei Onlineshops innerhalb von 14 Tagen _____.
   ① umtauschen   ② wählen   ③ wünschen

3 점원과 고객의 대화입니다. 대화가 자연스럽게 이어지도록 순서대로 번호를 쓰세요.

① A Welche Größe haben Sie?   B Größe 36.
② A Kann ich Ihnen helfen?   B Ich suche einen Mantel.
③ A Wie finden Sie den hier?   B Darf ich ihn mal anprobieren?
④ A Die Umkleidekabinen sind da vorne.   B Danke.

(   ) - (   ) - (   ) - (   )

6 가격 · 지불
der Preis · die Bezahlungsweise
track 027

ausgeben

돈을 쓰다, 지출하다

A **Wie viel Geld gibst** du monatlich für Freizeitaktivitäten **aus**?
여가 활동을 위해 한 달에 돈을 얼마나 쓰니?
B **Ungefähr 300 Euro.** 대략 300유로 정도.

참 Ausgabe *f.* 지출

Bargeld

현금

Wenn man mit Bargeld zahlt, kann man seine Ausgaben besser kontrollieren.
현금으로 지불하면 자신의 지출을 더 잘 통제할 수 있어요.

관 in bar zahlen 현금으로 지불하다

bezahlen

지불하다

Wie viel bezahlen Sie Ihrer Putzfrau pro Stunde?
당신은 가사 도우미에게 시간당 얼마를 지불하나요?

유 zahlen 지불하다
참 Bezahlung *f.* 지불 | Anzahlung *f.* 선금

billig

가격이 싼

Bananen sind in dieser Woche besonders billig.
바나나가 이번 주에 특히 싸네요.

유 preiswert (품질에 비해) 싼 | preisgünstig 가격이 유리한
반 teuer 비싼

Ermäßigung

할인

Kinder und Rentner erhalten eine Ermäßigung von 30% im Vorverkauf für das Konzert.
아이들과 연금 수급자는 콘서트 티켓 예매를 할 때 30% 할인을 받아요.

V. 패션 · 쇼핑 die Mode · das Einkaufen 183

6 가격 · 지불 der Preis · die Bezahlungsweise

Geld

돈

Mit Geld umgehen zu lernen ist allerdings leichter gesagt als getan.
돈 쓰는 법을 배운다는 것이 말처럼 그렇게 쉽지가 않아요.

관 Geld abheben 돈을 인출하다 | Geld überweisen 송금하다
참 Geldschein *m.* 지폐 | Geldautomat *m.* 현금 자동 인출기

gratis

공짜로

Es gibt Seiten, wo man gratis die neuesten Lieder downloaden kann.
최신 노래를 무료로 다운로드 받을 수 있는 사이트가 있어요.

유 umsonst 무료로 | kostenlos 무료인 ➡ p.103

kosten

값이 ~이다

Der Eintritt für Studierende kostet nur die Hälfte.
대학생들은 입장료를 반만 내요.

참 Kosten *pl.* 비용
🔍 kosten은 '맛보다'의 뜻도 있어요. ➡ p.39

Kostenvoranschlag

견적

Ich war bei einer Werkstatt, um mir einen Kostenvoranschlag machen zu lassen.
난 견적을 받아 보려고 자동차 정비소에 갔어요.

Kreditkarte
명 *f*
신용 카드

Mit einer Kreditkarte kann man bargeldlos in Geschäften oder im Internet bezahlen.
신용 카드로 현금 없이 상점이나 인터넷에서 지불할 수 있어요.

참 Karteninhaber *m.* 카드 소지자 |
Gutschein *m.* 상품권, 쿠폰

Preis
명 m
가격

Im letzten Jahr stiegen die **Preis**e für Erdöl rasant, aber jetzt bleiben sie stabil.
지난해에는 유가가 급등했지만 지금은 안정세를 유지하고 있어요.

참 Preiserhöhung f. 가격 인상, 물가 상승

Rabatt
명 m
할인

Als Beamter bekommt er zehn Prozent **Rabatt** auf alle Waren dieses Ladens.
공무원으로서 그는 이 가게의 모든 상품 가격의 10%를 할인받아요.

관 Rabatt geben 할인해 주다 (= Rabatt gewähren)

Rate
명 f
할부, 분할 납입금

Marion zahlt ihr Auto in monatlichen **Rate**n von 200 Euro ab.
마리온은 자동차 할부금으로 매달 200유로를 지불해요.

관 etwas auf Raten kaufen 할부로 구입하다 | etwas in Raten zahlen 할부로 지불하다

reduziert
형
가격이 떨어진

Man kann **reduziert**e Waren auch innerhalb von zwei Wochen im Geschäft umtauschen.
할인된 물건도 2주 안에 교환할 수 있어요.

verschwend-erisch
형
낭비하는

Sie geht **verschwenderisch** mit ihrem Geld um.
그녀는 돈을 헤프게 써요.

참 verschwenden 낭비하다 | Verschwendung f. 낭비

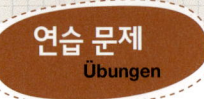

1 그림에 해당하는 지불 방식을 연결하세요.

(1) • • ① Sie bezahlt mit Kreditkarte.

(2) • • ② Er bezahlt mit Gutschein.

(3) • • ③ Ich bezahle immer in bar.

2 밑줄 친 부분과 바꾸어 쓸 수 있는 단어를 고르세요.

> Studenten erhalten auf den regulären Jahresbeitrag <u>einen Rabatt</u> von 50 Prozent.

① eine Ausgabe   ② eine Ermäßigung   ③ einen Geldschein

3 다음 빈칸에 들어갈 알맞은 단어를 고르세요.

> Sie sind knapp bei Kasse, dann können Sie die Rechnung in _____ zahlen.

① Rabatt   ② Raten   ③ Kostenvoranschlag

4 내용이 맞으면 O, 틀리면 X 표시를 하세요.

(1) Wenn man mit Kreditkarte zahlt, kann man mit Geld sparsam umgehen. (   )

(2) Gratis heißt, dass man nichts dafür zu bezahlen braucht. (   )

(3) Am Geldautomaten kann man mithilfe seiner Karte Geld vom Konto abheben. (   )

(4) Kostenvoranschlag heißt, dass man die geforderte Summe im Voraus zahlt. (   )

VI 주거

das Wohnen

❶ 단독 주택 · 공동 주택 das Haus · die Wohnung

❷ 가구 · 가전제품 · 도구
das Möbel · das Elektrogerät · das Werkzeug

❸ 집안일 · 일상 der Haushalt · der Alltag

❹ 임차 · 임대 das Mieten · das Vermieten

 단독 주택 · 공동 주택
das Haus · die Wohnung

🎧 track 028

Aufzug
명 *m*
엘리베이터

Meine Wohnung liegt im 4. Stock, aber leider gibt es keinen **Aufzug**.
내 집은 5층인데, 아쉽게도 엘리베이터가 없어요.

- 유 Fahrstuhl *m.* 엘리베이터
- 🔍 독일에서 1층은 Erdgeschoss라고 표현하고, 4. Stock은 5층을 의미해요. ➡ p.190

Bad
명 *n*
욕실

Das **Bad** in meiner neuen Wohnung ist ziemlich klein.
새집 욕실은 상당히 작아요.

- 유 Badezimmer *n.* 욕실
- 참 Badewanne *f.* 욕조
- 🔍 '목욕'의 뜻도 있어서 ein Bad nehmen(=baden)은 '목욕하다'예요.

Balkon
명 *m*
발코니

Ich möchte auf den **Balkon** ein paar Pflanzen stellen.
난 발코니에 몇 가지 식물을 놓고 싶어요.

bauen
동
짓다, 건축하다

Wir müssen noch kräftig sparen, dann können wir in drei Jahren ein Haus **bauen**.
우린 아직 열심히 저축해야 해요. 그럼 3년 후에 집을 지을 수 있어요.

Beleuchtung
명 *f*
조명

Man kann mit indirekter **Beleuchtung** einen Raum gemütlicher gestalten.
간접 조명으로 공간을 더 아늑하게 꾸밀 수 있어요.

- 유 Licht *n.* 조명, 전등

Bewohner
명 *m*
주민

In einem Dorf in Japan leben viele **Bewohner** überdurchschnittlich lange.
일본의 한 마을에서는 많은 주민들이 평균 이상으로 오래 살아요.

Boden
명 *m*
바닥

In Asien gibt es viele Länder, wo man auf dem **Boden** schläft.
아시아 (문화권의) 나라는 바닥에서 잠을 자는 곳이 많아요.

참 Bodenheizung *f.* 바닥 난방(온돌)

Dach
명 *n*
지붕

Das **Dach** des alten Hauses muss komplett erneuert werden.
그 낡은 집의 지붕은 완전히 교체되어야 해요.

참 Dachgeschoss *n.* 다락층 | Dachzimmer *n.* 다락방

Decke
명 *f*
천장

Eine hohe **Decke** lässt das Zimmer größer aussehen.
높은 천장이 방을 더 크게 보이게 해요.

 '이불'이라는 뜻도 있어요.

einleben
동
정착하다

Leon hat sich gut in der neuen Stadt **eingelebt**.
레온은 새로운 도시에 잘 정착했어요.

VI. 주거 das Wohnen

1 단독 주택 · 공동 주택 das Haus · die Wohnung

Erdgeschoss
명 *n*
1층

Ich würde nie in eine Wohnung im **Erdgeschoss** einziehen.
난 절대 1층 집으로 이사 가고 싶지 않아요.

참 Untergeschoss *n.* 지하층

Fenster
명 *n*
창문

Am Wochenende will ich die **Fenster** putzen.
주말에 창문 청소를 하려고 해요.

참 Fensterscheibe *f.* 창유리

Flur
명 *m*
현관, 복도

Der **Flur** bestimmt den ersten Eindruck, den die Besucher von der Wohnung bekommen.
현관은 방문한 사람이 집에 대해 받는 첫인상을 결정해요.

유 Korridor *m.* 복도 | Gang *m.* 복도

🔍 Flur는 현관에서 각 방으로 이어지는 좁고 긴 공간을 말해요.

Garage
명 *f*
차고

Mein Mann stellt das Auto in die **Garage**.
제 남편이 차를 차고에 세워요.

참 Tiefgarage *f.* 지하 차고

Garten
명 *m*
정원

Herr Kohl sucht ein Haus mit **Garten**, damit seine Kinder spielen können.
콜 씨는 아이들이 놀 수 있도록 정원이 딸린 집을 찾고 있어요.

Haus

명 (n)

단독 주택

Das **Haus** steht direkt an einer Straße, wo viele Autos fahren.

그 집은 많은 자동차들이 다니는 거리에 바로 접해 있어요.

 Hausmeister m. 관리인 | Wohnung f. 공동 주택

heizen

동

난방을 하다

Frau Schmidt **heizt** weniger, um Energie zu sparen.

슈미트 부인은 에너지를 절약하기 위해 난방을 적게 해요.

 Heizung f. 난방

Hof

명 (m)

마당

Die Kinder spielen auf dem **Hof**.

아이들이 마당에서 놀고 있어요.

Keller

명 (m)

지하실

In Deutschland lagert man im **Keller** Weine und Lebensmittelvorräte.

독일에서는 사람들이 지하실에 포도주와 저장 식품들을 보관해요.

klingeln

동

벨을 누르다

Ich habe mehrmals **geklingelt**, aber niemand hat geöffnet.

여러 번 초인종을 눌렀지만 아무도 열어 주지 않았어요.

 klopfen 노크를 하다

🔍 알람이나 휴대폰이 울릴 때도 klingeln으로 표현해요.

1 단독 주택 · 공동 주택 das Haus · die Wohnung

Küche
명 *f*
부엌

Die **Küche** ist so klein, dass kein Esstisch hineinpasst.
부엌이 너무 작아서 식탁이 들어가지 않아요.

🔍 '요리'나 '음식'이라는 뜻으로도 쓰여요.

leben
동
살다

In diesem Haus **lebe** ich seit 10 Jahren.
이 집에서 난 10년 전부터 살고 있어요.

관 leben von ~(으)로 생계를 유지하다
참 Leben *n.* 삶, 인생

Stockwerk
명 *n*
층

Das Haus hat vier **Stockwerke**.
그 집은 4층 집이에요.

유 Stock *m.* 층

Toilette
명 *f*
화장실

Diese Wohnung hat ein Bad und eine separate **Toilette**.
이 집은 욕실과 따로 분리된 화장실이 있어요.

관 auf die Toilette gehen 화장실에 가다

Treppe
명 *f*
계단

Meine Großmutter kann nicht gut **Treppen** steigen.
할머니는 계단을 잘 올라가지 못하세요.

참 Rolltreppe *f.* 에스컬레이터

Tür
명 *f*
문

Ich habe meinen Schlüssel vergessen, deshalb konnte ich die **Tür** nicht aufmachen.
열쇠를 잃어버렸기 때문에 문을 열 수가 없었어요.

Umgebung
명 *f*
주변

Mein Onkel hat ein Haus in einer schönen **Umgebung** gekauft.
내 삼촌은 주변 환경이 아름다운 집 한 채를 구입했어요.

Wand
명 *f*
벽

Ich will ein schönes Bild an die **Wand** hängen, sonst sieht das Wohnzimmer zu kahl aus.
벽에 예쁜 그림을 걸려고 해요. 그렇지 않으면 거실이 너무 삭막해 보여요.

Waschbecken
명 *n*
세면대

Das Parfüm ist ins **Waschbecken** gefallen.
향수가 세면대로 떨어졌어요.

참 Spiegel *m.* 거울 | Wasserhahn *m.* 수도꼭지

wohnen
동
살다, 거주하다, 머물다

Wenn ich in Berlin bin, **wohne** ich bei meiner Großmutter.
베를린에 있으면 나는 할머니 댁에서 지내요.

참 Wohnort *m.* 거주지

연습 문제
Übungen

1 다음 그림에 표시된 것의 명칭을 쓰고 질문에 답하세요.

(1)  (2)

ⓐ der _____   ⓐ die _____
ⓑ die _____   ⓑ die _____
ⓒ das _____   ⓒ das _____
ⓓ der _____   ⓓ die _____
ⓔ A Wo bin ich hier?   ⓔ A Wo bin ich hier?
　 B Hier ist das _____.   　 B Hier ist der _____.

2 빈칸에 알맞은 동사를 적절히 활용하여 문장을 완성하세요.

| klingeln | wohnen | heizen |

(1) Es _____, bitte gehe an die Haustür und schau mal nach, wer da ist.
(2) Wir müssen mehr _____, es ist heute furchtbar kalt.
(3) A Wie lange _____ du hier schon?
　 B Seit drei Monaten.

3 설명된 행위와 일치하는 장소를 골라 연결하세요.

(1) Man kann sich waschen.　　•　　• ① die Küche
(2) Man kann etwas Leckeres kochen. •　　• ② der Keller
(3) Man kann etwas aufbewahren.　•　　• ③ das Bad

2 가구 · 가전제품 · 도구
das Möbel · das Elektrogerät · das Werkzeug

---

anmachen
동
켜다

Kannst du bitte das Radio anmachen?
라디오 좀 켜 줄 수 있어?

 ausmachen 끄다

---

aufladen
동
충전하다

Der Akku meines Smartphones ist leer und lässt sich nicht mehr aufladen.
내 스마트폰의 배터리가 방전되었는데 더 이상 충전이 되지 않아요.

 Ladegerät n. 충전기 |
Akku m. 충전 가능한 배터리 ➡ p.336

🔍 '짐을 싣다'라는 뜻으로도 쓰여요.

Bank
명 (f)
벤치

Eine Bank im Garten ist angenehm zum Sitzen.
정원에 있는 벤치는 앉기에 편해요.

🔍 '은행'의 뜻도 있어요. 은행으로 쓰일 때는 복수형을 Banken, '벤치'라는 뜻으로 쓰일 때는 복수형을 Bänke로 써요. ➡ p.224

**Bedienungs-
anleitung**
명 (f)
사용 설명서

Die Bedienungsanleitung für den Kühlschrank ist schwer zu verstehen.
냉장고 사용 설명서를 이해하기 어려워요.

 Gebrauchsanweisung f. 사용 설명서

Bett
명 (n)
침대

Wo kann man ein neues Bett günstig kaufen?
새 침대를 어디서 싸게 구입할 수 있나요?

 zu/ins Bett gehen 잠자러 가다

VI. 주거 das Wohnen

2 가구 · 가전제품 · 도구 das Möbel · das Elektrogerät · das Werkzeug

CD-Player
명 *m*
CD 플레이어

Der Computer hat keinen **CD-Player**.
그 컴퓨터에는 CD 플레이어가 없어요.

Couch
명 *f*
소파

Er liegt auf der **Couch** und sieht fern.
그는 소파에 누워 TV를 봐요.

 Sofa *n.* 소파

einrichten
동
(집이나 방을 가구로) 꾸미다

Wenn ich umziehe, werde ich das Wohnzimmer ganz neu **einrichten**.
이사하면 거실을 완전히 새롭게 꾸미려고 해요.

Fernbedienung
명 *f*
리모컨

Ich kann die **Fernbedienung** des Fernsehers nicht finden.
난 TV 리모컨을 찾을 수가 없어요.

fernsehen
동
TV를 보다

Am Wochenende **sehe** ich am liebsten den ganzen Tag **fern**.
주말에 난 하루 종일 TV 보는 것을 가장 즐겨요.

 Fernseher *m.* 텔레비전

Fön
명 *m*
헤어드라이어

Morgens trockne ich die Haare nach dem Waschen mit dem **Fön**.
아침마다 나는 머리를 감은 후에 헤어드라이어로 말려요.

- 유 Haartrockner *m.* 헤어드라이어
- 참 fönen 헤어드라이어로 말리다

Fotoapparat
명 *m*
사진기

Ich brauche keinen teuren **Fotoapparat**, weil ich nur hobbymäßig fotografiere.
난 취미로 사진을 찍기 때문에 비싼 카메라가 필요 없어요.

- 유 Kamera *f.* 카메라

funktionieren
동
작동하다

Der Computer **funktioniert** nicht mehr richtig.
컴퓨터가 더 이상 제대로 작동하지 않아요.

- 참 Funktion *f.* 작동

Hammer
명 *m*
망치

Du musst einen Nagel an die Wand schlagen, dazu brauchst du einen **Hammer**.
넌 벽에 못을 박아야 해. 그러기 위해 망치가 필요해.

- 관 Das ist ein Hammer! 굉장한 일이네요!
- 참 Bohrmaschine *f.* 드릴
- 엄청나게 좋은 일이나 나쁜 일에 반응할 때도 Hammer라는 표현을 써요.

Handy
명 *n*
휴대폰

Sie können mich auf dem **Handy** erreichen.
당신은 제 휴대폰으로 연락할 수 있어요.

2 가구 · 가전제품 · 도구   das Möbel · das Elektrogerät · das Werkzeug

Hocker
명 *m*
등받이가 없는 의자

Wir meditieren auf dem Sitzkissen oder **Hocker**.
우리는 방석이나 등받이가 없는 의자에 앉아 명상을 해요.

Kaffeemaschine
명 *f*
커피 머신

Ohne **Kaffeemaschine** kann man auch frischen Kaffee kochen.
커피 머신 없이도 신선한 커피를 끓일 수 있어요.

참 Waschmaschine *f.* 세탁기 | Spülmaschine *f.* 식기 세척기

Kleiderschrank
명 *m*
옷장

Ich hänge die Jacke in den **Kleiderschrank**.
난 자켓을 옷장에 걸어요.

🔍 보통 Schrank라고 표현하면 옷장을 말해요.

Klimaanlage
명 *f*
에어컨

Bei der Hitze kann man es ohne **Klimaanlage** nur schwer aushalten.
폭염에 에어컨 없이 견디기는 힘들어요.

참 Ventilator *m.* 선풍기 | klimatisieren 냉방하다

Kommode
명 *f*
서랍장

In diesem Laden kann man eine antike **Kommode** günstig kaufen.
이 가게에서 고풍스러운 서랍장을 싸게 살 수 있어요.

Kühlschrank

명 *m*
냉장고

Stell bitte die Milch und Margarine in den **Kühlschrank**.

우유와 마가린을 냉장고에 넣어.

참 Gefrierschrank *m.* 냉동고
(= Tiefkühltruhe *f.* / Tiefkühlfach *n.*)

Lampe

명 *f*
등, 램프

Mein Vater hängt eine **Lampe** an die Decke.

아빠가 천장에 등을 달아요.

참 Lampenschirm *m.* 전등갓

Leiter

명 *f*
사다리

Er legte die **Leiter** an den Baum und stieg hinauf.

그는 사다리를 나무에 대고 올라갔어요.

🔍 Leiter가 남성이면 '지도자'라는 뜻이 돼요.

Mikrowelle

명 *f*
전자레인지

Eine **Mikrowelle** ist nützlich, um Speisen schnell aufzuwärmen.

음식을 빨리 데우기 위해 전자레인지는 유용해요.

montieren

동
조립하다

Bitte **montieren** Sie die Möbel nach den Hinweisen in der Aufbauanleitung.

가구를 설명서의 지시에 따라 조립하세요.

VI. **주거** das Wohnen

2 가구 · 가전제품 · 도구 das Möbel · das Elektrogerät · das Werkzeug

Mülleimer
명 *m*
쓰레기통

Werfen Sie bitte das in den **Mülleimer**.
그것을 쓰레기통에 버려 주세요.

[유] Papierkorb *m.* 쓰레기통
[참] Müll *m.* 쓰레기 | Mülltrennung *f.* 분리수거

Nachttisch
명 *m*
침대 옆 작은 탁자/협탁

Sie legte ihre Brille vor dem Schlafen auf den **Nachttisch** ab.
그녀는 자기 전에 안경을 협탁에 벗어 놓았어요.

🔍 '후식'을 뜻하는 Nachtisch와 혼동하기 쉬워요.

Rasierer
명 *m*
면도기

Mein alter **Rasierer** ist kaputt und ich brauche einen neuen.
오래된 면도기가 고장 나서 나는 새것이 필요해요.

[유] Rasiergerät *n.* 면도기
[참] sich rasieren 면도하다

Regal
명 *n*
책장

Im **Regal** stehen viele interessante Bücher.
책장에 많은 흥미로운 책들이 꽂혀 있어요.

---

reparieren

수리하다, 고치다

Ich habe meinen Computer **reparieren** lassen.
난 컴퓨터를 수리 맡겼어요.

[참] kaputt 고장 난, 망가진

Säge
명 f
톱

Mein Onkel schneidet mit der elektronischen **Säge** ein dickes Holzstück.
제 삼촌이 전기 톱으로 두꺼운 나무를 잘라요.

Schraubenzieher
명 m
드라이버

Kannst du mir den **Schraubenzieher** bringen?
드라이버 좀 가져다줄 수 있니?

참 Schraube f. 나사

Sessel
명 m
1인용 소파/안락의자

Meine Großmutter saß im **Sessel** und strickte etwas.
내 할머니는 안락의자에 앉아서 뜨개질을 하셨어요.

Staubsauger
명 m
진공청소기

Kabellose **Staubsauger** sind beliebt, weil sie noch praktischer sind.
무선 진공청소기가 훨씬 더 편리하기 때문에 인기 있어요.

참 Staub m. 먼지 | saugen 빨아들이다

Steckdose
명 f
콘센트

Sie müssen den Stecker aus der **Steckdose** ziehen.
당신은 콘센트에서 플러그를 뽑아야 해요.

참 Stecker m. 플러그

2 가구 · 가전제품 · 도구 das Möbel · das Elektrogerät · das Werkzeug

Stuhl
명 *m*
의자

Setzen Sie sich bitte auf den **Stuhl**.
의자에 앉으세요.

참 Stuhllehne *f.* 의자의 등받이

Teppich
명 *m*
카펫

Ich möchte in meinem Wohnzimmer einen neuen **Teppich** verlegen.
난 거실에 새 카펫을 깔고 싶어요.

Tisch
명 *m*
식탁

Wir alle haben uns um den **Tisch** gesetzt.
우리 모두 식탁에 둘러앉았어요.

🔍 Tisch는 책상의 뜻도 있어서 식탁은 Esstisch, 책상은 Schreibtisch로도 표현해요.

Vorhang
명 *m*
커튼

Vorhänge machen Wohnräume richtig gemütlich.
커튼은 거주 공간을 아주 아늑하게 만들어 줘요.

유 Gardine *f.* 얇은 커튼
🔍 Vorhänge는 복수 형태예요.

Wasserkocher
명 *m*
전기 포트

Wasserkocher sind heute in fast jedem Haushalt vorhanden.
전기 포트는 오늘날 거의 모든 가정에 있어요.

참 Reiskocher *m.* 전기 밥솥

연습 문제
Übungen

1 다음 그림에 해당하는 단어를 쓰세요.

(1) (   )
(2) (   )
(3) (   )
(4) (   )
(5) (   )
(6) (   )
(7) (   )
(8) (   )

2 빈칸에 들어갈 알맞은 단어를 고르세요.

(1) Isabella hat nicht viel Zeit. Deshalb muss sie immer schnell etwas zu essen machen. Sie braucht _____.

① einen Staubsauger ② einen Wasserkocher ③ eine Mikrowelle

(2) Daniels Handy ist ganz leer. Er muss sein Handy wieder _____.

① einrichten ② aufladen ③ anmachen

3 주어진 사물을 세 영역으로 분류하세요.

① ein Kleiderschrank ② ein Sessel ③ ein Schraubenzieher
④ eine Säge ⑤ eine Klimaanlage ⑥ ein Regal
⑦ ein Kühlschrank ⑧ ein Hammer

(1) das Möbel	(2) das Elektrogerät	(3) das Werkzeug

Ⅵ. 주거 das Wohnen

3 집안일 · 일상
der Haushalt · der Alltag

 track 030

Abfall
명 *m*
쓰레기

Viele Leute lassen an öffentlichen Plätzen einfach ihren **Abfall** liegen.
많은 사람들이 공공장소에서 쓰레기를 쉽게 버려요.

참 Abfalleimer *m.* 쓰레기통

abholen
동
데리고 오다, 가지고 오다

Frau Sommer muss um 12 Uhr ihren Sohn vom Kindergarten **abholen**.
좀머 부인은 12시에 아들을 유치원에서 데리고 와야 해요.

abwischen
동
깨끗이 닦다

Nach dem Essen **wische** ich gleich den Tisch **ab**.
난 식사 후에 바로 식탁을 닦아요.

arbeiten
동
일하다

Ich **arbeite** 8 Stunden am Tag und habe eine Stunde Mittagspause.
난 하루에 8시간 근무하고 점심시간은 한 시간이에요.

 Arbeit *f.* 일 | Arbeitsstelle *f.* 일자리 | arbeitslos 실직한 ➡ p.65

aufbewahren
동
보관하다

Obst und Gemüse sollte man möglichst im Kühlschrank **aufbewahren**.
과일과 야채는 가능한 냉장고에 보관해야 돼요.

 Aufbewahrung *f.* 보관

aufräumen

정돈하다, 치우다

Meine Kinder **räumen** ihre Zimmer selber **auf**.
내 아이들은 방을 스스로 치워요.

aufstehen

일어나다

Wochentags **stehen** wir gewöhnlich um 6 Uhr morgens **auf**.
주중에 우리는 보통 아침 6시에 일어나요.

ausgehen

외출하다

Wohin wollen wir an diesem Wochenende **ausgehen**?
이번 주말에 우리 어디로 외출할까?

bügeln

다리미질하다

Hemden **bügeln** gehört nicht zu meinen Lieblingsbeschäftigungen.
셔츠를 다리는 것은 제가 좋아하는 일에 속하지 않아요.

참 Bügeleisen *n.* 다리미 | Bügel *m.* 옷걸이

einkaufen

장을 보다, 구입하다

Nach der Arbeit muss ich noch **einkaufen** gehen.
일을 마치고 장을 봐야 해요.

3 집안일 · 일상 der Haushalt · der Alltag

essen
 먹다

Was sollte man **essen**, wenn man abnehmen will?
살을 빼려면 무엇을 먹어야 할까요?

관 zu Mittag/Abend essen 점심/저녁을 먹다

fegen
 쓸다

Im Winter muss man oft den Schnee **fegen**.
겨울에는 자주 눈을 쓸어야 해요.

유 kehren 쓸다
참 Besen *m.* 빗자루

frühstücken
 아침 식사를 하다

Ich **frühstücke** nur eine Tasse Kaffee und ein Brötchen.
난 아침 식사로 커피 한 잔과 빵 하나만 먹어요.

참 Frühstück *n.* 아침 식사

kochen
 요리하다

Heute **koche** ich Schweinebraten mit Kartoffeln. **Kochen** Sie auch gern?
난 오늘 감자를 곁들인 돼지고기 구이를 요리할 거예요. 당신도 요리를 즐겨 하나요?

🔍 kochen은 음식을 삶을 때나 끓이는 요리법을 표현할 때도 써요.
➡ p.141

Lappen
 걸레

Sie sollen mit einem weichen **Lappen** die Fliesen sauber machen.
부드러운 걸레로 타일을 청소해야 돼요.

참 Schwamm *m.* 청소용 스펀지

ordentlich

정돈된

Ich versuche immer, meine Wohnung ordentlich zu halten.

항상 집을 잘 정돈하려고 노력해요.

반 durcheinander 뒤죽박죽인 | unordentlich 정돈이 안 된
참 Ordnung f. 정돈, 질서

putzen

닦다, 청소하다

Im Sommer putze ich mindestens einmal im Monat die Fenster.

여름에는 적어도 한 달에 한 번 창문을 닦아요.

관 die Nase putzen 코를 풀다 |
die Zähne putzen 양치질하다 |
die Schuhe putzen 신발을 닦다

Reinigung

 f.
세탁소

Heute habe ich den Mantel in die Reinigung gebracht.

오늘 난 외투를 세탁소에 맡겼어요.

유 Wäscherei f. 세탁소
참 reinigen 깨끗하게 하다

schlafen

자다

Wie viele Stunden soll man am Tag schlafen, um gesund zu bleiben?

건강을 유지하기 위해 하루에 몇 시간 정도 자야 하나요?

참 Schlafanzug m. 잠옷 | einschlafen 잠들다 ➡ p.37

schmutzig

더러운

Das ist ein wirksames Mittel, um schmutzige Fenster zu putzen.

이것은 더러운 창문을 청소하는 효과적인 방법이에요.

반 sauber 깨끗한
참 Schmutz m. 더러운 것, 때 | verschmutzen 더럽게 하다

3 집안일 · 일상 der Haushalt · der Alltag

spazieren
동
산책하다

Jeden Nachmittag geht Herr Schröder mit seinem Hund **spazieren**.
슈뢰더 씨는 매일 오후에 개를 데리고 산책을 가요.

 einen Spaziergang machen 산책하다

gehen 동사는 또 다른 동사의 원형을 취해서 '~하러 가다'의 뜻으로 쓰여요. ➡ p.38

spülen
동
설거지하다

Wir teilen uns die Arbeit, ich **spüle** und mein Mann trocknet ab.
우리는 가사일을 함께해요. 내가 설거지를 하고 남편이 물기를 닦아요.

 Spüle f. 싱크대 | Spültuch n. 행주

staubsaugen
동
진공청소기로 청소하다

Während der gesetzlichen Ruhezeiten darf man nicht **staubsaugen**.
법적인 소음 금지 시간에 진공청소기를 돌리면 안 돼요.

Wäsche
명 f
빨래

Vor dem **Waschen** sollte die Wäsche sorgfältig nach Farbe und Material sortiert werden.
빨래를 하기 전에 색상과 소재에 따라서 빨래를 세심하게 분류해야 돼요.

 waschen 빨래하다 ➡ p.175

Waschmittel
명 n
세제

Es schadet der Umwelt, wenn man zu viel **Waschmittel** benutzt.
너무 많은 세제를 사용하면 환경을 해쳐요.

 Waschpulver n. 세제
Putzmittel n. 청소용 세제 | Seife f. 비누 ➡ p.175

208 내게는 특별한 **독일어 어휘**를 부탁해

연습 문제
Übungen

1 아래 인물들이 하는 일을 알맞은 형태로 빈칸에 쓰세요.

(1) Sie geht mit dem Hund _____.

(2) Sie _____.

(3) Er _____.

(4) Er _____.

2 다음 빈칸에 공통으로 들어갈 수 있는 동사를 고르세요.

- Du musst die Zähne drei Minuten lang _____.
- In Deutschland darf man sich am Tisch die Nase _____.

① spülen   ② putzen   ③ reinigen   ④ fegen

3 알맞은 동사를 골라 빈칸에 적절한 형태로 넣으세요.

| schlafen | aufstehen | spülen | |
| kochen | abtrocknen | gehen | einkaufen |

Marie (1) _____ wochentags um 7 Uhr _____.
Aber am Wochenende (2) _____ sie noch länger. Am
Samstagvormittag (3) _____ sie für die ganze Woche
_____. Mittags (4) _____ sie für ihre Familie
etwas Leckeres. Nach dem Essen (5) _____ sie und ihr
Mann (6) _____ _____. Am Nachmittag
(7) _____ sie und ihr Mann mit dem Hund im Park spazieren.

VI. 주거 das Wohnen

4 임차 · 임대
das Mieten · das Vermieten

Adresse
명 f
주소

A Wie ist Ihre **Adresse**?
당신의 주소가 어떻게 되나요?
B Kaufinger Straße 10, 80331 München.
뮌헨의 카우핑어 거리 10번지예요.

참 Hausnummer f. 집 번지

Altbauwohnung
명 f
오래된 건물의 집

Altbauwohnungen sind oftmals sehr hellhörig.
오래된 건물의 집은 방음이 잘 안 돼요.

반 Neubauwohnung f. 신축 건물 집
참 Dachgeschosswohnung f. 다락층 집
🔍 광고에는 AB(Altbau), NB(Neubau)의 약자로 표기해요.

Anzeige
명 f
(신문, 잡지의) 광고

Ich habe Ihre **Anzeige** in der Zeitung gelesen und interessiere mich dafür.
신문에서 당신의 광고를 읽었는데, 관심이 있어요.

유 Inserat n. (신문이나 잡지의) 광고

besichtigen
동
집을 구경하다

Ich wollte Sie fragen, ob ich die Wohnung **besichtigen** kann.
집을 구경할 수 있는지 당신에게 묻고 싶어요.

참 Besichtigung f. 구경
🔍 명소나 관광지에서 구경할 때도 besichtigen을 써요.

Besitzer
명 m
소유주

Der neue **Besitzer** möchte dieses Gebäude nun für eine Brauerei nutzen.
새 소유주는 이 건물을 양조장으로 쓰려고 해요.

Eigentumswohnung
명 *f*
개인 소유 주택

Leoni hat die Wohnung nicht gemietet, sondern gekauft. Das ist ihre **Eigentumswohnung**.

레오니는 그 집을 월세로 구한 것이 아니고 샀어요. 그녀 소유의 집이에요.

Einbauküche
명 *f*
붙박이식 주방

Wir haben die **Einbauküche** vom Vormieter günstig übernommen.

우리는 전 세입자로부터 주방을 싸게 넘겨 받았어요.

🔍 신문 광고에서 주로 EBK(Einbauküche)라는 약자로 표기해요. 독일에서는 집을 임차할 때 주방이 없어서, 세입자가 새로 설치하거나 전 세입자에게 넘겨 받아요.

Einweihungsfeier
명 *f*
집들이

Letzte Woche hat Marie ihre engsten Freunde zur **Einweihungsfeier** eingeladen.

지난주에 마리는 친한 친구들을 집들이에 초대했어요.

[유] Einweihungsparty *f.* 집들이

---

erlaubt
형
허락된

Welche Haustiere sind in der Mietwohnung **erlaubt**?

세 든 집에 어떤 애완동물이 허용되나요?

[반] verboten 금지된
[참] erlauben 허락하다 | Erlaubnis *f.* 허락, 허가

---

geräumig
형
공간이 넓은

Das Haus ist zwar alt, aber sehr **geräumig**.

그 집은 오래되긴 했지만 아주 넓어요.

[반] beengt 공간이 협소한

VI. 주거 das Wohnen

4 임차 · 임대 das Mieten · das Vermieten

Grundstück
명 *n*
토지, 땅

Sie haben sich ein großes **Grundstück** am Stadtrand gekauft.
그들은 교외에 넓은 땅을 매입했어요.

Hausordnung
명 *f*
거주자 주의 사항

Nach 10 Uhr abends darf man nicht duschen, das steht in der **Hausordnung**.
밤 10시 후에는 샤워를 하면 안 돼요. 거주자 주의 사항에 써 있어요.

Immobilie
명 *f*
부동산

Möchten Sie erfolgreich in **Immobilien** investieren?
당신은 성공적으로 부동산에 투자하고 싶나요?

Kaution
명 *f*
보증금

Der Vermieter verlangt drei Monatsmieten als **Kaution**.
집주인은 보증금으로 석 달치 월세를 요구했어요.

kündigen
동
해약을 통보하다

Bevor wir umziehen, müssen wir die alte Wohnung rechtzeitig **kündigen**.
우리는 이사 가기 전에 해약 통보를 제때에 해야 돼요.

참 Kündigung *f.* 해약 통보 |
Kündigungsfrist *f.* 해약 고지 기간

Lage

위치

Ich möchte eine Dreizimmerwohnung in ruhiger und zentraler **Lage**.

난 조용하고 중심지에 위치한 방 세 개의 집을 원해요.

Makler

부동산 중개인

Bei der Vermietung einer Wohnung bekommt ein **Makler** zwei Monatskaltmieten.

집을 중개할 때 중개인은 관리비를 뺀 두 달 월세를 받아요.

참 Maklergebühr *f.* 중개 수수료 | Provision *f.* 수수료

Miete

임대료, 집세

Die **Miete** wird per Dauerauftrag überwiesen.

집세는 자동 이체가 돼요.

참 Warmmiete *f.* 난방비가 포함된 집세 | Kaltmiete *f.* 난방비가 포함되지 않은 집세

🔍 광고에는 WM(Warmmiete), KM(Kaltmiete)의 약자나 그냥 warm, kalt로 표기해요.

Mieter

세입자

Es ist für den Vermieter ärgerlich, wenn der **Mieter** die vereinbarte Miete nicht zahlt.

세입자가 약속한 월세를 내지 않으면 임대인은 골치가 아플 거예요.

반 Vermieter *m.* 임대인
참 Nachmieter *m.* 후계 임차인 | Vormieter *m.* 전(前) 세입자

---

möbliert

가구가 있는

Paula sucht ein **möbliertes** Zimmer in der Nähe von der Uni.

파울라는 대학 근처에 가구가 있는 방을 찾아요.

4 임차 · 임대 das Mieten · das Vermieten

Nebenkosten
명 pl
(난방, 수도세, 전기 등의) 부대 비용

Im letzten Jahr sind die **Nebenkosten** gestiegen, man muss eventuell nachzahlen.
작년에 부대 비용이 올라서, 어쩌면 더 내야만 할 거예요.

🔍 독일에서는 매달 일정한 금액을 지불하고 연말에 다시 정산해요. 광고에는 NK(Nebenkosten)의 약자로 표기하기도 해요.

Quadratmeter
명 n
제곱미터

Die Wohnung hat eine Fläche von 80 **Quadratmetern**.
그 집은 80제곱미터의 크기예요.

🔍 복수 3격에는 -n을 붙여서 Quadratmetern의 형태를 취해요. 광고에서는 주로 qm의 약자로 표기해요.

renovieren
동
보수하다, 개축하다

Meine Frau und ich wollen ein altes Haus kaufen, da muss einiges **renoviert** werden.
내 아내와 난 오래된 집을 사고 싶은데 몇 부분을 보수해야 돼요.

유 sanieren (건물 등을) 개량하다

suchen
동
찾다

Ich **suche** einen Nachmieter für meine wunderschöne Zweizimmerwohnung.
방 두 개인 정말 예쁜 내 집에 들어올 사람을 찾아요.

🔍 독일에서는 세입자가 계약 기간을 채우지 않고 나갈 때 직접 세입자를 찾기도 해요.

tapezieren
동
벽지를 바르다

In Deutschland muss man die alte Wohnung streichen oder **tapezieren**, wenn man auszieht.
독일에서는 이사 나갈 때 살던 집을 칠하거나 도배를 해야만 해요.

참 Tapete f. 벽지 | streichen 칠하다 ➡ p.42

umziehen

이사하다

Wegen der Arbeit ist mein Bruder von Berlin nach München umgezogen.
직장 때문에 제 동생은 베를린에서 뮌헨으로 이사했어요.

- Umzug *m.* 이사 | Spedition *f.* 이삿짐센터
- umziehen이 '옷을 갈아입다'의 뜻으로 쓰이면 현재 완료에서 haben과 결합하고, '이사하다'의 뜻이면 sein과 결합해요. ➡ p.161

Vertrag

명 *m*
계약

Gestern ist er zum Vermieter gefahren und hat den Vertrag unterschrieben.
어제 그는 집주인에게 가서 계약서에 서명했어요.

Viertel

명 *n*
도시의 구역, 지역

Wir wollen eine Wohnung in einem ruhigen Viertel.
우리는 조용한 지역에 위치한 집을 원해요.

- Viertel은 '4분의 1'이라는 뜻도 있어서 15분의 시간을 표현할 때도 써요. ➡ p.222

Wohngemein-schaft

주거 공동체,
셰어 하우스

In der Wohngemeinschaft teilen sich drei Studenten eine Küche und ein Bad.
그 주거 공동체에서 세 명의 대학생이 부엌과 욕실을 함께 써요.

- Wohnbüro *n.* 오피스텔
- 신문 광고 등에서 보통 WG(Wohngemeinschaft)라는 약자로 표기해요.

Zentrum

중심, 시내

Meine Wohnung liegt im Zentrum, daher kann ich die günstigen Verbindungen von öffentlichen Verkehrsmitteln nutzen.
내 집은 시내에 위치하고 있어서 편리한 대중교통을 이용할 수 있어요.

1 세입자를 찾는 광고입니다. 게시된 내용과 <u>다른</u> 것을 고르세요.

> AB-Wohnung, DG-Wohnung., 130 qm, 5 Zi. Balkon
> kleine Küche mit Gas Herd, Garten, keine Haustiere
> 800 Euro + NK.

① 월세는 800유로에 난방과 전기세 등의 부가 비용이 추가돼요.
② 오래된 건물이고 집은 다락층에 위치해요.
③ 정원이 있으며 개나 고양이를 길러도 돼요.
④ 집의 크기는 130제곱미터에 방은 5개이고, 발코니가 있어요.
⑤ 부엌은 크지 않고 가스레인지가 설치되어 있어요.

2 다음 설명이 가리키는 사람의 명칭을 찾아 쓰세요.

> Vermieter   Besitzer   Makler   Mieter

(1) Er vermittelt Wohnungen oder Häuser zum Mieten oder Kaufen auf Provisionsbasis. (   )

(2) Er überlässt jemandem ein Haus oder eine Wohnung zum Nutzen und dafür nimmt er eine bestimmte Summe Geld. (   )

(3) Er ist Eigentümer, dem eine Sache gehört. (   )

3 의미상 서로 연관성이 있는 단어끼리 연결하세요.

(1) einen Vertrag •   • ① tapezieren
(2) Nebenkosten   •   • ② besichtigen
(3) Wände   •   • ③ unterschreiben
(4) eine Anzeige •   • ④ lesen
(5) eine Wohnung •   • ⑤ nachzahlen

VII 시간 · 장소

die Zeit · der Ort

1. 시간 · 날짜 die Zeit · das Datum
2. 길 · 건물 die Straße · das Gebäude
3. 위치 · 방향 der Standort · die Richtung
4. 길 찾기 · 교통수단 die Wegbeschreibung · das Verkehrsmittel

시간 · 날짜
die Zeit · das Datum

🎧 track 032

Abend
명 *m*
저녁

Heute **Abend** habe ich eine wichtige Verabredung.
오늘 저녁에 난 중요한 약속이 있어요.

관 am Abend 저녁에
참 abends 저녁에, 저녁마다 | Feierabend *m.* 퇴근 ➜ p.67

allmählich
부
점차적인, 차차

Der Arbeitsmarkt stabilisiert sich **allmählich**.
노동 시장이 점차 안정되어 가요.

Anfang
명 *m*
시작

Anfang Juli unternehmen wir eine Reise nach Rom.
우리는 7월 초에 떠날 로마 여행을 계획하고 있어요.

유 Beginn *m.* 시작
반 Ende *n.* 끝

Datum
명 *n*
날짜

A Welches **Datum** haben wir heute?
오늘 며칠인가요?
B Heute haben wir den ersten Mai.
5월 1일이에요.

관 Was für ein Datum haben wir heute?
= Der Wievielte ist heute? 오늘 며칠인가요?

ewig
형
영원한, 끝없는

Ich habe die **ewigen** Diskussionen satt.
나는 끝없는 토론이 지겨워요.

참 Ewigkeit *f.* 영원 | für immer 영원히

218 내게는 특별한 **독일어 어휘를** 부탁해

früh

이른

Heute Morgen bin ich sehr früh aufgestanden.
난 오늘 아침에 아주 일찍 일어났어요.

반 spät 늦은
참 früher 이전에, 예전에 | frühestens 빨라야

Herbst

가을

Die Sonne scheint nicht mehr so stark, es wird langsam Herbst.
햇빛이 그렇게 강하지 않네요. 서서히 가을이 오나 봐요.

참 Frühling *m.* 봄 | Sommer *m.* 여름 | Winter *m.* 겨울
➡ p.367

heute

오늘

Eine Fremdsprache lernt man nicht von heute auf morgen.
외국어를 하루아침에 배우지는 못해요.

관 von heute auf morgen 하루아침에
참 gestern 어제 | vorgestern 그제
🔍 '오늘날'의 뜻으로도 쓰여요.

Jahr

연도, 해

Der Preis für Butter hat sich innerhalb eines Jahres verdoppelt.
버터의 가격이 일 년 동안 두 배가 올랐어요.

참 Jahrhundert *n.* 백 년, 세기 | Jahrzehnt *n.* 십 년 | jährlich 매년, 일 년에

Jahreszeit

계절

In Korea unterscheidet man vier verschiedene Jahreszeiten.
한국에는 뚜렷한 사계절이 있어요.

1 시간 · 날짜 die Zeit · das Datum

letzt
형
지난, 마지막의

Wann hast du deine Kusine das **letzte** Mal gesehen?
너의 사촌 여동생을 언제 마지막으로 보았니?

참 zuletzt 가장 뒤에, 최후에

Mittag
명 *m*
정오, 낮

Nach einer Studie sollten ein paar Minuten Schlaf zu **Mittag** die Leistungsfähigkeit steigern.
한 연구에 따르면 점심 때 잠깐 자는 것이 업무 능력을 향상시킨다고 해요.

참 Mittagspause *f.* 점심시간

Mitte
명 *f*
중간, 중앙

Der dreijährige Vertrag läuft bis **Mitte** Juni aus.
3년 계약이 6월 중순에 끝나요.

Monat
명 *m*
월, 달

Letzten **Monat** ist meine Oma gestorben.
지난달에 할머니가 돌아가셨어요.

관 im Monat 한 달에
참 monatlich 매월, 다달이

Morgen
명 *m*
아침

Jeden **Morgen** laufe ich um den See.
매일 아침 호수를 한 바퀴 달려요.

관 am Morgen 아침에 | jeden Morgen 매일 아침
참 morgens 아침에, 매일 아침
🔍 morgen을 소문자로 쓰면 '내일'의 뜻이 돼요.

Nacht
명 *f*
밤

Wir haben bis spät in die **Nacht** getanzt.
우리는 밤늦게까지 춤을 추었어요.

관 in der Nacht 밤에 | jede Nacht 매일 밤

Stunde
명 *f*
시간

Die Reise mit der Bahn von Stuttgart nach München dauert ca. zwei **Stunden**.
슈투트가르트에서 뮌헨까지의 기차 여행은 대략 2시간 걸려요.

🔍 걸리는 시간의 길이를 표현할 때 Stunde를 써요.

Tag
명 *m*
날, 일

A Welcher **Tag** ist heute?
오늘 무슨 요일인가요?

B Heute ist Mittwoch.
오늘은 수요일이에요.

참 Tagebuch *n.* 일기 | Tagesablauf *m.* 하루 일과 | tagsüber 낮 동안에 | Montag *m.* 월요일 | Dienstag *m.* 화요일 | Donnerstag *m.* 목요일 | Freitag *m.* 금요일 | Samstag *m.* 토요일 | Sonntag *m.* 일요일 ➡ p.367

Terminkalender
명 *m*
수첩, 다이어리

Ich muss erst mal im **Terminkalender** nachschauen, wann es passt.
언제 시간이 맞을지 우선 수첩을 한번 봐야 해요.

Uhr
명 *f*
시(시각)

A Wie viel **Uhr** ist es jetzt? 지금 몇 시인가요?

B Es ist kurz vor sieben. 곧 7시가 돼요.

참 Wie spät ist es? 몇 시인가요?

🔍 '시계'라는 뜻도 있어요.

1 시간 · 날짜 die Zeit · das Datum

Viertel
명 (n)
15분

Es ist schon **Viertel** vor sieben, bald wird es dunkel.
벌써 6시 45분이네요. 곧 어두워질 거예요.

vorübergehend
부
당분간, 일시적으로

Der Laden ist **vorübergehend** geschlossen.
그 가게는 일시적으로 문을 닫았어요.

유 zeitweilig 일시적인

Woche
명 (f)
주

In der vergangenen **Woche** hatten wir Besuch aus den USA.
지난주에 미국에서 손님이 왔어요.

관 unter der Woche 주중에 | in der Woche 일주일에
참 wöchentlich 매주, 일주일에

Zeit
명 (f)
시간

Die **Zeit** scheint im Laufe des Lebens immer schneller zu vergehen.
나이가 들수록 시간이 더 빨리 가는 것 같아요.

참 Zeitdruck m. 시간적인 압박감

Zeitalter
명 (n)
시대

Wir leben in einem unsicheren **Zeitalter**.
우리는 불확실한 시대에 살고 있어요.

유 Ära f. 시대
참 Zeitgeist m. 시대정신

1 다음 그림에 해당하는 단어를 찾아 쓰세요.

| Herbst | Winter | Sommer | Frühling |

(1) _____ (2) _____ (3) _____ (4) _____

2 다음 빈칸에 알맞은 단어를 골라 넣으세요.

| Zeit | Stunde | Uhr |

(1) A Wie lange dauert die Fahrt?
    B Es dauert ungefähr eine _____.

(2) A Hast du an diesem Samstag _____?
    B Nein, ich habe schon etwas vor.

(3) A Hast du eine _____?
    B Nein, ich habe keine.

3 질문에 알맞은 답을 연결하세요.

(1) Wie viel Uhr ist es jetzt? •   • ① Heute haben wir den 3. April.
(2) Welcher Tag ist heute? •   • ② Viertel vor eins.
(3) Was für ein Datum haben •   • ③ Heute ist Donnerstag.
    wir heute?

4 빈칸에 전치사나 전치사와 정관사의 결합된 형태를 넣으세요.

(1) Es wird langsam Herbst. _____ der Nacht ist es kalt.
(2) Ich fühle mich _____ Morgen meistens fit.
(3) Einmal _____ Monat treffen wir uns zu einem Stammtisch.

VII. 시간·장소 die Zeit · der Ort   223

2 길 · 건물
die Straße · das Gebäude
track 033

Autobahn
명 *f*
고속 도로

Stellenweise gibt es Tempolimit auf allen deutschen **Autobahnen**.
독일의 모든 고속 도로는 구간별로 속도 제한이 있어요.
> 참 Landstraße *f.* 국도

Bahnhof
명 *m*
역

Ich muss morgen meine Eltern vom **Bahnhof** abholen.
내일 역에서 부모님을 모시고 와야 해요.
> 참 Hauptbahnhof *m.* 중앙역

Bank
명 *f*
은행

Wenn man ein Konto bei einer **Bank** eröffnen will, muss man seinen Ausweis dabei haben.
은행에서 계좌 개설을 하려면 신분증을 지참해야 해요.
> 참 Konto *n.* 계좌 | Geldautomat *m.* 현금 자동 인출기(ATM)

Brücke
명 *f*
다리 (교량)

Die Hohenzollernbrücke ist die einzige **Brücke** in Köln, die im Zweiten Weltkrieg nicht durch Bomben zerstört wurde.
호엔쫄런 다리는 제2차 세계 대전 중에 쾰른에서 폭격으로 파괴되지 않은 유일한 다리예요.

Bürgersteig
명 *m*
보도

Laut deutscher Straßenverkehrsordnung soll man auf dem **Bürgersteig** rechts laufen.
독일의 도로 교통법에 따르면 보도에서 오른쪽으로 걸어야 해요.
> 참 Bürger *m.* 시민 ➡ p.297

Friedhof
명 *m*
묘지

Die alte Dame besucht einmal pro Woche den **Friedhof**, wo ihr Mann begraben ist.
그 노부인은 일주일에 한 번 남편이 묻힌 묘지를 방문해요.

🔍 독일에는 공동묘지가 일반적으로 도시 안에 있어요.

Friseursalon
명 *m*
미용실

Anna arbeitet in einem **Friseursalon**. Sie verdient zwar nicht viel, aber sie ist mit ihrem Job zufrieden.
안나는 미용실에서 일해요. 많이 벌지는 않지만 그녀는 자신의 직업에 만족해요.

참 zufrieden sein mit ~에 만족하다 ➡ p.34

Fußgängerzone
명 *f*
보행자 전용 구역

Vor einem Jahr wurde eine neue **Fußgängerzone** in der Innenstadt eingerichtet.
일 년 전에 도심에 새로운 보행자 전용 구역이 설치되었어요.

참 Zebrastreifen *m.* 횡단보도

Gasse
명 *f*
골목

Wir bummelten durch die engen **Gassen** der Altstadt.
우리는 구시가지의 좁은 골목들을 돌아다니며 구경했어요.

참 Sackgasse *f.* 막다른 골목

Gebäude
명 *n*
건물

Wie hoch ist das höchste **Gebäude** Deutschlands?
독일에서 가장 높은 건물은 얼마나 높을까요?

참 Hochhaus *n.* 고층 건물, 빌딩

VII. 시간 · 장소 die Zeit · der Ort 225

2 길 · 건물 die Straße · das Gebäude

Innenstadt
명 f
도심

Wegen Demonstrationen werden einige Straßen in der **Innenstadt** gesperrt.
시위로 인해 도심의 일부 거리가 폐쇄돼요.

유 Stadtmitte f. 시내 중심

Kirche
명 f
교회, 성당

Der Kölner Dom gilt als eine der bedeutendsten **Kirchen** der Welt.
쾰른 대성당은 세계의 가장 중요한 성당 중의 하나로 간주돼요.

참 Religion f. 종교 | Gottesdienst m. 예배 | evangelisch 개신교의 | katholisch 가톨릭의

Krankenhaus
명 n
종합 병원

Mein Freund hatte einen Autounfall und liegt jetzt im **Krankenhaus**.
내 남자 친구는 자동차 사고로 지금 병원에 있어요.

참 Station f. 병동 ➡ p.56

Park
명 m
공원

Bei schönem Wetter soll man einen Spaziergang im **Park** machen und die frische Luft genießen.
날씨가 좋을 때는 공원에서 산책을 하며 신선한 공기를 즐겨야 해요.

Parkplatz
명 m
주차장

Alle **Parkplätze** sind besetzt, Sie müssen woanders parken.
모든 주차 공간이 꽉 차서, 당신은 다른 곳에 주차해야 합니다.

Polizeirevier

명 *n*

경찰서

Falls Sie Ihren Pass verloren haben, müssen Sie das umgehend bei dem nächsten Polizeirevier oder der Botschaft melden.
여권을 분실한 경우, 즉시 가까운 경찰서나 대사관에 신고해야 해요.

Post

명 *f*

우체국

Ich muss zuerst das Paket zur Post bringen.
난 먼저 우체국에 가서 이 소포를 부쳐야 해요.

- 유 Postamt *n.* 우체국
- 참 Luftpost *f.* 항공 우편 ➡ p.338
- 🔍 '우편물'이라는 뜻도 있어요.

Rathaus

명 *n*

시청

Seit einigen Jahren findet ein Weihnachtsmarkt vor dem Rathaus statt.
몇 년 전부터 시청 앞에서 크리스마스 장이 열려요.

- 참 Bürgermeister *m.* 시장

Straße

명 *f*

거리

In Europa sind die Straßen oft nach berühmten Personen benannt, zum Beispiel die Beethovenstraße in Deutschland.
유럽에서는 종종 유명한 사람의 이름을 따서 거리 이름을 붙여요. 예를 들면 독일의 '베토벤 거리'처럼요.

- 참 Allee *f.* 가로수길 | Einbahnstraße *f.* 일방통행로

Tankstelle

명 *f*

주유소

Wir müssen an der nächsten Tankstelle anhalten.
우리는 다음 주유소에서 멈춰야 해요.

- 참 tanken 주유하다 | Benzin *n.* 휘발유 | Diesel *m.* 경유

VII. 시간 · 장소 die Zeit · der Ort

2 길 · 건물 die Straße · das Gebäude

Tunnel
명 *m*
터널

Viele Leute fahren ungern durch einen langen **Tunnel**.
많은 사람들이 긴 터널을 통과하는 것을 꺼려해요.

Turm
명 *m*
탑

Die Aussicht vom **Turm** ist am Abend atemberaubend.
탑에서 바라보는 야경은 숨이 막힐 정도로 아름다워요.

참 Fernsehturm *m.* TV 송신탑

Unterführung
명 *f*
지하도

Wir sind durch die **Unterführung** in Richtung Innenstadt gefahren.
우리는 지하도를 통과해서 시내 방향으로 갔어요.

반 Überführung *f.* 육교, 고가도로

Weg
명 *m*
길

Der Tourist hat den Polizisten nach dem **Weg** zum Schloss gefragt.
그 관광객은 경찰관에게 성으로 가는 길을 물었어요.

관 auf dem Weg ~(으)로 가는 도중에 |
　　auf dem Weg nach Hause 집으로 가는 도중에

🔍 weg이 부사로 쓰이면 '가 버린', '떠난'의 뜻이 돼요.

Zoo
명 *m*
동물원

Der **Zoo** Berlin bietet in den Ferien viele Programme für die ganze Familie.
베를린 동물원은 방학 동안 가족을 위한 많은 프로그램을 제공해요.

유 Tierpark *m.* 동물원

연습 문제
Übungen

1 다음 그림에 해당하는 단어를 찾아 쓰세요.

| Friedhof | Tunnel | Brücke |
| Gebäude | Turm | Autobahn |

(1) _____ (2) _____ (3) _____

(4) _____ (5) _____ (6) _____

2 서로 연관성 있는 단어끼리 연결하세요.

(1) Post •   • ① das Benzin

(2) Bürgermeister •   • ② das Paket

(3) bummeln •   • ③ das Rathaus

(4) tanken •   • ④ die Gasse

3 다음 설명이 가리키는 상황과 관련 있는 단어를 찾아 쓰세요.

| die Bank   das Krankenhaus   der Zoo |

(1) Maria will etwas einkaufen, davor muss sie Geld abheben.
(   )

(2) Mein Sohn hat am Samstag Geburtstag. Er will Tiere sehen.
(   )

(3) Mein Opa muss sich ärztlich untersuchen lassen.
(   )

Ⅶ. 시간 · 장소 die Zeit · der Ort

3. 위치 · 방향
der Standort · die Richtung

 track 034

an
전
옆에, 옆으로

Er hat ein schönes Bild an die Wand gehängt.
그는 멋진 그림 하나를 벽에 걸었어요.

🔍 3, 4격 지배 전치사로 '정지'의 뜻이면 3격, '이동'의 뜻이면 4격을 써요.

auf
전
(닿아서) 위에, 위로

Ich habe die Vase auf den Tisch gestellt.
난 꽃병을 테이블 위에 놓았어요.

🔍 3, 4격 지배 전치사로 '정지'의 뜻이면 3격, '이동'의 뜻이면 4격을 써요.

da
부
저기에

Meine Freundin Maria wohnt in dem Haus da drüben.
내 여자 친구 마리아는 저기 건너편에 있는 집에 살아요.

 dort 저기에

🔍 da가 종속절을 이끌면 '때문에'라는 뜻의 이유를 나타내는 종속 접속사가 돼요. da가 시간의 의미로 쓰이면 '그때'라는 뜻이에요.

draußen
부
밖에, 바깥에

Die Zeiten, in denen Kinder den ganzen Nachmittag draußen spielten, sind vorbei.
아이들이 오후 내내 밖에서 놀던 시대는 지났어요.

 drinnen 안에

gegenüber
전
건너편에, 맞은편에

Gegenüber dem Krankenhaus gibt es eine Apotheke.
병원 건너편에 약국이 하나 있어요.

🔍 3격 지배 전치사예요. gegenüber는 명사의 앞과 뒤에 다 쓸 수 있어서 gegenüber dem Krankenhaus나 dem Krankenhaus gegenüber 둘 다 가능해요.

hinter

뒤에, 뒤로

Hinter unserem Haus steht ein Baum, der im Sommer durch seine Blätter großen Schatten spendet.
우리 집 뒤에는 여름이면 커다란 그늘을 드리우는 (잎이 무성한) 나무 한 그루가 있어요.

🔍 3, 4격 지배 전치사로 '정지'의 뜻이면 3격, '이동'의 뜻이면 4격을 써요.

in

~(으)로, ~에

Er hängt den Mantel in den Schrank.
그는 외투를 옷장 안에 걸어요.

🔍 3, 4격 지배 전치사로 '정지'의 뜻이면 3격, '이동'의 뜻이면 4격을 써요.

irgendwo

어딘가에서

Wir werden irgendwo am Meer Urlaub machen.
우리는 어딘가 바닷가에서 휴가를 보내려고 해요.

[반] nirgendwo 어디에도 ~하지 않다

links

왼쪽에, 왼쪽으로

Wenn ich den Kopf nach links drehe, habe ich starke Nackenschmerzen.
머리를 왼쪽으로 돌리면 목덜미에 심한 통증이 와요.

[반] rechts 오른쪽에 ➡ p.232

mitten

한가운데에

Meines Erachtens darf ein Sofa auf keinen Fall mitten im Raum stehen.
난 소파가 절대로 공간의 한가운데 있으면 안 된다고 생각해요.

[참] Mitte *f.* 중간, 중심 ➡ p.220

3 위치 · 방향 der Standort · die Richtung

Nähe
 f
근처

A Gibt es hier in der **Nähe** eine U-Bahnstation?
여기 근처에 지하철역이 있나요?

B Ja, gehen Sie hier geradeaus.
네, 곧바로 가세요.

 nah 가까운

---

neben
전
옆에, 옆으로

Gleich **neben** dem alten Rathaus steht die Kirche mit dem 65 m hohen Kirchturm.
구 시청사 바로 옆에 탑의 높이가 65미터가 되는 교회가 있어요.

🔍 3, 4격 지배 전치사로 '정지'의 뜻이면 3격, '이동'의 뜻이면 4격을 써요.

Osten
 m
동쪽

Die Sonne geht im **Osten** auf und im Westen unter.
해는 동쪽에서 떠서 서쪽으로 져요.

 Westen *m.* 서쪽 | Süden *m.* 남쪽 | Norden *m.* 북쪽
➡ p.367

---

rechts
부
오른쪽에, 오른쪽으로

Arabisch schreibt man von **rechts** nach links.
아랍어는 오른쪽에서 왼쪽으로 써요.

 recht 오른쪽의

über
전
(떨어져서) 위에, 위로

Über einem Sofa sollte ein Bild nicht zu hoch hängen.
소파 위에 그림을 너무 높이 걸면 안 돼요.

🔍 3, 4격 지배 전치사로 '정지'의 뜻이면 3격, '이동'의 뜻이면 4격을 써요.

überall

도처에, 사방에

Ich habe hier überall gefragt, aber keiner konnte mir eine Auskunft geben.
나는 도처에 물어봤지만 아무도 내게 정보를 줄 수 없었어요.

---

unter

아래에, 아래로

Kartoffeln wachsen unter der Erde.
감자는 땅속에서 자라요.

🔍 3, 4격 지배 전치사로 '정지'의 뜻이면 3격, '이동'의 뜻이면 4격을 써요.

---

vor

앞에, 앞으로

Sie stand vor ihrem Auto und fand den Autoschlüssel nicht mehr.
그녀는 차 앞에 섰는데 자동차 열쇠를 찾을 수 없었어요.

🔍 3, 4격 지배 전치사로 '정지'의 뜻이면 3격, '이동'의 뜻이면 4격을 써요.

---

vorwärts

앞으로

Das Kind machte ein paar Schritte vorwärts und blieb stehen.
아이가 몇 걸음을 앞으로 가더니 멈춰 섰어요.

반 rückwärts 뒤로

---

zwischen

사이에, 사이로

Ich habe die Stehlampe zwischen das Sofa und den Tisch gestellt.
난 스탠드를 소파와 테이블 사이에 세워 두었어요.

🔍 3, 4격 지배 전치사로 '정지'의 뜻이면 3격, '이동'의 뜻이면 4격을 써요.

VII. 시간 · 장소 die Zeit · der Ort

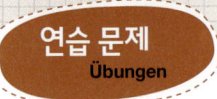

1 다음 문장 중에서 내용이나 문법적으로 옳지 <u>않은</u> 것을 고르세요.

① Meine Uni liegt der Stadtbibliothek gegenüber.
② Die Sonne geht im Osten auf und geht im Westen unter.
③ Das Kind machte ein paar Schritte rückwärts.
④ Ich habe die Vase auf dem Tisch gestellt.
⑤ Kartoffeln wachsen unter der Erde.

2 그림을 보고 빈칸에 알맞은 전치사와 정관사를 골라 넣어 문장을 완성하세요.

| auf | in | auf | zwischen | den |
| dem | der | den | dem | |

(1) Die Katze sitzt _____ _____ Sofa.

(2) Die Bäckerei liegt _____ _____ Bank und _____ Café.

(3) Peter stellt den Computer _____ _____ Tisch.

(4) Anna hängt die Jacke _____ _____ Schrank.

4 길 찾기 · 교통수단
die Wegbeschreibung · das Verkehrsmittel

 track 035

Ampel
명 *f*
신호등

Mein Freund hat einen Strafzettel bekommen, weil er bei Rot über die **Ampel** gefahren ist.
내 남자 친구는 신호 위반으로 벌금 고지서를 받았어요.

Bus
명 *m*
버스

Zum Berliner Hauptbahnhof fahren Sie am besten mit dem **Bus**.
베를린 중앙역에 가려면 버스를 타고 가는 것이 가장 좋아요.

참 Linienbus *m.* 노선버스

dauern
동
(시간이) 걸리다, 지속하다

Es **dauert** noch ungefähr eine halbe Stunde, bis wir in Hamburg ankommen.
우리가 함부르크에 도착하기까지 아직 30분 정도 더 걸려요.

참 Dauer *f.* 기간, 지속

 비인칭 주어 es와 결합하여 'es dauert + 시간'은 '~시간이 걸리다'의 뜻이 돼요.

Ecke
명 *f*
모퉁이

Direkt um die **Ecke** gibt es einen Supermarkt.
모퉁이를 돌면 바로 슈퍼마켓이 있어요.

einsteigen
동
탑승하다

Heute Morgen bin ich in den falschen Bus **eingestiegen**.
오늘 아침에 제가 버스를 잘못 탔어요.

반 aussteigen 하차하다
참 umsteigen 환승하다

Ⅶ. 시간 · 장소 die Zeit · der Ort 235

4 길 찾기 · 교통수단 die Wegbeschreibung · das Verkehrsmittel

Fahrkarte
명 *f*
차표, 승차권

A Ich möchte eine **Fahrkarte** nach Berlin.
베를린 가는 승차권을 주세요.

B Einfach oder hin und zurück?
편도인가요? 왕복인가요?

참 Fahrplan *m.* 차 운행 시간표

Fahrrad
명 *n*
자전거

Das **Fahrrad** ist das umweltfreundlichste Verkehrsmittel in der Großstadt.
자전거는 대도시에서 가장 친환경적인 교통수단이에요.

참 Motorrad *n.* 오토바이 | Moped *n.* 소형 오토바이

Flugzeug
명 *n*
비행기

Flugzeuge sind wichtige und statistisch gesehen auch die sichersten Verkehrsmittel.
통계에 따르면 비행기는 중요하면서도 가장 안전한 교통수단이에요.

참 Flughafen *m.* 공항 |
Flugbegleiter/in *m./f.* 승무원 ➜ p.68

fremd
형
낯선, 미지의

Ich bin **fremd** hier, können Sie mir den Weg zeigen?
제가 이곳이 처음이라, 길 좀 알려 주실 수 있나요?

Führerschein
명 *m*
운전면허증

Wenn man im Ausland Auto fahren will, braucht man einen internationalen **Führerschein**.
해외에서 운전을 하려면, 국제 운전면허증이 필요해요.

geradeaus
부
똑바로, 곧장

Wenn Sie zum Rathaus wollen, müssen Sie einfach nur geradeaus fahren.
당신이 시청에 가려면 그냥 계속 직진하면 돼요.

Gleis
명 *n*
선로

Der Zug fährt in wenigen Minuten auf Gleis 8 ein.
기차가 몇 분 후에 8번 선로로 들어와요.

참 Bahnsteig *m.* 플랫폼

Haltestelle
명 *f*
정거장

An der nächsten Haltestelle muss ich aussteigen.
나는 다음 정거장에서 내려야 해요.

참 U-Bahnstation *f.* 지하철역 | Bushaltestelle *f.* 버스 정거장

Klasse
명 *f*
등급

Ich möchte einen Platz in der ersten Klasse reservieren.
좌석을 1등석으로 예약하고 싶어요.

🔍 Klasse는 '학급', '교실', '반'의 뜻도 있어요. ➡ p.96

Kreuzung
명 *f*
교차로

Sie müssen an der Kreuzung nach links abbiegen.
당신은 교차로에서 좌회전을 해야 돼요.

4 길 찾기 · 교통수단 die Wegbeschreibung · das Verkehrsmittel

PKW
명 *m*
승용차

Ist ein Wohnmobil ein PKW oder ein LKW?
캠핑카는 승용차인가요? 화물차인가요?

- 참 LKW *m.* 화물차 (Lastkraftwagen의 약자)
- 🔍 Personenkraftwagen의 약자예요.

Schiff
명 *n*
배

Mit dem Schiff einmal um die Welt zu reisen ist mein Traum.
배로 세계 일주를 하는 것이 내 꿈이에요.

- 참 Kreuzfahrt *f.* 크루즈 여행

Stadtplan
명 *m*
시내 지도

Wenn Sie die Stadt zum ersten Mal besuchen, würde ich Ihnen einen Reiseführer mit Stadtplan empfehlen.
당신이 그 도시를 처음 방문한다면, 시내 지도가 포함된 여행 책자를 추천해요.

Stau
명 *m*
교통 체증

Bei Ferienbeginn muss man mit langen Staus auf den Autobahnen rechnen.
휴가가 시작되면 고속도로의 긴 교통 체증을 예상해야 해요.

- 참 rechnen mit ~을/를 예상하다

Taxi
명 *n*
택시

Taxis stehen rund um die Uhr am Flughafen bereit.
택시는 24시간 공항에서 대기해요.

- 참 rund um die Uhr 24시간 내내

U-Bahn
명 *f*
지하철

Am besten nehmen wir die **U-Bahn**, das geht am schnellsten.
우리는 지하철을 타는 게 가장 좋아요. 그것이 가장 빨라요.

참 S-Bahn *f.* 급행 전철

Umleitung
명 *f*
우회, 우회로

Wegen Bauarbeiten sind die Straßen gesperrt. Bitte benutzen Sie die ausgeschilderten **Umleitungen**.
공사로 인해 거리가 폐쇄되었어요. 안내된 표지대로 우회하세요.

참 umleiten 우회하다

Umweg
명 *m*
돌아가는 길

Wir sind einen großen **Umweg** gefahren und deshalb sind wir zu spät angekommen.
우리는 멀리 돌아가는 바람에 너무 늦게 도착했어요.

Verkehrsmittel
명 *n*
교통수단

Es ist unhöflich, dass man in öffentlichen **Verkehrsmitteln** laut telefoniert.
대중교통을 이용할 때 큰 소리로 전화하는 것은 예의에 어긋나요.

참 Fahrzeug *n.* 탈것, 차량

Zug
명 *m*
기차

Der **Zug** aus München hat 10 Minuten Verspätung.
뮌헨에서 오는 기차가 10분 연착해요.

유 Bahn *f.* 기차, 철도 (Eisenbahn의 약자)

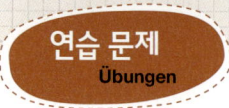

1 다음 그림에 해당하는 단어를 골라 쓰세요.

| Taxi | Wohnmobil | Zug | Lastkraftwagen |
| Schiff | Motorrad | Fahrrad | Flugzeug |

(1) ein _____ (2) ein _____ (3) ein _____ (4) ein _____

(5) ein _____ (6) ein _____ (7) ein _____ (8) ein _____

2 다음 그림을 보고 질문에 답하세요.

A Wie komme ich zur Buchhandlung?
B Gehen Sie (1) _____ bis zur Kreuzung. An der Kreuzung müssen Sie nach (2) _____ abbiegen. Dann sehen Sie eine Bank. Da um die (3) _____ ist die Buchhandlung.

3 다음 빈칸에 알맞은 말을 골라 쓰세요.

| umleiten | Führerschein | fremd | Ampel |

(1) A Wie komme ich zum Bahnhof?
   B Tut mir leid, ich bin hier auch _____.

(2) Wenn man Auto fahren will, muss man unbedingt einen _____ machen.

(3) Bei Rot darf man nicht über die _____ fahren.

(4) Wegen Bauarbeiten sind die Straßen gesperrt. Leider müssen wir _____.

VIII 자연 · 환경
die Natur · die Umwelt

1. 우주 · 지구 das Universum · die Erde
2. 날씨 · 자연 das Wetter · die Natur
3. 동물 · 식물 das Tier · die Pflanze
4. 자연재해 · 환경 die Naturkatastrophe · die Umwelt

1 우주 · 지구
das Universum · die Erde

 track 036

Äquator
명 m
적도

Der **Äquator** teilt unsere Erde in eine nördliche und eine südliche Halbkugel.
적도는 지구를 북반구와 남반구로 나눠요.

참 Halbkugel *f.* 반구

Astronaut
명 m
우주 비행사

Neil Armstrong betrat als erster **Astronaut** den Mond.
닐 암스트롱은 달을 밟은 최초의 우주 비행사예요.

유 Weltraumfahrer *m.* 우주 비행사

Atmosphäre
명 f
대기

Die **Atmosphäre** ist die Lufthülle der Erde, die von Gasen gebildet wird.
대기는 기체로 형성되어 지구를 둘러싸고 있는 공기층이에요.

🔍 '분위기'라는 뜻도 있어요.

Erde
명 f
지구, 흙, 땅

Die **Erde** dreht sich täglich einmal um sich selbst und in einem Jahr einmal um die Sonne.
지구는 자전하는 데 하루, 태양 주위를 도는 데 1년이 걸려요.

Expedition
명 f
탐험, 원정

Der Abenteurer ist in Hamburg zu seiner nächsten **Expedition** aufgebrochen.
그 모험가는 함부르크에서 그의 다음 탐험을 위해 출발했어요.

참 Abenteurer *m.* 모험가 | Abenteuer *n.* 모험 ➡ p.272

geographisch

지리적으로, 지역적으로

Südkorea wird geographisch und kulturell oft als Mitte zwischen China und Japan gesehen.

한국은 종종 지리적, 문화적으로 중국과 일본의 중간 지점으로 간주돼요.

참 Geographie *f.* 지리(학)

Golf

만

Der persische Golf ist die östliche Begrenzung von Arabien.

페르시아만은 아라비아의 동쪽 경계예요.

🔍 스포츠의 '골프'를 나타낼 때는 중성이 돼요.

Grenze

국경, 경계

Der Rhein bildet eine natürliche Grenze zwischen Deutschland und Frankreich.

라인강은 독일과 프랑스 사이에 자연적인 국경을 형성하고 있어요.

🔍 '한계'의 뜻도 있어요.

Halbinsel

반도

Alle wünschen sich die Wiedervereinigung der koreanischen Halbinsel.

모두가 한반도의 통일을 바라고 있어요.

Himmel

명 *m*
하늘

In einer wolkenfreien Nacht kann man unzählige Sterne am Himmel beobachten.

구름이 없는 밤하늘에서 수많은 별들을 관찰할 수 있어요.

참 himmelblau 하늘색의

1 우주 · 지구 das Universum · die Erde

Horizont
명 *m*
수평선, 지평선

Die rote Sonne verschwand hinter den **Horizont**.
붉은 태양이 수평선으로 사라졌어요.

참 horizontal 수평의

Kontinent
명 *m*
대륙

Die sechs **Kontinente** sind Afrika, Amerika, Asien, Australien, Europa und Antarktis.
6대륙은 아프리카, 미국, 아시아, 호주, 유럽과 남극이에요.

참 kontinental 대륙의, 대륙적인

Küste
명 *f*
해안, 연안

Erleben Sie die magische Stimmung entlang der norwegischen **Küste** im Winter.
겨울에 노르웨이 해안을 따라 마법적인 분위기를 체험해 보세요.

🔍 entlang은 명사 앞에 위치하면 3격, 명사 뒤에 위치하면 4격 지배 전치사가 돼요.

Mond
명 *m*
달

Der **Mond** beeinflusst Ebbe und Flut.
달은 썰물과 밀물에 영향을 줘요.

참 Vollmond *m.* 보름달 | Halbmond *m.* 반달

Nordpol
명 *m*
북극

Am **Nordpol** leben keine Menschen, dort ist gar kein Land.
북극에는 사람이 살지 않아요. 거기엔 땅이 없어요.

유 Arktis *f.* 북극
참 Pol *m.* 극

Planet
명 *m*
행성

Die **Planeten** umkreisen die Sonne.
행성들은 태양 주위를 돌아요.

Satellit
명 *m*
위성

Der Mond ist der einzige natürliche **Satellit** der Erde.
달은 지구의 유일한 자연 위성이에요.

참 Satellitenübertragung *f.* 위성 중계

Sonne
명 *f*
태양, 햇빛

Die **Sonne** ist das Zentrum unseres Sonnensystems.
태양은 우리 태양계의 중심이에요.

참 Sonnenaufgang *m.* 일출 | Sonnenuntergang *m.* 일몰

Stern
명 *m*
별

Unheimlich viele kleine **Sterne** funkeln am Himmel.
무수히 많은 작은 별들이 하늘에서 반짝여요.

참 Sternzeichen *n.* 별자리

Südpol
명 *m*
남극

Pinguine leben vor allem rund um den **Südpol**.
펭귄은 주로 남극 주변에 살아요.

유 Antarktis *f.* 남극

1 우주 · 지구 das Universum · die Erde

Urwald
명 *m*
원시림

Die letzten **Urwälder** der Erde verschwinden in einem erschreckenden Tempo.
지구에 남은 마지막 원시림들은 무서운 속도로 사라지고 있어요.

참 Dschungel *m.* 정글

Vulkan
명 *m*
화산

Vulkane können über viele Jahre lang aktiv und gefährlich bleiben.
화산은 수년간 활동을 하며 위험할 수 있어요.

참 Vulkanausbruch *m.* 화산 폭발

Welt
명 *f*
세계, 세상

Wir sind nicht mehr die stärkste Mannschaft der **Welt**.
우리는 더 이상 세계에서 가장 강한 팀이 아니에요.

참 Weltall *n.* 우주 | Weltkrieg *m.* 세계대전 | Weltrekord *m.* 세계 기록 | Weltmeister *m.* 세계 챔피언 ➡ p.287

Weltraum
명 *m*
우주 공간, 우주

Den **Weltraum** zu erobern war immer ein Traum der Menschheit.
우주를 정복하는 것은 언제나 인류의 꿈이었어요.

참 Weltraumschiff *n.* 우주선 | Weltraumfahrt *f.* 우주여행

Wüste
명 *f*
황무지, 사막

Die Sahara ist die bekannteste und größte **Wüste** in Afrika.
사하라는 아프리카에서 제일 유명하고 가장 큰 사막이에요.

1 다음 그림에 해당하는 단어를 쓰세요.

(1) der_____ (2) der_____ (3) die_____ (4) die_____

2 밑줄 친 부분과 바꾸어 쓸 수 있는 단어를 고르세요.

> Pinguine leben vor allem rund um den <u>Südpol</u>.

① Arktis   ② Äquator   ③ Antarktis   ④ Halbkugel

3 빈칸에 공통으로 들어갈 단어를 고르세요.

> - Der _____ von Mexiko ist ein Randmeer des Atlantischen Ozeans.
> - In meiner Freizeit spiele ich gerne _____.

① Küste   ② Golf   ③ Wüste   ④ Grenze

4 빈칸에 알맞은 단어를 넣어 문장을 완성하세요.

> Vulkan   Äquator   Halbinsel   Astronaut

(1) Der _____ ist eine gedachte Linie, die einmal um die Erde herumreicht und sie in eine Nordhalbkugel und eine Südhalbkugel teilt.

(2) Seit Ende Mai lebt der deutsche _____ Alexander Gerst an Bord der internationalen Raumstation.

(3) Seit Wochen speit ein _____ auf Hawaii Feuer und Asche.

(4) Eine _____ ist ein Stück Land, das nur wenig mit dem Festland verbunden ist.

2 날씨 · 자연
das Wetter · die Natur

 track 037

---

bedeckt
형
날씨가 흐린

Es bleibt **bedeckt** und am Nachmittag wird es ein paar Schauer geben.
흐리다가 오후에는 한차례 소나기가 올 거예요.

유 bewölkt 구름이 낀

Berg
명 *m*
산

Die Zugspitze ist der höchste **Berg** Deutschlands.
쭉스피체는 독일의 가장 높은 산이에요.

참 Gebirge *n.* 산맥

---

blitzen
동
번개 치다

Derzeit **blitzt** und hagelt es über dem Schwarzwald.
지금 슈바르츠발트 지역에 번개가 치고 우박이 쏟아져요.

참 Blitz *m.* 번개

---

donnern
동
천둥이 치다

Der Himmel verdunkelt sich und es **donnert** heftig.
하늘이 어두워지고 천둥이 심하게 치고 있어요.

참 Donner *m.* 천둥

Fluss
명 *m*
강

Der Rhein ist der längste **Fluss** Deutschlands.
라인강은 독일에서 가장 긴 강이에요.

참 fließen 흐르다

Gewitter

악천후, 거친 날씨

Gestern Abend gab es ein heftiges Gewitter.
어젯밤에 심한 뇌우가 쳤어요.

유 Unwetter *n.* 악천후

glatt

미끄러운

Man muss auf glatter Fahrbahn langsamer fahren.
미끄러운 도로에서는 천천히 운전해야 돼요.

참 rutschen 미끄러지다 | Rutschgefahr *f.* 미끄럼 위험, 낙상 위험

Grad

도

Das Thermometer zeigt dreizehn Grad unter null.
온도계가 영하 13도를 가리켜요.

참 Temperatur *f.* 기온 | Thermometer *n.* 온도계

hageln

우박이 내리다

Gestern hat es sehr stark gehagelt, dabei wurden Blumentöpfe auf meinem Balkon beschädigt.
어제 우박이 심하게 내려서 발코니에 있던 화분들이 손상됐어요.

참 Hagel *m.* 우박

heiß

더운

Ab Sonntag wird es wieder sehr heiß.
일요일부터 다시 몹시 더워져요.

반 kalt 추운
참 schwül 후덥지근한

VIII. 자연 · 환경 die Natur · die Umwelt

2 날씨 · 자연 das Wetter · die Natur

heiter

청명한

Heute wird es überwiegend heiter und trocken.
오늘은 날씨가 주로 청명하고 건조해요.

Hitze
명 *f*
무더위

Bei dieser Hitze fällt es mir schwer, konzentriert zu arbeiten.
이 무더위에 집중해서 일하는 것이 저는 힘들어요.

[반] Kälte *f.* 추위

Insel
명 *f*
섬

In Norddeutschland gibt es viele Inseln und die bekannteste ist die Insel Sylt.
독일 북부에는 섬이 많은데 가장 유명한 섬은 쥘트 섬이에요.

[참] Festland *n.* 육지

Klimawandel
명 *m*
기후 변화

Durch den Klimawandel ziehen sich die Gletscher weltweit dramatisch zurück.
기후 변화로 빙하가 전 세계적으로 급격히 줄어들고 있어요.

---

kühl

서늘한

Tagsüber ist es bereits schön warm, aber die Nächte sind immer noch kühl.
이제 낮에는 꽤 따뜻하지만 밤에는 아직 쌀쌀해요.

[반] warm 따뜻한

Landschaft
명 *f*
경치

Entlang der romantischen Straßen kann man malerische **Landschaften** genießen.
낭만 가도를 따라 그림 같은 경치를 즐길 수 있어요.

Luft
명 *f*
공기, 공중

Bei schönem Wetter gehen wir ins Freie, um frische **Luft** zu schnappen.
날씨가 좋으면 우린 신선한 공기를 마시기 위해 야외로 가요.

 Lufthansa는 독일의 항공사 이름이에요.

Meer
명 *n*
바다

Wir haben uns noch nicht entschieden, ob wir ans **Meer** oder in die Berge fahren.
바다로 갈지, 산으로 갈지 우리는 아직 결정하지 못했어요.

참 Strand *m.* 해변 | Mittelmeer *n.* 지중해

---

nass
형
젖은

Ich bin ganz **nass** geworden, weil ich keinen Regenschirm dabei hatte.
우산을 가지고 오지 않아서 난 완전히 젖었어요.

반 trocken 건조한
참 feucht 축축한, 습기 있는

Nebel
명 *m*
안개

Nachts bildet sich **Nebel** und die Temperatur sinkt auf 7 Grad.
밤에는 안개가 끼고 기온은 7도로 떨어져요.

참 nebeln 안개가 끼다 | neblig 안개 낀

2 날씨 · 자연 das Wetter · die Natur

Ozean
명 *m*
대양

Im Jahr 1476 erreichte Kolumbus den Atlantischen **Ozean**.
1476년에 콜럼버스는 대서양에 도달했어요.

[참] Atlantik *m.* 대서양 | Pazifik *m.* 태평양

Regenbogen
명 *m*
무지개

Am Himmel stand ein großer **Regenbogen**.
하늘에 커다란 무지개가 떴어요.

[참] Rot *n.* 빨강 | Orange *n.* 주황 | Gelb *n.* 노랑 | Grün *n.* 녹색 | Blau *n.* 파랑 | Indigo *n.* 남색 | Violett *n.* 보라

regnen
동
비 오다

Wenn es nicht **regnet**, machen wir am nächsten Wochenende einen Ausflug.
비가 오지 않으면 다음 주말에 소풍 가요.

[참] Regen *m.* 비 | regnerisch 비가 오는 | Regenschauer *m.* 소나기

Schatten
명 *m*
그늘, 그림자

Mir ist zu heiß in der Sonne, ich setze mich lieber in den **Schatten**.
햇볕이 너무 뜨거워서 난 그늘에 앉는 것이 더 좋아요.

scheinen
동
빛나다

Im Süden und Westen **scheint** den ganzen Tag die Sonne.
남부와 서부 지역은 하루 종일 해가 나요.

schneien

눈이 오다

In den letzten Tagen hat es viel **geschneit**, Wintersportler freuen sich über reichlichen Schnee.

지난 며칠간 눈이 많이 내렸어요. 겨울 스포츠를 즐기는 사람들은 많은 눈에 기뻐해요.

참 Schnee *m.* 눈 | Schneemann *m.* 눈사람

Sturm

폭풍

Der heftige **Sturm** hat einige Schäden in Großbritannien verursacht.

강한 폭풍으로 영국에서 피해가 발생했어요.

참 stürmisch 폭풍이 치는

Tal

명 *(n)*
골짜기, 계곡

Im Schwarzwald gibt es spannende Wege ins **Tal**.

슈바르츠발트에는 계곡으로 향하는 흥미로운 길들이 있어요.

Wald

숲

Der **Wald** ist wichtig für die Umwelt, weil er für ein gesundes Klima sorgt.

숲은 건강에 좋은 기후를 만들기 때문에 환경을 위해 중요해요.

Welle

파도

Die **Wellen** schlugen mit aller Kraft gegen die Felsen.

파도가 세차게 바위에 부딪혔어요.

2 날씨 · 자연 das Wetter · die Natur

Wettervorhersage
명 *f*
일기 예보

Nach der **Wettervorhersage** wird es morgen regnen.
일기 예보에 따르면 내일 비가 와요.

유 Wetterbericht *m.* 기상 통보
참 Hoch *n.* 고기압 | Tief *n.* 저기압

Wiese
명 *f*
초원, 풀밭

Ein Sommerfest findet auf der **Wiese** hinter der Kirche statt.
교회 뒤편에 있는 풀밭에서 여름 축제가 열려요.

참 Gras *n.* 풀 | Unkraut *n.* 잡초

Wind
명 *m*
바람

Aufgrund des starken **Windes** breitete sich das Feuer rasch auf das gesamte Gebäude aus.
강한 바람으로 인해서 불이 건물 전체로 급속히 번졌어요.

참 windig 바람이 부는 | wehen 바람이 불다

Wolke
명 *f*
구름

Mein Kind möchte wissen, wie die **Wolken** entstehen.
내 아이는 구름이 어떻게 생기는지 알고 싶어 해요.

참 wolkig 구름이 낀

zufrieren
동
얼어붙다

Die Straße **friert** jedes Jahr im Winter **zu**.
매년 겨울에는 도로가 얼어붙어요.

연습 문제
Übungen

1 빈칸에 알맞은 말을 넣어 그림에 나타난 날씨를 표현하세요.

(1) Es _____.

(2) Es _____.

(3) Die Sonne _____.

(4) Es ist _____.

(5) Es ist _____.

(6) Es ist _____.

2 다음 빈칸에 들어갈 수 없는 단어를 고르세요.

Es ist _____. Wahrscheinlich wird es gleich regnen.

① bedeckt   ② bewölkt   ③ wolkig   ④ trocken

3 일기 예보에 관한 글을 읽고 날씨의 상황과 맞으면 O, 틀리면 X를 하세요.

> Am Donnerstag erwartet uns eine brisante Wetterlage: Es wird fast im ganzen Land mit Werten zwischen 28 und 34 Grad noch mal heiß. Dazu scheint vor allem im Osten lange die Sonne. Nur im Westen ist es unter dichten Wolken und teils schauerartigem Regen schon etwas kühler. Dazu ziehen am Nachmittag im Westen heftige Gewitter auf, die sich rasch nach Norden ausbreiten.

(1) Wer im Westen wohnt, muss beim Ausgehen einen Regenschirm mitnehmen. (   )

(2) Im Osten kann man mit den Kindern ins Freibad schwimmen gehen. (   )

(3) Im ganzen Land ist es sonnig und heiß, man kann im Park spazieren gehen. (   )

3 동물 · 식물
das Tier · die Pflanze

track 038

Adler
명 *m*
독수리

In der Antike war der **Adler** das Symboltier des griechischen Göttervaters Zeus.
고대에 독수리는 그리스 신들의 아버지인 제우스를 상징했어요.

참 Falke *m.* 매

Affe
명 *m*
원숭이

Affen sind dem Menschen sehr ähnlich.
원숭이는 인간과 많이 닮았어요.

Ameise
명 *f*
개미

Ameisen gelten als die besten Arbeiter des Tierreiches, weil sie mehr als das Hundertfache ihres Gewichts tragen.
개미는 체중의 백배나 되는 무게를 옮기기 때문에 동물의 왕국에서 가장 훌륭한 일꾼으로 여겨져요.

Ast
명 *m*
굵은 가지

Affen springen von **Ast** zu **Ast** und essen Bananen oder Ananas.
원숭이들이 나뭇가지 사이를 뛰어오르며 바나나 파인애플을 먹어요.

참 Zweig *m.* 잔가지

Bär
명 *m*
곰

Die **Bären** sind besonders bei Kindern sehr beliebt.
곰은 아이들에게 매우 인기가 있어요.

Baum

나무

Im Herbst verfärben sich die Blätter der Bäume.
가을에 나뭇잎이 물들어요.

참 Laubbaum *m.* 활엽수 | Nadelbaum *m.* 침엽수

beißen

물다

Mein Hund hat das Kind des Nachbarn gebissen.
내 개가 이웃집 아이를 물었어요.

참 von Insekten gestochen 곤충에게 쏘이다

🔎 beißen의 과거 분사는 gebissen이에요.

Biene

벌

Bienen sind sehr fleißig und produzieren wohlschmeckenden Honig.
벌들은 아주 부지런하고 맛있는 꿀을 만들어요.

참 Imker *m.* 양봉가

Blume

꽃

Ich fahre zwei Wochen in Urlaub, leider habe ich niemanden, der in der Zeit meine Blumen gießen kann.
2주일간 휴가를 떠나는데 그 사이에 내 꽃에 물을 줄 사람이 아무도 없어요.

참 Blumenstrauß *m.* 꽃다발 | gießen 물 주다

Elefant

코끼리

Elefanten haben nicht nur eine lange Nase, sondern auch einen äußerst guten Geruchsinn.
코끼리는 코가 길 뿐 아니라 후각도 매우 발달되어 있어요.

Ⅷ. 자연 · 환경 die Natur · die Umwelt

3 동물 · 식물 das Tier · die Pflanze

Fliege
명 (f)
파리

Für viele Menschen sind **Fliegen** eines der unangenehmsten Insekten.
파리는 많은 사람들에게 가장 성가신 곤충 중 하나예요.

참 Insekt *n.* 곤충

fressen
동
(동물이) 먹다

Seit gestern will mein Hund nicht mehr **fressen**.
어제부터 내 개가 더 이상 먹지 않아요.

 사람이 게걸스럽게 먹을 때도 이 표현을 써요.

Frosch
명 (m)
개구리

Die **Frösche** ruhen tagsüber, sie sind in der Nacht aktiv.
개구리는 낮에 쉬고 밤에 활동해요.

참 quaken 꽥꽥 울다

Fuchs
명 (m)
여우

Der **Fuchs** spielt in vielen Fabeln eine wichtige Rolle.
여우는 많은 우화에서 중요한 역할을 해요.

참 Wolf *m.* 늑대

füttern
동
사료를 주다

Der Bauer **füttert** jeden Morgen seine Hühner.
농부는 매일 아침 닭에게 먹이를 줘요.

 Futter *n.* 사료, 먹이

Giraffe
명 f
기린

Mein Sohn hat mich gefragt, warum **Giraffen** einen langen Hals haben.
내 아들이 왜 기린의 목이 긴지 물었어요.

참 Hirsch *m.* 사슴 | Reh *n.* 노루

Hahn
명 m
수탉

Der **Hahn** kräht früh am Morgen.
수탉은 아침 일찍 울어요.

참 Küken *n.* 병아리 | Henne *f.* 암탉 | Huhn *n.* 닭 ➡ p.121

Hase
명 f
토끼

Hasen sind Pflanzenfresser, sie ernähren sich von Gräsern und Blättern.
토끼는 초식 동물이고 풀이나 잎을 먹어요.

참 Kaninchen *n.* 집토끼

Hund
명 m
개

Der **Hund** ist der treueste Freund des Menschen.
개는 인간의 가장 충실한 친구예요.

참 bellen 짖다

Igel
명 m
고슴도치

Igel fressen gern Insekten und halten Winterschlaf.
고슴도치는 벌레를 즐겨 먹고, 겨울잠을 자요.

VIII. 자연 · 환경 die Natur · die Umwelt

3 동물 · 식물 das Tier · die Pflanze

Jagd
명 *f*
사냥

Eine **Jagd** ohne Jagdschein ist in Deutschland verboten.
면허 없이 사냥하는 것은 독일에서 금지되어 있어요.

참 jagen 사냥하다 | Jäger *m.* 사냥꾼

Käfig
명 *m*
새장

Ich suche einen geeigneten **Käfig** für meinen Vogel.
난 나의 새를 위한 적절한 새장을 찾고 있어요.

참 Nest *n.* 둥지, 보금자리

Katze
명 *f*
고양이

Das beliebteste Haustier der Deutschen ist einer Umfrage zufolge die **Katze**.
한 설문 조사에 따르면 독일인들이 가장 사랑하는 애완동물은 고양이예요.

참 Kater *m.* 수고양이

Krokodil
명 *n*
악어

Das **Krokodil** wurde als heiliges Tier im alten Ägypten verehrt.
악어는 고대 이집트에서 신성한 동물로 숭배되었어요.

Kuh
명 *f*
암소

In den Alpen werden die **Kühe** nach dem Melken wieder auf die Weide getrieben.
알프스에서 소들은 젖을 짠 후 다시 방목돼요.

참 Rind *n.* 소 | Kalb *n.* 송아지 | melken 젖을 짜다

Lilie
명 *f*
백합

Lilien gibt es nicht nur einfarbig, sondern auch zweifarbig und gemustert.
백합은 단색만 있는 것이 아니고, 두 가지 색상이나 무늬가 들어간 것도 있어요.

Löwe
명 *m*
사자

Der Löwe wird häufig als der König der Tiere bezeichnet.
사자는 흔히 동물의 왕으로 불려요.

참 Tiger *m.* 호랑이

Maul
명 *n*
(동물의) 입, 주둥이

Der Hund hat einen **Maul**korb vor dem **Maul**.
그 개는 입에 입마개를 했어요.

유 Schnauze *f.* (짐승의) 주둥이
관 das Maul halten 입을 다물다, 침묵하다

Maus
명 *f*
생쥐

Der natürliche Feind der **Maus** ist die Katze.
생쥐의 천적은 고양이예요.

참 Ratte *f.* 쥐 | Fledermaus *f.* 박쥐

Mücke
명 *f*
모기

Mücken können Krankheiten wie Malaria übertragen.
모기는 말라리아 같은 질병을 옮길 수 있어요.

유 Moskito *m.* 모기

3 동물 · 식물 das Tier · die Pflanze

Nelke
명 (f)
카네이션

In Korea schenken die Kinder ihren Eltern am Elterntag rote **Nelken**.
한국에서는 어버이날 자식이 부모님에게 빨간 카네이션을 선물해요.

Orchidee
명 (f)
난초

Orchideen wachsen am besten im Halbschatten bis Schatten.
난초는 반그늘이나 그늘에서 가장 잘 자라요.

Papagei
명 (m)
앵무새

Der **Papagei** kann menschliche Laute nachahmen.
앵무새는 인간의 소리를 모방할 수 있어요.

유 Wellensittich *m.* 앵무새의 일종

Pferd
명 (n)
말

Pferde sind sensibel, man muss sie vorsichtig behandeln.
말은 예민해서, 조심스럽게 다루어야 해요.

참 reiten 말을 타다

pflücken
동
(꽃이나 과실을) 따다, 꺾다

Man darf Früchte an fremden Bäumen nicht **pflücken**.
남의 나무에 열린 열매를 따면 안 돼요.

Rose
명 *f*
장미

Rote Rosen symbolisieren Liebe und Leidenschaft.
빨간 장미는 사랑과 열정을 상징해요.

참 Tulpe *f.* 튤립

Schildkröte
명 *f*
거북이

Schildkröten gehören zu den Reptilien.
거북이는 파충류에 속해요.

참 Säugetier *n.* 포유류 | Amphibie *f.* 양서류

Schlange
명 *f*
뱀

Die Kobra ist eine giftige **Schlange**.
코브라는 독이 있는 뱀이에요.

참 Eidechse *f.* 도마뱀

Schmetterling
명 *m*
나비

Die meisten **Schmetterlinge** ernähren sich vom Nektar verschiedener Blüten.
대부분의 나비들은 여러 가지 꽃의 꿀을 먹어요.

관 Schmetterlinge im Bauch haben 사랑에 빠져 행복하다

Schwan
명 *m*
백조

Schwäne sind wirklich sehr imposante Tiere, die man an Seen und Teichen beobachten kann.
백조는 연못이나 호수에서 볼 수 있는 정말 인상적인 동물이에요.

3 동물 · 식물 das Tier · die Pflanze

Schwein 명 (n)
돼지

Schweine sind Allesfresser, bevorzugen allerdings Wurzeln, Obst und Gemüse.
돼지는 잡식 동물이기는 하지만, 뿌리나 과일 그리고 채소를 좋아해요.

Spinne 명 (f)
거미

Viele Menschen haben Angst vor **Spinnen**.
많은 사람들이 거미를 무서워해요.

[참] spinnen 실을 잣다 | Spinnengewebe *f.* 거미줄

Taube 명 (f)
비둘기

Die weiße **Taube** gilt als Symbol des Friedens.
흰 비둘기는 평화의 상징으로 여겨지고 있어요.

---

verwelkt 형
시든

Die Tulpen in der Vase sind schon **verwelkt**.
꽃병의 튤립이 벌써 시들었어요.

Vogel 명 (m)
새

Im Herbst sammeln sich die **Vögel** für ihre Reise in den Süden.
가을에는 새들이 남쪽으로 여행을 떠나기 위해 모여요.

연습 문제
Übungen

1 빈칸에 알맞은 꽃이나 동물의 명칭을 쓰세요.

(1) Man sagt, wenn man verliebt ist, dass man S_____ im Bauch hat.

(2) In der Bibel wird die Urmutter Eva durch die S_____ verführt.

(3) In Korea schenkt man seinen Eltern am Tag der Eltern die N_____.

(4) Der L_____ galt schon immer als der König der Tiere.

(5) Rote R_____ symbolisieren die Liebe und Leidenschaft.

(6) O_____ strahlen Eleganz aus und sind als Zimmerpflanzen beliebt.

2 다음 중 나머지와 관련 없는 것을 고르세요.

(1) ① Schwan   ② Papagei   ③ Schwein   ④ Wellensittich

(2) ① Tulpe   ② Vase   ③ Blume   ④ Taube

(3) ① Ast   ② Adler   ③ Zweig   ④ Pflanze

(4) ① Gans   ② Pute   ③ Hund   ④ Hahn

3 밑줄 친 단어에 속하지 않는 동물을 고르세요.

> Ein eigenes <u>Haustier</u> ist der Wunsch vieler Kinder. Aber mit einem Tier sind auch viele Pflichten und vor allem viel Verantwortung verbunden.

① die Katze   ② der Vogel

③ die Mücke   ④ die Schildkröte

4 자연재해 · 환경
die Naturkatastrophe · die Umwelt

track 039

Abgas
명 *n*
배기가스

Die **Abgase** von Dieselautos sind giftig für Menschen und die Umwelt.
디젤 자동차의 배기가스는 사람과 환경에 유해해요.

Aussterben
명 *n*
멸종

Viele Tiere sind vom **Aussterben** bedroht, wie zum Beispiel der Tiger oder der Panda.
호랑이나 판다와 같은 많은 동물이 멸종의 위기에 처해 있어요.

Brand
명 *m*
화재

Der **Brand** konnte dank dem raschen Einsatz schnell gelöscht werden.
신속한 출동으로 화재가 빨리 진압될 수 있었어요.

Entsorgung
명 *f*
쓰레기 처리

Das größte Problem stellt die **Entsorgung** von Plastikmüll dar, weil es bis zu 500 Jahre dauert, bis Plastik vollständig zersetzt ist.
플라스틱 쓰레기의 처리가 가장 심각한 문제예요. 왜냐하면 플라스틱이 완전히 분해되는 데 500년의 시간이 걸리기 때문이에요.

Erdbeben
명 *n*
지진

Das **Erdbeben** forderte Hunderte von Toten und brachte viele Häuser zum Einsturz.
지진으로 수백 명이 사망하고 많은 집이 무너졌어요.

참 Einsturz *m.* 붕괴

Erderwärmung
명 *f*
지구 온난화

Als Folge der Erderwärmung erhöht sich der Meeresspiegel.
지구 온난화로 해수면이 상승하고 있어요.

참 Meeresspiegel *m.* 해수면 | Treibhauseffekt *m.* 온실 효과

erneuerbar
형
재생 가능한

Erneuerbare Energien wie zum Beispiel Windenergie oder Erdwärme erzeugen kein Kohlendioxid.
풍력 에너지나 지열 에너지와 같은 재생 에너지는 이산화탄소를 만들지 않아요.

참 Kohlendioxid *n.* 이산화탄소

Lawine
명 *f*
눈사태

Letztes Jahr sind fünf Menschen in Österreich von einer Lawine erfasst worden.
작년에 오스트리아에서 5명이 눈사태에 휩쓸려 갔어요.

참 Lawinengefahr *f.* 눈사태 위험

Luft-verschmutzung
명 *f*
대기 오염

Luftverschmutzung, vor allem Feinstaub, verursacht Lungenkrebs.
대기 오염, 특히 미세 먼지는 폐암을 유발해요.

참 verschmutzt 오염된

Naturschutz
명 *m*
자연 보호

Das Edelweiß steht unter Naturschutz und darf nicht gepflückt werden.
에델바이스 꽃은 자연 보호 종이어서 꺾으면 안 돼요.

유 Umweltschutz *m.* 환경 보호
참 Naturschutzgebiet *n.* 자연 보호 구역

Ⅷ. 자연·환경 die Natur · die Umwelt

4 자연재해 · 환경 die Naturkatastrophe · die Umwelt

nuklear
형
핵에너지의

Die **nukleare** Katastrophe in Japan hat die Debatte über die Nutzung der Atomkraft neu entfacht.
일본의 원자력 대참사가 원자력 사용에 관한 논쟁을 새롭게 불러일으켰어요.

 Atomkraft *f.* 핵에너지

ökologisch
형
유기농의, 친환경적인

Ökologische Lebensmittel sind in der Regel teurer.
유기농 식품은 보통 더 비싸요.

 Ökoladen *m.* 유기농 식품을 파는 가게 | Ökoprodukt *n.* 유기농 상품

Orkan
명 *m*
태풍

Der **Orkan** hat in Brandenburg schwere Schäden angerichtet.
태풍은 브란덴부르크에 심각한 피해를 입혔어요.

🔍 Orkan은 독일 북부에 해마다 오는 태풍이에요.

Ozon
명 *m* *n*
오존

Die hohe Konzentration von **Ozon** in der Luft schadet der Gesundheit.
공기 중에 있는 고농도의 오존은 건강을 해쳐요.

 Ozonwert *m.* 오존 수치 | Ozonschicht *f.* 오존층

Pfandflasche
명 *f*
재활용 병

Man kann **Pfandflaschen** überall in einem Supermarkt zurückgeben.
재활용 병은 도처에 있는 슈퍼마켓에서 반납할 수 있어요.

 Mehrwegflasche *f.* 재활용 병

recyceln

재활용하다

Mehr als 60 Prozent des Hausmülls in Deutschland werden **recycelt**.

독일 가정 폐기물의 60퍼센트가 재활용돼요.

참 Recycling *n.* 재활용

Smog

명 *m*
스모그

Immer häufiger bedeckt dichter **Smog** die Großstädte von China.

짙은 스모그가 점점 더 자주 중국의 대도시를 뒤덮고 있어요.

Sonnenenergie

명 *f*
태양열 에너지

Ein Politiker sagte, die Nutzung der **Sonnenenergie** sei unverzichtbar für den Klimaschutz.

한 정치가는 기후 보호를 위해 태양열 에너지의 이용은 필수 불가결하다고 말했어요.

유 Solarenergie *f.* 태양열 에너지

Überschwemmung

명 *f*
홍수, 범람

Heftige Regenfälle haben zu schweren **Überschwemmungen** geführt.

폭우로 인해 심각한 홍수가 발생했어요.

---

umweltfreundlich

형
환경친화적인

Eine Plastikflasche, die nach einmaligem Gebrauch weggeworfen wird, ist keine **umweltfreundliche** Verpackung.

한 번 사용 후에 버려지는 플라스틱 병은 친환경적인 포장재가 아니에요.

유 umweltschonend 환경을 보호하는
반 umweltfeindlich 환경을 오염시키는

연습 문제
Übungen

1 다음 그림에 해당하는 단어를 연결하세요.

(1)

(2)

(3)

(4)

① die Lawine ② die Über-schwemmung ③ der Brand ④ das Erdbeben

2 다음 밑줄 친 단어에 포함되지 <u>않는</u> 것을 고르세요.

> <u>Erneuerbare Energien</u> können einen erheblichen Beitrag zum Klimaschutz leisten.

① Wasserkraft ② Sonnenenergie
③ Kernenergie ④ Windenergie

3 서로 연관성이 있는 단어끼리 연결하세요.

(1) Autos   •   • ① Schaden
(2) Abfälle   •   • ② Abgas
(3) Pfandflasche   •   • ③ Erderwärmung
(4) Feinstaub   •   • ④ Lungenkrebs
(5) Orkan   •   • ⑤ Recycling
(6) Treibhauseffekt •   • ⑥ Entsorgung

4 환경을 보호하기 위한 행동으로 올바르지 <u>않은</u> 것을 고르세요.

① Anna nimmt beim Einkaufen eigene Taschen mit.
② Kurze Strecken fährt Peter immer mit dem Fahrrad.
③ Martin kauft Papierprodukte nur aus recycelter Herstellung.
④ Hans badet jeden Tag, statt zu duschen.

IX 휴가 · 여가

der Urlaub · die Freizeit

1. 휴가 · 여행 der Urlaub · die Reise
2. 운동 · 여가 der Sport · die Freizeit
3. 축제 · 공휴일 das Fest · die Feiertage

1 휴가 · 여행
der Urlaub · die Reise

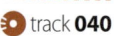 track 040

Abenteuer
명 (n)
모험

Ich habe auf meinen Reisen manches **Abenteuer** erlebt.
나는 여행에서 많은 모험을 경험했어요.

참 abenteuerlich 모험적인

anreisen
동
여행지에 도착하다

Falls Sie nach 20 Uhr **anreisen**, bitten wir um kurze Mitteilung.
당신이 20시 이후에 도착하는 경우에는 짧게 통보해 주기를 부탁해요.

반 abreisen 여행을 떠나다

Aufenthalt
명 (m)
체류

Wir wünschen Ihnen einen erholsamen **Aufenthalt** in unserem Hotel.
우리는 당신이 우리 호텔에서 편안히 머무시기를 바랍니다.

Ausflug
명 (m)
소풍, 근거리 여행

Am letzten Wochenende haben wir einen **Ausflug** an den See gemacht.
지난 주말에 우리는 호숫가로 소풍을 갔어요.

besichtigen
동
관람하다

Er hat mit seiner Freundin die Ausstellung von Picasso **besichtigt**.
그는 여자 친구와 함께 피카소의 전시회를 관람했어요.

참 Besichtigung f. 구경, 관람

buchen

예약하다

Ich möchte ein Flugticket nach Griechenland buchen.
저는 그리스행 비행기 티켓을 예약하고 싶어요.

[유] reservieren 예약하다 ➡ p.148
[참] Buchung *f.* 예약

Burg
명 *f*
성, 요새

Die Burg Frankenstein im Odenwald ist ein beliebtes Ausflugsziel.
오덴발트에 있는 프랑켄슈타인 성은 인기 있는 여행지예요.

[참] Schloss *n.* 성

sich entspannen

휴식하다, 긴장을 풀다

Wählen Sie einen Urlaubsort, an dem Sie sich gut entspannen können.
당신이 휴식을 잘 취할 수 있는 휴가지를 선택하세요.

[참] Entspannung *f.* 휴식, 긴장 완화

sich erholen

휴식하다, 원기를 충전하다

Wir haben uns im Urlaub gut erholt.
우리는 휴가에서 푹 쉬었어요.

[관] sich erholen von (병에서) 회복하다
[참] Erholung *f.* 회복 | erholsam 휴식을 주는

Führung
명 *f*
(가이드가 안내해 주는) 관람

Ich habe an einer Führung durch das Schloss teilgenommen.
난 가이드가 안내하는 성의 관람에 참여했어요.

[참] führen 이끌다 | Führer *m.* 지도자
 Führung은 '(회사의) 운영이나 지도', '지도부'의 뜻으로도 쓰여요.

IX. 휴가 · 여가 der Urlaub · die Freizeit   273

1 휴가 · 여행 der Urlaub · die Reise

Geschäftsreise
명 (f)
출장

Die Sekretärin organisiert für ihren Chef **Geschäftsreisen**.
비서가 사장님을 위해 출장을 준비해요.

유 Dienstreise f. 출장

Jugend-herberge
명 (f)
유스 호스텔

Die Idee zur Einrichtung von **Jugendherbergen** stammt aus Deutschland.
유스 호스텔 설립에 대한 아이디어는 독일에서 유래해요.

관 stammen aus ~에서 유래하다

Koffer
명 (m)
여행 가방

Je leichter der **Koffer** ist, desto mehr kann man einpacken.
여행 가방이 가벼울수록 짐을 더 많이 넣을 수 있어요.

참 Kofferraum m. (자동차의) 트렁크 | Gepäck n. 짐, 수하물 ➡ p.337

Palast
명 (m)
왕궁

Der **Palast** Gyeongbokgung zählt zu den berühmtesten Sehenswürdigkeiten Koreas.
경복궁은 한국의 가장 유명한 명소로 손꼽혀요.

Pension
명 (f)
게스트 하우스

Die **Pension** liegt an einer wunderschönen Küste.
그 게스트 하우스는 아름다운 해변에 위치해 있어요.

참 Vollpension f. 세 끼의 식사가 제공되는 숙박 | Halbpension f. 두 끼의 식사가 제공되는 숙박
🔍 '연금'의 뜻도 있어요.

Reisebüro
명 (n)
여행사

Die Buchung eines Hotels im Internet ist günstiger als im Reisebüro.
인터넷에서 호텔을 예약하는 것이 여행사에서 하는 것보다 더 저렴해요.

Reiseführer
명 (m)
여행 안내 책자

Ich kann Ihnen einen guten Reiseführer für Norwegen empfehlen.
제가 당신에게 노르웨이에 관한 좋은 여행 책자를 추천해 드릴 수 있어요.

[참] Reiseleiter *m.* 여행 가이드
🔍 '여행 가이드'의 뜻으로도 쓰여요.

Reiseziel
명 (n)
여행 목적지

Rom ist in diesem Jahr das beliebteste Reiseziel.
로마는 올해 가장 인기 있는 여행지예요.

Rundfahrt
명 (f)
일주 여행, 유람

Die Rundfahrt mit dem Schiff in Hamburg wird ein unvergessliches Erlebnis.
함부르크에서 배를 타고 하는 일주 여행은 잊지 못할 경험이 될 거예요.

Saison
명 (f)
시즌, 휴가철

Nach der Saison sind die Hotelpreise günstiger.
휴가철이 지나면 호텔 숙박비가 저렴해집니다.

[참] Hochsaison *f.* 성수기

1 휴가 · 여행 der Urlaub · die Reise

Sehenswürdigkeit
명 (f)
명소, 구경거리

Legendäre Orte wie Troja oder Pergamon gehören zu den großen Sehenswürdigkeiten der Türkei.

트로이나 페르가몬과 같은 전설적인 곳은 터키의 중요한 명소예요.

Souvenir
명 (n)
기념품

Ich habe einige Souvenirs für meine Familie gekauft.

난 가족들에게 줄 기념품 몇 개를 샀어요.

유 Andenken n. 기념품

stornieren
동
(예약을) 취소하다

Wenn man eine Buchung stornieren will, sollte man das so schnell wie möglich machen, ansonsten steigen die Stornogebühren.

예약을 취소하고 싶으면 가능한 빨리해야 해요. 그렇지 않으면 위약금이 늘어나요.

참 Stornierung f. 취소

Tourist
명 (m)
관광객

Das Oktoberfest lockt jedes Jahr Touristen aus aller Welt nach München.

옥토버페스트는 매년 전 세계의 관광객을 뮌헨으로 끌어 들여요.

 -ist로 끝나는 남성 명사의 복수에는 -en을 붙여요.

übernachten
동
숙박하다

A Möchtest du nach dem Festival bei mir übernachten?
축제가 끝나고 나서 우리 집에서 자고 갈래?

B Ja, gern.
응, 좋아.

참 Übernachtung f. 숙박

Unterkunft
명 *f*
숙박 시설

Beliebte **Unterkünfte** in schöner Lage sind häufig ein Jahr im Voraus ausgebucht.
경치가 좋은 곳에 위치한 인기 있는 숙박 시설들은 종종 일 년 전에 예약이 완료돼요.

Urlaub
명 *m*
휴가

Ich will dieses Jahr mit meiner Familie in die Schweiz in **Urlaub** fahren.
난 올해 가족과 함께 스위스로 휴가를 가려고 해요.

참 Urlaubsort *m.* 휴가지

verbringen
동
(시간을) 보내다

Wir haben in den USA eine schöne Zeit **verbracht**.
우리는 미국에서 멋진 시간을 보냈어요.

Zelt
명 *n*
텐트

Wir haben zwei Nächte im **Zelt** geschlafen.
우리는 이틀 밤을 텐트에서 잤어요.

참 zelten 텐트를 치다 | Schlafsack *m.* 침낭, 슬리핑백

Zoll
명 *m*
세관, 관세

Der **Zoll** kontrolliert das Gepäck der Reisenden.
세관은 여행객들의 짐을 검사해요.

유 Zollamt *n.* 세관
🔍 길이의 단위인 '인치'라는 뜻으로도 쓰여요.

연습 문제
Übungen

1 다음 그림에 해당하는 단어를 골라 쓰세요.

> das Zelt　　　　　die Jugendherberge
> der Koffer　　　　das Schloss

(1) 　(2) 　(3) 　(4)

_____　_____　_____　_____

2 서로 의미가 연관성이 있는 것끼리 연결하세요.

(1) Man kann sich gut erholen.　•　　•　① im Reisebüro

(2) Man kann seine Buchung stornieren.　•　　•　② Sehenswürdigkeiten

(3) Man kann schön besichtigen.　•　　•　③ im Urlaubsort

(4) Man kann übernachten.　•　　•　④ Abenteuer

(5) Man will ein spannendes Erlebnis haben.　•　　•　⑤ im Hotel

3 빈칸에 들어갈 수 <u>없는</u> 동사를 고르세요.

> Wir wollen im nächsten Jahr in den USA einen schönen Urlaub _____.

① machen　　② anreisen　　③ verbringen

4 빈칸에 들어갈 알맞은 단어를 고르세요.

> Er hat an _____ durch das Museum teilgenommen.

① einem Reiseführer　② einer Führung　③ einer Unterkunft

2 운동 · 여가
der Sport · die Freizeit

 track **041**

---

angeln

낚시하다

Mein Vater geht an jedem Wochenende **angeln**.
우리 아빠는 주말마다 낚시하러 가세요.

참 fischen 물고기를 잡다

Athlet

운동선수

In 18 Disziplinen kämpften die **Athletinnen** und **Athleten** aus 40 Nationen um den Titel des Weltmeisters.
18개 종목에서 40개국의 선수들이 세계 챔피언 타이틀을 걸고 싸웠어요.

참 Leichtathletik *f.* 육상 경기 | athletisch 단련된

Ball

공

Er hat den **Ball** direkt ins Tor geschossen.
그는 공을 곧장 골대로 넣었어요.

Basketball

농구

Basketball ist ein sehr populärer Sport in Nordamerika.
농구는 북아메리카에서 아주 인기 있는 스포츠예요.

Fan
명 *m*
팬

Die deutschen Fußball-**Fans** stürmten das Spielfeld.
독일 축구 팬들은 경기장으로 몰려갔어요.

IX. 휴가 · 여가 der Urlaub · die Freizeit

2 운동 · 여가 der Sport · die Freizeit

Federball
명 *m*
배드민턴

Federball spielen macht mir unheimlich großen Spaß.
배드민턴을 하는 것이 난 엄청나게 재미있어요.

유 Badminton *n.* 배드민턴

Felsklettern
명 *n*
암벽 등반

Eisklettern erfordert wesentlich mehr Können und Wissen als das **Felsklettern**.
빙벽 등반은 암벽 등반보다 더 많은 기술과 지식을 요구해요.

Finale
명 *n*
결승전

Italien gewann das **Finale** der Weltmeisterschaft nach einem Elfmeterschießen gegen Frankreich.
이탈리아는 월드컵 결승전에서 승부차기로 프랑스를 이겼어요.

유 Endspiel *n.* 결승전

Fitnessstudio
명 *n*
피트니스 센터(헬스장)

Ich habe mich in einem **Fitnessstudio** angemeldet.
난 피트니스 센터에 등록했어요.

fotografieren
동
사진을 찍다

Marie geht jeden Sonntag aufs Land, um Landschaften und Tiere zu **fotografieren**.
마리는 풍경과 동물을 찍기 위해 일요일마다 교외로 나가요.

 Fotograf *m.* 사진사 ➡ p.68

Freizeit
명 *f*
여가, 자유 시간

Er verbringt seine **Freizeit** gern in der Natur.
그는 자연 속에서 여가를 즐겨요.

참 Freizeitbeschäftigung *f.* 여가 활동

Fußball
명 *m*
축구

Fußball ist die beliebteste Sportart in Europa.
축구는 유럽에서 가장 인기 있는 스포츠 종목이에요.

참 Fußballspieler *m.* 축구 선수 ➡ p.69

Gegner
명 *m*
상대 선수, 상대 팀

Unsere Mannschaft hat zwar gut gespielt, aber der **Gegner** war einfach zu stark.
우리 팀이 경기를 잘했지만, 상대방이 너무 강했어요.

참 gegnerisch 적대적인, 반대하는

genießen
동
즐기다

Ich hoffe, dass Sie Ihren Urlaub **genießen**.
휴가를 즐기시기 바랍니다.

참 Genuss *m.* 즐김, 향유

gewinnen
동
이기다

Rat mal, wer das Spiel **gewinnt**.
누가 경기에서 이길지 알아맞혀 봐.

반 verlieren 패배하다

2 운동 · 여가 der Sport · die Freizeit

Gymnastik
명 f
체조

Sie macht **Gymnastik** zur Stärkung der Muskulatur.
그녀는 근육을 강화하기 위해 체조를 해요.

joggen
동
조깅하다

Ich **jogge** morgens eine halbe Stunde im Park.
난 아침에 공원에서 30분간 조깅을 해요.

kegeln
동
볼링을 치다

Am Freitag bin ich oft mit Kollegen **kegeln** gegangen.
금요일에 난 자주 동료들과 볼링을 치러 갔어요.

Mannschaft
명 f
선수들의 팀, 선수단

Beim Fußball besteht eine **Mannschaft** aus elf Spielern.
축구 경기에서 한 팀은 11명의 선수로 구성돼요.

Medaille
명 f
메달

Sie hat bei den Olympischen Winterspielen 2018 die erste **Medaille** für das koreanische Team geholt.
그녀는 2018년 동계 올림픽에서 한국 팀에게 첫 메달을 가져다 주었어요.

참 Goldmedaille f. 금메달 | Silbermedaille f. 은메달 | Bronzemedaille f. 동메달

Olympiade
명 *f*
올림픽

Wissen Sie vielleicht, wann und wo die nächste **Olympiade** stattfindet?
혹시 다음 올림픽이 언제 어디서 개최되는지 아나요?

Rang
명 *m*
순위

Der Schwimmer zeigte die höchste Leistung und landete auf **Rang** eins.
그 수영 선수는 기량을 최대한 발휘해서 1위에 올랐어요.

---

sammeln
동
수집하다, 모으다

Manche Autogrammjäger **sammeln** einfach alle Autogramme, die sie bekommen können.
많은 사인 수집가들은 그들이 받을 수 있는 모든 사인을 수집해요.

참 Briefmarkensammlung *f.* 우표 수집

Schach
명 *n*
서양 장기, 체스

Schach ist ein spannendes Spiel, das Können und Strategie erfordert.
서양 장기는 기술과 전략을 요하는 흥미진진한 게임이에요.

참 Go *n.* 바둑

Schiedsrichter
명 *m*
(스포츠) 심판

Der **Schiedsrichter** hat die zweite Halbzeit angepfiffen.
심판이 후반전 시작을 알리는 호각을 불었어요.

참 Foul *n.* 반칙

2 운동 · 여가
der Sport · die Freizeit

Schwimmen
명 (n)
수영

Schwimmen ist wohl eine der gesündesten Sportarten.
수영은 아마도 가장 건강에 좋은 스포츠 종류 중의 하나일 거예요.

참 Schwimmbad *n.* 수영장

segeln
동
요트를 타다

Segeln lernen macht Freude, doch gibt es für Anfänger viel zu beachten.
요트 타기를 배우는 것은 재미있지만, 초보자는 주의해야 할 것이 많아요.

Sieg
명 (m)
승리

Die Spieler haben sich über den **Sieg** gefreut.
선수들은 승리를 기뻐했어요.

참 Sieger *m.* 승리자

Ski
명 (m)
스키

Im Winter reisen viele Menschen in die Berge, um dort **Ski** zu fahren.
겨울에 많은 사람들이 스키를 타기 위해 산으로 가요.

참 Schlitten *m.* 썰매 | Schlittschuhlauf *m.* 스케이트

🔍 Ski를 Schi라고도 쓰며, Ski의 s 발음은 sch와 동일한 발음이에요.

Spiel
명 (n)
경기, 시합

Beim gestrigen Tennisturnier gewann der Favorit alle **Spiele** des ersten Satzes.
어제 테니스 토너먼트에서 우승 후보가 첫 세트의 모든 경기를 다 이겼어요.

참 Favorit *m.* 우승 후보

Sport
명 *m*
운동, 스포츠, (교과목)
체육

In der Woche haben wir zwei Stunden **Sport**.
우리는 체육을 일주일에 두 시간 해요.

참 Sportler *m.* 운동선수 | Sportart *f.* 운동 종목 | Leistungssport *m.* 기록 향상을 위한 스포츠 | Extremsport *m.* 극한 스포츠

Sporthalle
명 *f*
체육관, 실내 경기장

Ab nächster Woche können die Schüler die neu gebaute **Sporthalle** benutzen.
다음 주부터 학생들은 새로 지은 체육관을 이용할 수 있어요.

참 Sportplatz *m.* 운동장, 경기장

Sportverein
명 *m*
스포츠 클럽

Ich bin Mitglied in einem **Sportverein**.
난 스포츠 클럽의 회원이에요.

유 Sportklub *m.* 스포츠 클럽

Stadion
명 *n*
경기장

Das **Stadion** war bis zum letzten Platz ausverkauft.
경기장은 마지막 좌석까지 완전 매진되었어요.

teilnehmen
동
참여하다

Man kann auch ohne Verein an einem Turnier **teilnehmen**.
소속 단체 없이도 토너먼트에 참여할 수 있어요.

관 teilnehmen an + 3격: ~에 참여하다

2 운동 · 여가 der Sport · die Freizeit

Tischtennis
명 *m*
탁구

Tischtennis ist Ende des 19. Jahrhunderts in England entstanden.
탁구는 19세기 말 영국에서 생겼어요.

[참] Tischtennisplatte *f.* 탁구대 | Tischtennisschläger *m.* 탁구 라켓

Torwart
명 *m*
골키퍼

Der **Torwart** hat den Elfmeter durchgelassen.
골키퍼는 패널티 킥을 막지 못했어요.

[참] Tor *n.* 득점 골

trainieren
동
훈련하다

Er hat lange **trainiert** und hofft auf den Sieg.
그는 오랫동안 훈련했고 우승을 기대하고 있어요.

treffen
동
만나다

In meiner Freizeit **treffe** ich gern meine Freunde.
난 여가 시간에 친구들을 즐겨 만나요.

🔍 treffen은 '목표물을 맞히다'의 뜻으로도 쓰여요.

unentschieden
동
무승부의

Deutschland spielt **unentschieden** gegen Frankreich.
이번 독일과 프랑스의 경기는 무승부예요.

wandern
동
도보 여행하다

Wir haben vor, an diesem Wochenende **wandern** zu gehen.
우리는 이번 주말에 도보 여행을 할 계획이에요.

참 Wanderung *f.* 도보 여행

Wassersport
명 *m*
수상 스포츠

Wassersport ist bei der Hitzewelle genau das Richtige.
수상 스포츠는 폭염에 딱 알맞아요.

참 rudern 조정 경기를 하다, 노를 젓다

Weltmeister
명 *m*
세계 챔피언

In seinem letzten Kampf siegte der Boxer und wurde dreifacher **Weltmeister**.
마지막 시합에서 복서는 이겼고 세 부문(대회)의 세계 챔피언이 되었어요.

참 Weltrekord *m.* 세계 기록

Wettkampf
명 *m*
경기, 시합

Während des **Wettkampfes** gab es eine Superkooperation zwischen den Vereinen.
경기를 하는 동안 단체들 간에 대단히 협력이 잘 되었어요.

유 Wettbewerb *m.* 경기

Ziel
명 *n*
결승점

Die amerikanische Läuferin ist als zweite durchs **Ziel** gegangen.
미국 육상 선수가 두 번째로 결승점을 통과했어요.

🔍 '목표'의 뜻으로도 쓰여요.

연습 문제
Übungen

1 주어진 활동과 관련 있는 그림 아래에 번호를 쓰세요.

① rudern　　② schwimmen　　③ angeln
④ Tischtennis spielen　　⑤ Federball spielen　　⑥ Fels klettern
⑦ Schlittschuh laufen　　⑧ Schach spielen

(1) (　)　(2) (　)　(3) (　)　(4) (　)

(5) (　)　(6) (　)　(7) (　)　(8) (　)

2 다음 설명이 가리키는 것을 찾아 쓰세요.

ein Sportklub　　ein Schiedsrichter　　ein Sieg
ein Gegner　　ein Wettbewerb　　unentschieden

(1) Eine Person, gegen die man kämpft oder spielt.　(　　)
(2) Ein Verein für eine oder mehrere Sportarten.　(　　)
(3) Eine Person, die für die korrekte Einhaltung der Regeln sorgt.
　　(　　)
(4) Eine Veranstaltung, bei der Teilnehmer ihre Leistungen auf einem bestimmten Gebiet untereinander vergleichen.　(　　)
(5) Das Ergebnis eines erfolgreich geführten Kampfes.
　　(　　)
(6) Eine Situation, in der beide Spieler oder Mannschaften die gleiche Zahl von Punkten haben.　(　　)

3 축제 · 공휴일
das Fest · die Feiertage

 track 042

Advent
명 *m*
강림절

Die Kinder freuen sich auf den Advent.
아이들은 강림절을 고대해요.

- 참 Kerze *f.* 양초
- 🔍 크리스마스 전의 4주간을 강림절이라고 해요.

Bazar
명 *m*
바자

In jedem Jahr veranstalten die Schüler einen Bazar, um armen Kindern zu helfen.
해마다 학생들은 가난한 아이들을 돕기 위해 바자를 열어요.

- 🔍 Basar로 표기하기도 해요.

Fasching
명 *m*
카니발, 사육제

Ich möchte mich dieses Jahr im Fasching als Hexe verkleiden.
올해 난 카니발에서 마녀로 변장하고 싶어요.

- 유 Karneval *m.* 사육제, 카니발

fasten
동
금식하다

Jesus fastete vierzig Tage in der Wüste.
예수님은 40일 동안 사막에서 금식했어요.

- 참 Fastenzeit *f.* 금식 기간

feiern
동
파티를 하다

Wir feiern heute den 70. Geburtstag unserer Eltern.
우리는 오늘 부모님의 70세 생신 파티를 해요.

- 참 Feier *f.* 파티

 IX. 휴가 · 여가 der Urlaub · die Freizeit

3 축제 · 공휴일 das Fest · die Feiertage

Feiertag
명 *m*
공휴일

Weihnachten ist weltweit ein offizieller **Feiertag**.
크리스마스는 전 세계에서 공식적인 휴일이에요.

참 Feiertage *pl.* 연휴 | Nationalfeiertag *m.* 국경일

Feuerwerk
명 *n*
불꽃놀이

Der Höhepunkt des jährlichen Kinderfestes ist das **Feuerwerk**.
해마다 개최되는 어린이 축제의 절정은 불꽃놀이예요.

참 Feuerzeug *n.* 라이터

Glückwunsch
명 *m*
축하

Herzlichen **Glückwunsch** zum Geburtstag!
생일을 진심으로 축하해요!

참 Alles Gute zum Geburtstag! 생일 축하해요! | Viel Glück zum Geburtstag! 생일 축하해요!

---

gratulieren
동
축하하다

Wir **gratulieren** dir ganz herzlich zur bestandenen Prüfung.
시험에 합격한 것을 진심으로 축하해.

유 beglückwünschen 축하하다

Hochzeit
명 *f*
결혼식

Wir wollen unsere **Hochzeit** nur im engen Familienkreis feiern.
우리는 가까운 가족끼리 결혼식을 하고 싶어요.

유 Trauung *f.* 결혼식

Jubiläum
명 *n*
기념일

Im nächsten Jahr feiert unsere Firma 20-jähriges **Jubiläum**.
내년에 우리 회사는 창립 20주년을 기념해요.

Neujahr
명 *n*
새해, 신년

In Korea kommt die ganze Familie während des **Neujahrs** zusammen, um gemeinsam zu feiern.
한국에서는 새해를 함께 보내기 위해 온 가족이 모여요.

관 Guten Rutsch ins neue Jahr! 새해 복 많이 받으세요!

Nikolaus
명 *m*
산타클로스

Der **Nikolaus** bringt nur den braven Kindern Geschenke.
산타클로스는 착한 아이에게만 선물을 가져다준다고 해요.

유 Weihnachtsmann *m.* 산타클로스

Ostern
명 *n*
부활절

In Deutschland glauben Kinder, dass der Osterhase zu **Ostern** Eier bringt.
독일에서 아이들은 부활절에 부활절 토끼가 달걀을 가져다준다고 믿어요.

관 Frohe Ostern! 즐거운 부활절을 맞길 바랍니다!
참 Osterei *n.* 부활절 달걀 | Osterhase *m.* 부활절 토끼 | Osterferien *pl.* 부활절 방학

Party
명 *f*
파티

Dieses Jahr möchte ich eine große **Party** zu meinem Geburtstag geben.
올해 난 내 생일 파티를 크게 하고 싶어요.

3 축제 · 공휴일 das Fest · die Feiertage

Prost
명 (n)
건배

A Was sagt man beim Anstoßen in Deutschland?
잔을 부딪칠 때 독일에서 뭐라고 말합니까?

B **Prost**!
프로스트(건배)!

유 Zum Wohl! 건강을 위하여!

Silvester
명 (m)(n)
12월 31일

An **Silvester** feiern die Menschen das Ende des Jahres mit einem Feuerwerk und Fest.
12월 31일에 사람들은 불꽃놀이와 축제를 하면서 보내요.

Sitte
명 (f)
풍습

Bei uns ist es **Sitte**, dass man dem Gastgeber ein Geschenk mitbringt.
초대한 사람에게 선물을 가지고 가는 것이 우리의 풍습이에요.

관 Andere Länder, andere Sitten. 나라에 따라 풍습도 달라요.

stattfinden
동
개최되다, 거행되다

In einer Woche **findet** die königliche Hochzeit der schwedischen Prinzessin **statt**.
일주일 후에 스웨덴 공주의 왕실 결혼식이 거행돼요.

traditionell
부
전통적으로

In Deutschland wird Weihnachten **traditionell** mit der ganzen Familie gefeiert.
독일에서 크리스마스는 전통적으로 온 가족이 함께해요.

 내게는 특별한 **독일어 어휘**를 부탁해

Valentinstag

명 *m*
밸런타인데이

In Korea schenken sich Liebende Schokolade zum **Valentinstag**.
한국에서는 밸런타인데이에 연인들이 서로 초콜릿을 주고받아요.

---

veranstalten

동
개최하다

Sie **veranstalteten** ein großes Tanzfest im Dorf.
그들은 마을에서 큰 무도회를 열었어요.

[참] Veranstaltung *f.* 개최

Weihnachten

명 *n*
크리스마스

An **Weihnachten** feiern die Christen aus aller Welt die Geburt von Jesus Christus.
크리스마스에는 전 세계의 기독교인들이 예수의 탄생을 기려요.

[참] Heiligabend *m.* 크리스마스 이브 |
Weihnachtsbaum *m.* 크리스마스트리 |
Weihnachtsmarkt *m.* 크리스마스 시장

Zeremonie

명 *f*
의식, 예식

Für die **Zeremonie** werden die Blumen hauptsächlich verwendet, um die Räume zu dekorieren.
예식을 위한 공간 장식에 주로 꽃이 사용돼요.

Zug

명 *m*
행렬

Viele Menschen drängen in die Stadt, um den **Zug** zu erleben.
많은 사람들이 행렬을 보려고 시내로 몰려 갔어요.

🔍 '기차'의 뜻으로도 쓰여요. ➡ p.239

연습 문제
Übungen

1 그림과 관련 있는 기원문의 번호를 쓰세요.

> ① Einen schönen 4. Advent!
> ② Frohe Weihnachten!
> ③ Herzlichen Glückwunsch zur Hochzeit!
> ④ Frohe Ostern!

(1) (   )　(2) (   )　(3) (   )　(4) (   )

2 다음 설명이 가리키는 축제의 명칭을 찾아 쓰세요

> der Silvester　　der Valentinstag　　der Fasching

(1) Der letzte Tag des Jahres, der 31. Dezember.　(　　　)
(2) Die Zeit, in der Maskenbälle veranstaltet werden.　(　　　)
(3) Der Tag der Liebenden, an dem man sich Blumen schenkt.
　　　　　　　　　　　　　　　　　　　　　(　　　)

3 다음 빈칸에 들어갈 알맞은 표현을 고르세요.

(1) Der dritte Oktober, der Tag der Deutschen Einheit ist der _____ in Deutschland.
　① Heiligabend　② Nationalfeiertag　③ Jubiläum

(2) Dieses Jahr wird der Weihnachtsmarkt an allen Adventswochenenden am Marktplatz _____.
　① Gratulieren　② veranstalten　③ stattfinden

X 국가
der Staat

❶ 정치 · 행정 die Politik · die Verwaltung

❷ 법 · 외교 die Justiz · die Diplomatie

❸ 노동 · 경제 die Arbeit · die Wirtschaft

❹ 범죄 · 이민 die Kriminalität · die Immigration

1 정치 · 행정
die Politik · die Verwaltung

 track 043

Abgeordnete
명 *m* *f*
(국회)의원

Die **Abgeordneten** des Bundestages werden alle vier Jahre gewählt.
연방 의회의 의원은 4년마다 선출돼요.

참 Parlament *n.* 국회

Amt
명 *n*
관청, 관직

Wenn man ein Haus bauen will, muss man sich beim zuständigen **Amt** die Genehmigung holen.
집을 지으려면, 해당 관청에서 승인을 받아야 해요.

유 Behörde *f.* 관청
참 Finanzamt *n.* 세무서 | Arbeitsamt *n.* 고용센터 ➡ p.314

Auftrag
명 *m*
위임

Die deutsche Umwelthilfe arbeitet im **Auftrag** der Bundesregierung.
독일 환경 보호 단체는 연방 정부의 위임을 받고 활동해요.

참 Auftraggeber *m.* 위임자

ausfüllen
동
기입하다, 서식을 채우다

Man kann die entsprechenden Formulare online **ausfüllen**.
해당 양식을 온라인에서 작성할 수 있어요.

참 Formular *n.* 서식, 양식

beantragen
동
신청하다

Wer in die USA reisen will, muss ein Visum **beantragen**.
미국으로 여행을 하려는 사람은 비자 신청을 해야만 해요.

유 Antrag stellen 신청하다
참 Antrag *m.* 신청

 296 내게는 특별한 **독일어 어휘**를 부탁해

befreien

동
해방하다

Nach der Kapitulation Japans 1945 wurde Korea **befreit**.

1945년 일본이 항복한 후에 한국은 해방되었어요.

[참] Befreiung *f.* 해방

Bescheinigung

명 *f*
증명서

Sie müssen eine ärztliche **Bescheinigung** über die Reiseunfähigkeit vorlegen.

당신은 여행을 할 수 없다는 의사의 진단서를 제출해야 돼요.

[참] bescheinigen 서류로 증명하다

Bevölkerung

명 *f*
국민, 주민

Die Statistik zeigt, dass mehr als die Hälfte der **Bevölkerung** unter Armut leidet.

통계에 따르면 인구의 절반 이상이 빈곤에 시달리고 있어요.

[참] Bevölkerungswachstum *n.* 인구 증가

Bund

명 *m*
연방

Die Pflege der Beziehungen zu auswärtigen Staaten ist die Sache des **Bundes**.

외국과의 관계를 유지하는 것은 연방 차원의 일이에요.

[참] Bundeskanzler *m.* 연방 수상 (총리) |
Bundesland *n.* 연방 주

Bürger

명 *m*
시민

Die **Bürgerinnen** und **Bürger** in Deutschland sind mit der öffentlichen Verwaltung weitgehend zufrieden.

독일 시민들은 공공 행정에 아주 만족하고 있어요.

[참] Bürgerinitiative *f.* 시민 단체

1 정치 · 행정 die Politik · die Verwaltung

Demokratie
명 *f*
민주주의

In einer **Demokratie** dürfen alle Menschen frei ihre Meinung sagen.
민주주의에서는 모든 사람들이 자유롭게 의견을 표현해요.

참 demokratisch 민주적인, 민주주의의

Diktator
명 *m*
독재자

Saddam Hussein war ein irakischer Politiker und **Diktator**.
사담 후세인은 이라크의 정치가이자 독재자였어요.

참 Diktatur *f.* 독재

Elterngeld
명 *n*
양육 수당

Man hat einen Anspruch auf **Elterngeld**, wenn man seine Kinder selbst betreut und erzieht.
자신의 자녀들을 직접 돌보고 양육하면 양육 수당을 요구할 수 있어요.

Emanzipation
명 *f*
(불평등, 억압으로부터의) 해방

Martin Luther King kämpfte für die politische **Emanzipation** der schwarzen Bevölkerung.
마틴 루터 킹은 흑인들의 정치적 해방을 위해 투쟁했어요.

참 emanzipiert 해방된 | Frauenbewegung *f.* 여성 해방 운동

ernennen
동
임명하다, 지명하다

Der Präsident hat ihn zum Außenminister **ernannt**.
대통령은 그를 외교부 장관으로 임명했어요.

참 Ernennung *f.* 임명

Etat
명 *m*
예산

Im Vergleich zum letzten Jahr ist der **Etat** um fast ein Viertel gesunken.
작년과 비교하면 예산이 거의 4분의 1정도 줄었어요.

유 Budget *n.* 예산

Fahne
명 *f*
기, 국기

Die deutsche **Fahne** besteht aus drei horizontalen Balken in den Farben schwarz, rot und gold.
독일 국기는 검은색, 빨간색과 금색으로 된 가로 막대로 되어 있어요.

유 Flagge *f.* 기, 국기

Freiheit
명 *f*
자유

Die Parole der Französischen Revolution lautete „**Freiheit**, Gleichheit, Brüderlichkeit".
프랑스 혁명의 슬로건은 '자유, 평등, 박애'였어요.

참 Meinungsfreiheit *f.* 의사 표현의 자유

Frieden
명 *m*
평화

Der Papst hat in seiner Weihnachtsbotschaft zu **Frieden** in Nahost und Jemen aufgerufen.
교황은 성탄 메시지로 중동과 예멘에서의 평화를 촉구했어요.

참 Friedensvertrag *m.* 평화 조약

Gemeinde
명 *f*
최소 행정 구역 단위,
지역 주민

Die ganze **Gemeinde** hat gespendet, um eine neue Kirchturmglocke zu finanzieren.
모든 지역 주민은 새로운 교회 종탑의 (설립) 자금을 대기 위해 기부했어요.

참 Gemeinschaft *f.* 공동체

1 정치 · 행정 die Politik · die Verwaltung

gleich-berechtigt

동등한 권리를 가진

In vielen Bereichen bemüht man sich darum, dass Frauen und Männer **gleichberechtigt** sind.
사람들은 많은 분야에서 여성과 남성의 평등을 위해 노력하고 있어요.

[반] diskriminiert 차별적인
[참] Gleichberechtigung *f.* 동등권, 평등권

Globalisierung

세계화, 지구화

Die weltweite **Globalisierung** hat maßgebliche Folgen für Politik und Wirtschaft.
전 세계의 지구화는 정치와 경제에 중대한 결과를 초래해요.

Hauptstadt

수도

Wien ist die **Hauptstadt** von Österreich.
빈은 오스트리아의 수도예요.

herrschen

지배하다

Wilhelm ll **herrschte** über dreißig Jahre über Deutschland und förderte den Militarismus.
빌헬름 2세는 30년이 넘도록 독일을 통치하고 군국주의를 장려했어요.

[참] Herrscher *m.* 지배자, 통치자 | Herrschaft *f.* 지배, 통치

kandidieren
동
입후보하다

Herr Schmidt **kandidierte** bei den Wahlen für unsere Partei.
슈미트 씨는 우리 당을 위해 선거에 출마했어요.

[참] Kandidat *m.* 후보자

Koalition
명 *f*
연정, 연맹

CDU-Kanzlerin Merkel geht zum dritten Mal eine große Koalition mit der SPD ein.
CDU의 메르켈 총리는 세 번째로 SPD와 대연정을 맺었어요.

🔍 CDU(Christlich Demokratische Union Deutschlands)는 독일의 기독교 민주당의 약자이고, SPD(Sozialdemokratische Partei Deutschlands)는 독일 사회 민주당의 약자예요.

König
명 *m*
왕

Könige gibt es nicht nur im Märchen, allein in Europa gibt es sieben Königreiche.
동화에서만 왕이 있는 것은 아닙니다. 유럽에만 해도 7개의 왕국이 있어요.

konservativ
형
보수적인

Bayern ist politisch konservativer als der Rest Deutschlands.
바이에른주는 나머지 독일 지역보다 정치적으로 더 보수적인 지역이에요.

반 liberal 진보적인

Korruption
명 *f*
부패

In den vergangenen Jahren haben die Anstrengungen gegen Korruption zugenommen.
지난 몇 년간 부패를 막기 위한 노력들이 늘고 있어요.

참 korrumpieren (도덕적으로) 썩게 하다 | korrumpiert 부패한

Krieg
명 *m*
전쟁

Die schöne Stadt ist durch den Krieg zerstört worden.
아름다운 도시가 전쟁으로 인해 파괴되었어요.

참 Weltkrieg *m.* 세계 대전

1 정치·행정 die Politik · die Verwaltung

Macht
명 f
권력

In der Türkei hat das Militär versucht, die **Macht** zu übernehmen.
터키에서 군대가 권력을 장악하려는 시도를 했어요.

참 Machtkampf *m.* 권력 투쟁 | Machtwechsel *m.* 권력 교체

Mehrheit
명 f
다수, 과반수

Die **Mehrheit** der Bevölkerung ist gegen das neue Gesetz.
국민의 대다수는 새로운 법을 반대해요.

반 Minderheit *f.* 소수

Militär
명 n
군, 군대

Mein Sohn ist dieses Jahr mit der Schule fertig und dann will er zum **Militär** gehen.
제 아들은 올해 학교를 마치고 난 후 군대에 가려고 해요.

유 Armee *f.* 군대
참 Militärdienst *m.* 군 복무 | Soldat *m.* 군인
🔍 독일 군대도 징병제예요.

Minister
명 m
장관

Die **Minister** werden nicht gewählt, die werden durch den Bundespräsidenten ernannt.
장관들은 선출되지 않고 연방 대통령에 의해 임명돼요.

참 Ministerium *n.* 행정부의 부

Nationalhymne
명 f
국가 (나라를 대표·상징하는 노래)

Heute singt man nur die dritte Strophe der deutschen **Nationalhymne**, weil die erste an die Nazizeit erinnert.
1절은 나치 시대를 연상시키기 때문에 오늘날 독일 사람들은 독일 국가의 3절만 불러요.

🔍 Hymne로 줄여서 표현하기도 해요.

Öffentlichkeit
명 (f)
대중, 여론

Wir hoffen auf eine breite Unterstützung der **Öffentlichkeit**.
우리는 대중들의 폭넓은 지지를 희망합니다.

offiziell
형
공식적인

Von **offizieller** Seite ist der Rücktritt des Präsidenten noch nicht bestätigt worden.
공식적으로는 대통령의 사임이 확인되지 않았어요.

[반] inoffiziell 비공식적인

Partei
명 (f)
정당

Nach den Hochrechnungen erhält seine **Partei** 133 Sitze im Parlament.
첫 번째 잠정 집계에 따르면 그의 당은 의회에서 133석을 차지해요.

[참] Parteimitglied *n.* 당원 | Parteivorsitzende *m.f.* 당 의장

Politik
명 (f)
정치, 정책

Der russische Präsident Putin wirft der türkischen Regierung eine **Politik** der Islamisierung vor.
러시아 대통령 푸틴은 터키 정부의 이슬람화 정책을 비난했어요.

[참] Politiker *m.* 정치가

Regierung
명 (f)
정부

Die **Regierung** hat beschlossen, die Hürden für die Einwanderung qualifizierter Arbeitnehmer zu senken.
정부는 고급 인력의 이민 장벽을 낮추기로 결정했어요.

[참] regieren 다스리다, 통치하다

1 정치 · 행정 die Politik · die Verwaltung

Revolution
명 *f*
혁명

Am 14. Juli 1789 ist in Paris die Französische **Revolution** ausgebrochen.
1789년 7월 14일 파리에서 프랑스 혁명이 일어났어요.

참 Putsch *m.* 쿠데타 | Revolutionär *m.* 혁명가 | revolutionär 혁명적인

Sozial-versicherung
명 *f*
사회 보장 보험

Die **Sozialversicherung** ist in Deutschland für jeden Bürger verpflichtend.
사회 보장 보험은 독일의 모든 시민이 의무적으로 가입해요.

참 Krankenversicherung *f.* 건강 보험 ➔ p.54
Unfallversicherung *f.* 재해 보상 보험 |
Rentenversicherung *f.* 연금 보험

Sprecher
명 *m*
대표, 대변인

Der **Sprecher** des Weißen Hauses hat am Freitag Medienberichte bestätigt.
백악관 대변인은 금요일에 언론 보도가 사실임을 확인해 주었어요.

Staat
명 *m*
국가

In einem demokratischen **Staat** werden Wahlen frei, allgemein, gleich und geheim durchgeführt.
민주 국가에서 선거는 자유롭고, 보편적이고, 평등하고, 비밀 투표로 치러져요.

참 Staatsangehörigkeit *f.* 국적

subventionieren
동
재정적으로 지원하다, 보조하다

Dieses Theater wird vom Staat **subventioniert**.
이 극장은 국가로부터 재정적인 지원을 받아요.

참 Subvention *f.* (공공단체나 국가의) 보조금

 독일에서는 대학교까지 모두 국공립이고 문화 시설이나 사우나까지 국가나 주 정부의 지원을 받아요.

Urkunde
명 f
증명서

Sie müssen **Urkunden** persönlich am Schalter der Antragsstelle abgeben.
당신은 증명서를 접수처 창구에 직접 제출해야 합니다.

Verwaltung
명 f
행정, 관리

Das Gebäude steht seit Kurzem unter staatlicher **Verwaltung**.
그 건물은 얼마 전부터 국가의 관리하에 있어요.

참 verwalten 관리하다

Vorschrift
명 f
규정

Viele Autofahrer halten sich nicht an **Vorschriften**.
많은 운전자들이 규정을 준수하지 않아요.

유 Anordnung f. 규정

Wahl
명 f
선거

In der Regel findet alle vier Jahre in Deutschland eine Bundestags**wahl** statt.
통상적으로 독일에서 4년마다 연방 의회 선거가 실시돼요.

참 Wähler m. 유권자 | Wahlkampf m. 선거전 | wählen 선출하다 ➡ p.181

Wiedervereinigung
명 f
재통일

Die deutsche **Wiedervereinigung** könnte ein großes Vorbild für Südkorea sein.
독일의 재통일은 한국에게 중요한 본보기가 될 수 있어요.

연습 문제
Übungen

1 다음 그림에 해당하는 단어를 찾아 쓰세요.

> die Fahne   der Soldat   die Wahl   der Krieg

(1) (　　　　)　(2) (　　　　)　(3) (　　　　)　(4) (　　　　)

2 관련 있는 말끼리 연결하세요

(1) die Abgeordneten •　　　　　• ① ausfüllen

(2) einen Antrag •　　　　　　• ② wählen

(3) die Minister •　　　　　　　• ③ ernennen

(4) Formulare •　　　　　　　　• ④ stellen

3 빈칸에 들어갈 알맞은 단어를 고르세요.

> Wien ist _____ von Österreich.

① die Regierung   ② die Nationalhymne   ③ die Hauptstadt

4 다음 설명이 가리키는 것을 찾아 쓰세요.

> die Vorschrift   die Bevölkerung
> die Koalition   die Bescheinigung

(1) Die Gesamtheit der Einwohner eines Gebietes. (　　　　)

(2) Ein Dokument, durch das etwas offiziell bestätigt wird.
　　　　　　　　　　　　　　　　　　　　　　(　　　　)

(3) Eine Bestimmung, die besagt, was man in einem bestimmten Fall tun muss (　　　　)

(4) Ein Bündnis meist zwischen Parteien, die zusammen eine Regierung bilden (　　　　)

2 법·외교
die Justiz · die Diplomatie

 track 044

Angeklagte
명 *m* *f*
(형사 소송의) 피고인

Der **Angeklagte** wurde noch am Tatort festgenommen und sitzt seit dem Vorfall im Januar in Untersuchungshaft.
피고인은 현장에서 체포되었고 사건이 일어난 1월부터 구금되어 있어요.

- 유 Beschuldigter *m.* 피의자, 피고인
- 반 Ankläger *m.* 원고

Aussage
명 *f*
진술

Ein Beschuldigter hat in jeder Phase des Verfahrens das Recht, die **Aussage** zu verweigern.
피의자는 소송의 모든 단계에서 진술을 거부할 권리가 있어요.

- 참 Schweigerecht *n.* 묵비권

Außenminister
명 *m*
외교부 장관

Ein **Außenminister** ist für die Beziehung eines Landes mit anderen Staaten zuständig.
외교부 장관은 한 국가와 다른 국가와의 관계를 담당해요.

- 참 Außenministerium *n.* 외교부 | Außenpolitik *f.* 외교 정책

Bewährung
명 *f*
집행 유예

Er bekam zwei Jahre auf **Bewährung** wegen Körperverletzung.
폭행으로 그는 2년의 집행 유예를 선고받았어요.

Beweis
명 *m*
증거

Der Anwalt legte die **Beweise** für die Unschuld seines Mandanten vor.
변호사는 의뢰인의 무죄를 입증하기 위한 증거들을 제시했어요.

- 참 beweisen 증명하다

X. 국가 der Staat

2 법·외교 die Justiz · die Diplomatie

Botschaft
명 (f)
대사관

Als ich in Deutschland meinen Pass verloren hatte, wandte ich mich an die koreanische **Botschaft** in Berlin.
독일에서 여권을 분실했을 때, 나는 베를린 주재 한국 대사관에 문의했어요.

 Botschafter m. 대사

diplomatisch
형
외교적인

Der Konflikt um den Atomstreit soll auf **diplomatischem** Weg gelöst werden.
핵 분쟁에 관한 갈등은 외교적으로 해결되어야 해요.

 Diplomatie f. 외교 | Diplomat m. 외교관 ➔ p.67

Freiheitsstrafe
명 (f)
징역형, 금고형

Er wurde wegen schweren Raubes zu einer **Freiheitsstrafe** von sechs Jahren verurteilt.
그는 중대한 강도 사건으로 6년 형을 선고받았어요.

freisprechen
동
무죄 판결을 내리다

Der Angeklagte wurde wegen Mangels an Beweisen **freigesprochen**.
피고는 증거 불충분으로 무죄 판결을 받았어요.

 Freispruch m. 무죄 판결

Gefängnis
명 (f)
교도소, 감옥

Der Verbrecher sitzt seit ein paar Monaten im **Gefängnis**.
그 범죄자는 몇 달 전부터 교도소에 수감되어 있어요.

Gericht
명 (n)
법원, 재판부

Das **Gericht** will am Mittwoch seinen Beschluss bekannt geben.
법원은 수요일에 판결을 선고하려고 해요.

🔍 '요리', '음식'의 뜻으로도 쓰여요.

Gesetz
명 (n)
법, 법률

Das **Gesetz** zur Flexibilisierung der Arbeitszeit wurde im Parlament beschlossen.
탄력적 근로 시간제에 대한 법안이 의회에서 통과되었어요.

참 gesetzlich 법률의 | Gesetzgeber *m.* 입법자

Haft
명 (f)
체포, 구금

Für den Diebstahl hat er zwei Jahre **Haft** bekommen.
절도로 그는 2년 징역형을 선고받았어요.

참 verhaften 체포하다 | Häftling *m.* 죄수

juristisch
형
법률의, 법적인

Juristisch gesehen ist das eine eindeutige Erpressung.
법적으로 볼 때 그것은 명백한 협박이에요.

참 Justiz *f.* 사법(부) | Jurist *m.* 법률가, 법학도 | Jura 법학 | Erpressung 협박

klagen
동
고소하다, 소송을 제기하다

Die Verbraucherzentrale hat gegen die Firma **geklagt**.
소비자 단체가 그 회사를 상대로 소송을 제기했어요.

🔍 '한탄하다', '불평을 토로하다'의 뜻으로도 쓰여요.

2 법 · 외교 die Justiz · die Diplomatie

lebenslänglich
형
종신의

In einem Land ohne Todesstrafe ist die **lebenslängliche** Freiheitsstrafe die höchste Strafe.
사형 제도가 없는 국가에서는 종신형이 최고 형량이에요.

유 lebenslang 종신의

Mandant
명 *m*
(소송) 의뢰인

Manchmal sind **Mandanten** mit der Arbeit ihres Anwalts unzufrieden.
때때로 의뢰인들은 변호사가 한 일의 결과에 만족하지 않아요.

Menschen-recht
명 *n*
인권

Menschenrechte werden weltweit fast jeden Tag verletzt.
전 세계적으로 인권이 거의 매일 침해당해요.

Notar
명 *m*
공증인

Der **Notar** garantiert, dass das Testament rechtlich einwandfrei ist.
공증인은 그 유언장이 법적으로 하자가 없음을 보증해요.

참 notariell 공증을 통한

Paragraph
명 *m*
조항

Welche Gesetze und **Paragraphen** regeln Verschwiegenheitspflichten und Ausnahmen?
어떤 법률과 조항이 비밀 엄수 의무와 예외를 규정하고 있죠?

Prozess
 m
소송, 재판

Wenn man einen **Prozess** verliert, muss man die gegnerischen Anwaltskosten in voller Höhe tragen.
만약 소송에서 패소하면, 상대방의 변호사 비용을 전액 부담해야만 해요.

참 Zivilprozess *m.* 민사 소송 | Strafprozess *m.* 형사 소송

Recht
 n
법, 권리

Frauen müssen für ihre **Rechte** kämpfen, sonst ändert sich nichts.
여성들은 자신들의 권리를 위해 투쟁해야 해요. 그렇지 않으면 아무것도 변하지 않아요.

참 Verkehrsrecht *n.* 교통법 | Arbeitsrecht *n.* 노동법

Richter
 m
판사

Die **Richter** haben die Pflicht, ein gerechtes Urteil für alle beteiligten Parteien zu sprechen.
판사는 모든 당사자에게 공정한 판결을 내릴 의무가 있어요.

참 Staatsanwalt *m.* 검사 | Rechtsanwalt *m.* 변호사 ➔ p.72

schuldig

유죄의

Das Amtsgericht hat den LKW-Fahrer **schuldig** gesprochen.
지방 법원은 트럭 운전사에게 유죄를 선고했어요.

반 unschuldig 무죄의 | Schuld *f.* 죄, 책임

Strafe
 f
벌, 형벌

Bei Fahrerflucht droht eine **Strafe** in Form einer Geldzahlung oder Freiheits**strafe**.
뺑소니 운전으로 벌금형이나 징역형에 처해질 수 있어요.

참 Todesstrafe *f.* 사형 | Geldstrafe *f.* 벌금형

2 법 · 외교 die Justiz · die Diplomatie

Urteil
명 (n)
판결

Die Staatsanwaltschaft will gegen das Urteil die Berufung einlegen.
검찰은 판결에 불복하여 항소하려고 해요.

참 verurteilen 판결을 내리다 | Urteilsbegründung f. 판결의 이유

Verdacht
명 (m)
혐의, 의혹, 의심

Nach Angaben der Polizei steht der Mann im Verdacht, mit Drogen gehandelt zu haben.
경찰의 발표에 따르면 이 남자는 마약을 거래한 혐의를 받고 있어요.

참 verdächtigen 혐의를 두다 | Verdächtige m.f. 혐의자

Verfassung
명 (f)
헌법

Verfassungen sind das Fundament, auf das sich ein Staatswesen gründet.
헌법은 한 국가가 건립되는 토대가 돼요.

참 verfassungsgemäß 합헌의 | verfassungswidrig 위헌의

🔍 '기분'이나 '몸의 상태'라는 의미로도 쓰여요.

verteidigen
동
변호하다

Unsere Kanzlei verteidigt Sie gegen den Vorwurf der Steuerhinterziehung.
우리 변호사 사무실은 탈세 혐의에 대해 당신을 변호해 드릴 겁니다.

Zeuge
명 (m)
증인

Ein Zeuge hat sich bei der Polizei gemeldet und ein zufällig gemachtes Foto gezeigt.
한 증인이 경찰에 연락해서 우연히 찍은 사진을 보여 줬어요.

참 Zeugenaussage f. 증인 진술 | Augenzeuge m. 목격자

1 다음 그림에 해당하는 단어를 찾아 쓰세요.

> der Diplomat　　das Gefängnis　　das Gericht　　der Richter

(1) ＿＿＿＿＿＿　(2) ＿＿＿＿＿＿　(3) ＿＿＿＿＿＿　(4) ＿＿＿＿＿＿

2 나머지와 관련 없는 것을 고르세요.

(1) ① Angeklagte　　② Beschuldigter　　③ Ankläger

(2) ① Außenminister　　② Staatsanwalt　　③ Botschafter

(3) ① Verkehrsrecht　　② Mandant　　③ Rechtsanwalt

3 빈칸에 들어갈 알맞은 말을 골라 문장을 완성하세요.

(1) Ein Autounfall ist passiert. Gibt es ＿＿＿＿＿＿ für den Unfall?
　① Urteil　　② Zeugen　　③ Verdacht

(2) Man darf nicht vergessen, dass Mobbing eine Verletzung der ＿＿＿＿＿＿ ist.
　① Verfassung　　② Menschenrechte　　③ Bewährung

(3) Der Richter hat eine harte ＿＿＿＿＿＿ über den Angeklagten verhängt.
　① Strafe　　② Notar　　③ Schuld

(4) Tiere sind keine Sachen. Sie werden durch besondere ＿＿＿＿＿＿ geschützt.
　① Beweise　　② Prozesse　　③ Gesetze

3 노동 · 경제
die Arbeit · die Wirtschaft

 track 045

Abteilung
명 *f*
부서, 과

Ich möchte gern wissen, wofür die **Abteilung** zuständig ist.
그 부서가 무엇을 담당하는지 알고 싶어요.

참 Personalabteilung *f.* 인사부 | Abteilungsleiter *m.* 부서장

Aktie
명 *f*
주식

Die **Aktie** fällt auf den tiefsten Stand seit Jahren.
그 주식은 몇 년 새 가장 낮은 수준으로 떨어졌어요.

참 Börse *f.* 증권 거래소 | Aktienkurs *m.* 주식 시세

Arbeitsamt
명 *n*
고용 센터

Wer seine Beschäftigung verloren oder freiwillig gekündigt hat, muss sich beim **Arbeitsamt** melden.
직장을 잃었거나 스스로 그만둔 사람은 고용 센터에 신고를 해야 해요.

🔍 2004년부터 Agentur für Arbeit (AA)로 정식 명칭이 변경되었지만, 여전히 통용되는 용어예요.

Arbeitsvertrag
명 *m*
근로 계약서

Bevor man seinen **Arbeitsvertrag** unterschreibt, sollte man ihn genau prüfen.
근로 계약서에 서명하기 전에 자세히 검토해야 해요.

참 Arbeitskraft *f.* 노동력 | Arbeitgeber *m.* 사용자 ➡ p.65

Aufschwung
명 *m*
경기 활성, 호황

Zahlreiche Wirtschaftsforscher sagen einen langen **Aufschwung** voraus.
많은 경제 연구가들이 장기간의 호황을 예측해요.

참 Konjunktur *f.* 경기

ausführen

수출하다

Wir haben im Wert von 6,4 Milliarden Euro Fahrzeuge nach China **ausgeführt**.

우리는 가액으로 64억 유로어치의 자동차를 중국으로 수출했어요.

- 유 exportieren 수출하다
- 반 einführen 수입하다
- 참 Ausfuhr *f.* 수출

Aushilfe

임시직 노동자

Wir suchen dringend eine **Aushilfe** für das Wochenende.

우리는 주말에 일할 임시직 노동자를 급하게 찾아요.

- 유 Aushilfskraft *f.* 임시직 노동자

befristet

기한부의

Mein **befristeter** Arbeitsvertrag endet in einigen Wochen.

나의 기간제 근로 계약은 몇 주 안에 종료돼요.

- 반 unbefristet 무기한의

Betrieb

회사, 사업장, 경영

Der **Betrieb** beschäftigt zur Zeit 12 Mitarbeiter, davon 2 Auszubildende.

현재 회사는 2명의 직업 훈련생을 포함하여 12명의 직원을 채용하고 있어요.

- 참 Betriebswirtschaftslehre (BWL) *f.* 경영학

Darlehen

대출

Er finanziert den Wohnungskauf mit einem **Darlehen**.

그는 대출로 주택을 구입해요.

- 관 ein Darlehen aufnehmen 대출받다

노동 · 경제 die Arbeit · die Wirtschaft

entlassen
동
해고하다

Wegen der wirtschaftlichen Krise hat die Firma viele Mitarbeiter **entlassen**.
회사는 경제 위기로 많은 직원을 해고했어요.

참 Entlassung *f.* 해고

'병원에서 퇴원시키다'의 뜻도 있어요. ➡ p.51

Filiale
명 *f*
지점, 지사

Die Bank hat mehrere **Filialen** in der Innenstadt.
그 은행은 시내에 여러 개의 지점을 가지고 있어요.

유 Zweigstelle *f.* 지점

Fortbildung
명 *f*
연수, 재교육

In diesem Jahr haben vier Mitarbeiter an der **Fortbildung** teilgenommen.
올해 네 명의 직원이 연수에 참여했어요.

유 Weiterbildung *f.* 재교육

Gewerkschaft
명 *f*
노동조합

Die **Gewerkschaft** hat Warnstreiks für den kommenden Montag beschlossen.
노동조합은 오는 월요일에 경고 파업을 하기로 결정했어요.

참 Lohnverhandlung *f.* 임금 협상

Gewinn
명 *m*
이익

Die **Gewinne** des Autoherstellers Daimler sind im vergangenen Jahr zurückgegangen.
자동차 회사인 다임러 사의 작년 이익이 줄었어요.

참 Dividende *f.* 이익 배당금

Handel
명 *m*
거래

Der lokale **Handel** schafft wichtige Arbeitsplätze in den Städten.
지역 내 거래는 도시에서 중요한 일자리를 창출해요.

참 Außenhandel *m.* 국제 무역 | Händler *m.* 상인

Industrie
명 *f*
산업

Viele IT-Unternehmen bieten bereits Dienstleistungen und Produkte für **Industrie** 4.0 an.
많은 IT 기업들은 이미 4차 산업을 위한 서비스와 제품을 제공해요.

참 industriell 산업의

---

investieren
동
투자하다

Die Firma hat viel Geld in die Forschung **investiert**.
회사는 많은 돈을 연구에 투자했어요.

유 anlegen 투자하다
참 Investition *f.* 투자 | Investor *m.* 투자자

Kapital
명 *n*
자본, 재산

Mein Vater hat sein **Kapital** in Immobilien angelegt.
제 아버지는 재산을 부동산에 투자했어요.

참 Kapitalismus *m.* 자본주의 | kapitalistisch 자본주의의
🔍 Kapitel(챕터)과 혼동하기 쉬워요.

Lebenslauf
명 *m*
이력서

Der **Lebenslauf** ist der wichtigste Teil der Bewerbung.
이력서는 입사 지원을 위한 가장 중요한 서류예요.

X. 국가 der Staat

3 노동 · 경제 die Arbeit · die Wirtschaft

Lohn
명 *m*
임금(생산직)

In Korea sind die **Löhne** in den letzten Jahren kontinuierlich gestiegen.
한국에서 최근 몇 년간 임금이 꾸준히 상승했어요.

- 유 Gehalt *n*. 급여(사무직)
- 참 Stundenlohn *m*. 시간당 임금

Rente
명 *f*
연금

Wer nicht mehr arbeitsfähig ist, kann frühzeitig eine **Rente** beantragen.
더 이상 일을 할 수 없는 사람은 조기 연금을 신청할 수 있어요.

- 유 Pension *f*. 연금 ➜ p.274
- 관 in Rente gehen 은퇴하다
- 참 Rentner *m*. 연금 생활자 | Rentenversicherung *f*. 연금 보험

Schulden
명 *pl*
부채, 빚

Ich steckte damals bis über die Ohren in **Schulden** und sah keinen Ausweg.
그 당시 나는 빚을 잔뜩 지고 있었고 아무런 해결책(탈출구)이 없었어요.

- 관 bis über die Ohren in Schulden stecken 빚을 잔뜩 지다
- 참 Schuldner *m*. 채무자 | Gläubiger *m*. 채권자

Stellenanzeige
명 *f*
구인 광고

Die **Stellenanzeige** enthält Informationen über die Anforderungen, die an die Bewerber gestellt werden.
구인 광고에는 지원자들에게 요구되는 정보가 들어 있어요.

Steuer
명 *f*
세금

Er behauptet, dass die **Steuer** auf Tabakwaren und Alkohol noch erhöht werden soll.
그는 담배와 술에 대한 세금이 더 인상되어야 한다고 주장해요.

- 참 Lohnsteuer *f*. 근로 소득세 | Mehrwertsteuer *f*. 부가 가치세
- 🔍 중성으로 쓰이면 '핸들', '운전대'의 뜻이에요.

Unternehmen
명 (n)
기업

Die deutsche Fluggesellschaft Lufthansa war früher ein staatliches **Unternehmen**.
독일 항공사인 루프트한자는 예전에 국영 기업이었어요.

[참] Unternehmer *m.* 기업가
🔍 동사로 쓰이면 '일을 벌이다', '계획하다'의 뜻이에요.

---

verbrauchen
동
소비하다

Viele Menschen leben heute umweltbewusster und denken mehr über das nach, was sie **verbrauchen**.
오늘날 많은 사람들은 환경에 대한 의식을 가지고 살며 그들이 무엇을 소비하는지에 대해 더 많이 숙고해요.

[유] konsumieren 소비하다
[참] Verbraucherzentrale *f.* 소비자 단체 | Verbraucher *m.* 소비자 ➡ p.181

Vorstellungs-gespräch
명 (n)
면접

Eine gepflegte Erscheinung ist wichtig beim **Vorstellungsgespräch**.
면접 때는 용모를 단정히 하는 것이 중요해요.

Wachstum
명 (n)
성장

Das wirtschaftliche **Wachstum** dieses Jahres blieb hinter den Erwartungen zurück.
올해의 경제 성장은 기대에 미치지 못했어요.

[참] wachsen 성장하다

Zins
명 (m)
이자

Die **Zinsen** sind zur Zeit sehr niedrig.
현재 이자가 아주 낮아요.

[참] Zinssatz *m.* 이율 | Zinssenkung *f.* 금리 인하 | Zinserhöhung *f.* 금리 인상
🔍 주로 복수로 써요.

연습 문제
Übungen

1 다음 그림에 해당하는 표현을 찾아 쓰세요.

> die Börse　　　　　das Vorstellungsgespräch
> das Unternehmen　　die Gewerkschaft

(1) 　(2) 　(3) 　(4)

_____　　_____　　_____　　_____

2 서로 반의어가 <u>아닌</u> 것을 고르세요.

① der Schuldner - der Gläubiger
② der Arbeitgeber - der Arbeitnehmer
③ die Fortbildung - die Weiterbildung
④ exportieren - einführen

3 다음 빈칸에 알맞은 철자를 넣어 십자 퍼즐을 완성한 후, 그에 해당하는 우리말 뜻을 고르세요.

```
        │ │w│e│ │i│g│s│t│e│l│l│e│
  │A│b│t│e│ │l│u│n│g│
        │K│o│ │j│u│n│k│t│u│r│
│b│e│f│r│i│ │t│e│t│
```

① 주식　　② 이자　　③ 대출　　④ 임금

4 빈칸에 들어갈 알맞은 말을 고르세요.

> Mein Vater geht in zehn Monaten in _____, aber hat weder Pläne noch Hobbys. Ich habe Angst, dass er vollkommen vereinsamt, sobald er in _____ ist und dann nicht mal Kontakt zu Kollegen hat.

① Wachstum　　② Gehalt　　③ Steuer　　④ Rente

4 범죄 · 이민
die Kriminalität · die Immigration

Attentat
명 (n)
암살

Das **Attentat** war scheinbar nicht politisch motiviert.
그 암살은 정치적인 동기 때문이 아니었던 것 같아요.

참 Selbstmordattentat n. 자살 폭탄 테러

Aufenthaltserlaubnis
명 (f)
체류 허가(증)

Ein Student mit Studentenvisum kann keine unbefristete **Aufenthaltserlaubnis** erhalten.
학생 비자를 가진 대학생은 무기한의 체류 허가를 받을 수 없어요.

유 Aufenthaltsgenehmigung f. 체류 허가

Ausländer
명 (m)
외국인

Heute leben viele **Ausländer** aus Südostasien in Korea.
오늘날 동남아시아 출신의 많은 외국인들이 한국에 살아요.

참 Ausländerfeindlichkeit 외국인 혐오

🔍 Ausland는 '외국'의 뜻이고 복수형이 없어요. Ausländer를 Ausland의 복수형으로 잘못 혼동하기 쉬워요.

auswandern
동
(외국으로) 이주하다

In der 2. Hälfte des 19. Jahrhunderts sind viele Deutsche nach Amerika **ausgewandert**.
19세기 후반에 많은 독일인들이 미국으로 이주했어요.

반 einwandern (국내로) 이주하다

Dieb
명 (m)
도둑

Die Polizei hat den **Dieb** erwischt.
경찰이 도둑을 잡았어요.

참 Diebstahl m. 도둑질, 절도

X. 국가 der Staat   321

4 범죄 · 이민 die Kriminalität · die Immigration

diskriminieren

차별하다

Niemand darf wegen seiner Hautfarbe **diskriminiert** werden.
그 누구도 피부색 때문에 차별받아서는 안 돼요.

- 윤 benachteiligen 불이익을 주다
- 참 Diskriminierung *f.* 차별 | gleichberechtigt 동등한 권리를 가진 ➡ p.300

die Dritte Welt
제3세계

Viele Menschen in **der dritten Welt** leiden unter Hunger.
제3세계에서 많은 사람들은 굶주림에 시달려요.

- 참 Armut *f.* 빈곤

einbürgern

시민권을 부여하다, 귀화시키다

Die Tennisspielerin wurde in den USA **eingebürgert**.
그 테니스 선수는 미국으로 귀화했어요.

- 참 Einbürgerung *f.* 귀화

Geisel

인질

Der Bankräuber hat eine Frau als **Geisel** genommen.
그 은행 강도는 한 여성을 인질로 잡았어요.

- 참 entführen 납치하다 | Geiselnehmer *m.* 인질범

Gewalt

폭력

Ich bin gegen jede Art von **Gewalt**.
난 모든 형태의 폭력에 반대해요.

- 참 Vergewaltigung *f.* 성폭행 | gewalttätig 폭력적인 | gewaltig 강력한

illegal

불법의

Sie wurde wegen des Verdachts **illegalen** Drogenhandels festgenommen.
그는 불법적인 마약 거래 혐의로 체포됐어요.

[반] legal 합법의
[참] Illegalität *f.* 불법

Integration

통합

Integration ist eine langfristige Aufgabe, die nicht von heute auf morgen vollzogen werden kann.
통합은 하루아침에 완성될 수 없는 장기적인 과제예요.

[관] von heute auf morgen 하루아침에, 단기간에

kriminell

범죄의

Eine solche Tat halte ich jedenfalls für **kriminell**.
난 그와 같은 행위를 어쨌든 범죄라고 생각해요.

[유] verbrecherisch 범죄의

misshandeln

학대하다

Haustiere werden oft von den Besitzern **misshandelt**.
애완동물은 종종 소유주로부터 학대를 받아요.

[참] Misshandlung *f.* 학대

Mörder

살인자

Der **Mörder** wird mit lebenslanger Freiheitsstrafe bestraft.
그 살인자는 무기 징역을 선고받았어요.

[참] Mord *m.* 살인 | Selbstmord *m.* 자살 | ermorden 살해하다

X. 국가 der Staat

4 범죄 · 이민 die Kriminalität · die Immigration

multikulturell

다문화의

Heutzutage leben wir in einer **multikulturellen** Gesellschaft.
오늘날 우리는 다문화 사회에 살고 있어요.

Opfer
명 *n*
희생자

Wenn Sie **Opfer** von Cyber-Kriminalität geworden sind, erstatten Sie Strafanzeige bei der Polizei.
사이버 범죄의 희생자가 되었다면 경찰에 고발하세요.

참 eine Strafanzeige erstatten 고발하다

rassistisch

인종 차별의

Viele Diskriminierungen haben einen **rassistischen** Hintergrund.
많은 차별은 인종 차별적인 배경을 가지고 있어요.

참 Rassismus *m.* 인종 차별주의 | Rassist *m.* 인종 차별주의자

schmuggeln
동
밀수하다

Ein Mann hat versucht, Zigaretten über die Grenze zu **schmuggeln**.
한 남자가 국경을 넘어 담배를 밀수하려고 했어요.

참 Schmuggel *m.* 밀수 | Schmuggler *m.* 밀수업자

stehlen

훔치다

Räuber fuhren mit ihren Wagen ins Schaufenster des Juweliers, um Uhren und Schmuck zu **stehlen**.
강도는 시계와 보석을 훔치기 위해 보석상의 쇼윈도를 향해 차를 몰았어요.

Täter
명 *m*
범인

Der mutmaßliche Täter hat viele Vorstrafen.
그 범죄 용의자에게는 많은 전과가 있어요.

참 Tat *f.* 범행 | Tatort *m.* 범행 장소, (범행) 현장

Terroranschlag
명 *m*
테러 공격

Bei einem Terroranschlag in Bagdad sind mindestens 18 Menschen ums Leben gekommen.
바그다드에서 테러 공격으로 최소 18명이 사망했어요.

참 ums Leben kommen 죽다, 사망하다

töten
동
죽이다

Sie hat den Täter in Notwehr getötet.
그녀는 정당방위로 범인을 죽였어요.

유 umbringen 죽이다
참 tot 죽은 | Tod *m.* 사망 ➡ p.85

Verbrechen
명 *n*
범죄

Das Kind wurde Opfer eines brutalen Verbrechens.
그 아이는 잔인한 범죄의 희생자가 되었어요.

참 Verbrecher *m.* 범죄자

Waffe
명 *f*
무기

Polizisten dürfen künftig auch außerhalb der Dienstzeit ihre Waffen tragen.
경찰관은 앞으로 근무 시간 외에도 무기를 소지할 수 있어요.

참 Pistole *f.* 권총

연습 문제
Übungen

1 다음 그림에 해당하는 표현을 찾아 쓰세요.

> die Gewalt   der Tod   die Waffe   der Bankräuber

(1) _____ (2) _____ (3) _____ (4) _____

2 유의어끼리 연결하세요.

(1) kriminell   •   • ① benachteiligen
(2) töten   •   • ② verbrecherisch
(3) erlauben   •   • ③ umbringen
(4) diskriminieren   •   • ④ genehmigen

3 빈칸에 들어갈 알맞은 말을 고르세요.

(1) Mein neues Fahrrad ist schon wieder gestohlen worden. Ich will _____ bei der Polizei anzeigen.

　① den Diebstahl　② die Illegalität　③ die Misshandlung

(2) In Berlin gab es in der Nacht zu Donnerstag einen Überfall auf einen Juwelier, _____ konnte unerkannt flüchten.

　① der Mörder　② der Täter　③ der Geiselnehmer

(3) Wenn man dauerhaft in Deutschland lebt, kann man sich unter bestimmten Voraussetzung _____ lassen.

　① schmuggeln　② einbürgern　③ einwandern

XI. 대중 매체 · 의사소통
die Massenmedien · die Kommunikation

1. 컴퓨터 · TV der Computer · der Fernseher
2. 전화 · 우편 das Telefon · die Post
3. 이메일 쓰기 eine E-Mail schreiben
4. 토론 · 대화 die Diskussion · das Gespräch
5. 프레젠테이션 die Präsentation

1 컴퓨터 · TV

der Computer · der Fernseher

 track 047

Ansager/in

아나운서

Margit Schaumäker, die erste **Ansagerin** des DDR-Fernsehens, ist im Alter von 87 Jahren gestorben.

구 동독에서 최초의 TV 아나운서였던 마르기트 샤우메커가 87세의 나이로 사망했어요.

🔍 DDR은 구 동독(Deutsche Demokratische Republik)의 약자예요.

Anschluss

연결, 접속

Sie haben das Komplettpaket aus Festnetz, Internet und Fernsehen bestellt, der **Anschluss** wird am Montag freigeschaltet.

당신은 유선 전화, 인터넷과 TV가 포함된 패키지 상품을 주문하셨고, 월요일에 연결이 됩니다.

aufnehmen

촬영하다

Der Ort ist berühmt geworden, wo das Drama **aufgenommen** wurde.

그 드라마를 촬영한 장소가 유명해졌어요.

참 Aufnahme *f.* 촬영, 녹음 | Videoaufnahme *f.* 동영상 촬영

Bildschirm

모니터

Wer am **Bildschirm** tätig ist, sollte sich regelmäßig vom Augenarzt untersuchen lassen.

모니터 앞에서 일하는 사람은 정기적으로 안과 검진을 받아야 해요.

Chat

채팅

Martin hat seine Freundin im Internet im **Chat** kennengelernt.

마틴은 인터넷 채팅으로 여자 친구를 사귀었어요.

참 chatten 채팅하다

Computer

 m

컴퓨터

Die Auswirkungen des **Computers** auf unsere Gesellschaft sind gravierend und vielfältig.

컴퓨터가 우리 사회에 끼치는 영향은 중대하고 다양해요.

🔍 중성으로 잘못 혼동하기 쉬워요.

Computerspiel

 n

컴퓨터 게임

Die Zahl der Kinder, die von **Computerspielen** abhängig sind, steigt Jahr für Jahr.

컴퓨터 게임에 중독된 어린이의 수가 해마다 늘고 있어요.

참 Computerisierung *f.* 전산화 | computergesteuert 컴퓨터로 조정되는

Datei

 f

파일

Es ist nicht schwer, eine **Datei** von der Festplatte auf einen USB-Stick zu kopieren.

파일을 하드 디스크에서 USB로 옮기는 것은 어렵지 않아요.

Daten

 pl

데이터

Immer mehr Menschen machen sich Sorgen wegen der eigenen persönlichen **Daten** im Internet.

점점 더 많은 사람들이 인터넷에 있는 자신의 개인 정보 때문에 걱정을 해요.

참 Datenschutz *m.* 정보 보호 | Datenbank *f.* 데이터베이스

Digitalisierung

 f

디지털화

Die **Digitalisierung** verändert nach und nach alle Bereiche des Lebens.

디지털화는 삶의 모든 분야를 서서히 변화시키고 있어요.

참 nach und nach 서서히, 점차

1 컴퓨터 · TV der Computer · der Fernseher

Dokumentation
명 (f)
다큐멘터리

Heute Abend läuft im Fernsehen eine spektakuläre Dokumentation.
오늘 저녁에 TV에서 흥미로운 다큐멘터리가 방영돼요.

참 dokumentarisch 기록에 의한

Drucker
명 (m)
프린터

Sie können durch Drucken einer Testseite überprüfen, ob der Drucker funktioniert.
테스트 페이지를 인쇄하여 프린터기가 작동하는지 확인할 수 있어요.

참 drucken 프린트하다

eingeben
동
입력하다

Geben Sie zunächst Ihren Namen, Ihr Geschlecht und Ihr Geburtsdatum ein.
먼저 당신의 이름, 성별 그리고 생년월일을 입력하세요.

참 Eingabe f. 입력

sich einloggen
동
로그인하다

Loggen Sie sich wie gewohnt mit Ihrer E-Mail-Adresse ein.
늘 그랬듯이 당신의 이메일로 로그인하세요.

반 sich ausloggen 로그아웃하다

Geheimnummer
명 (f)
비밀번호

Ändern Sie Ihre Geheimnummer in regelmäßigen Abständen.
비밀번호를 정기적으로 변경하세요.

herunterladen

동

다운로드하다, 내려받다

Ich suche eine Seite, wo man Musik kostenlos **herunterladen** kann.

난 음악을 무료로 다운로드할 수 있는 사이트를 찾아요.

반 hochladen 업로드하다

Internet

명 *n*

인터넷

Ich habe im **Internet** Ihre Seite gefunden und interessiere mich für Ihre Produkte.

귀하의 사이트를 인터넷에서 찾았으며, 귀하의 제품에 관심이 있어요.

Internetnutzer

명 *m*

인터넷 사용자

Jeder **Internetnutzer** kann zum Ziel krimineller Hacker werden.

모든 인터넷 사용자는 해커의 범죄 표적이 될 수 있어요.

참 Internetnutzung *f.* 인터넷 사용

klicken

동

클릭하다

Klicken Sie auf die Zurück-Schaltfläche, um auf die vorige Seite zurückzukehren.

이전 페이지로 돌아가려면 뒤로 가기 버튼을 클릭하세요.

Kommentar

명 *m*

논평, 의사 표시

Ich möchte auch einen **Kommentar** zum Thema schreiben.

나도 그 주제에 관한 의사 표시로 무엇인가 쓰고 싶어요.

XI. 대중 매체 · 의사소통 die Massenmedien · die Kommunikation

1 컴퓨터 · TV der Computer · der Fernseher

kopieren

복사하다

Ich habe dir die Daten auf einen USB-Stick **kopiert**.
내가 너에게 USB에 데이터를 복사해 줬어.

참 Kopierer *m.* 복사기 | Kopiergerät *n.* 복사기

löschen

삭제하다

Sie können mehrere Dateien gleichzeitig **löschen**.
동시에 여러 개의 파일을 삭제할 수 있어요.

'불을 끄다'라는 뜻으로도 쓰여요.

Massenmedium
 (n)
대중 매체, 매스 미디어

Massenmedien haben einen großen Einfluss auf die öffentliche Meinung.
대중 매체는 여론에 큰 영향을 미쳐요.

복수는 Massenmedien이에요.

Maus
명 *(f)*
마우스

Eine drahtlose **Maus** ist schon ganz praktisch.
무선 마우스는 아주 편리해요.

Moderator
 (m)
사회자, 프로그램 진행자

Er ist ein beliebter **Moderator** einer Sportsendung.
그는 한 스포츠 프로그램의 인기 있는 진행자예요.

참 moderieren 프로그램을 진행하다

Nachrichten
명 *(pl)*
뉴스

In den **Nachrichten** habe ich gehört, wer heute bei der Wahl gewonnen hat.
뉴스에서 오늘 누가 선거에서 승리했는지 들었어요.

 Nachricht는 '소식'이라는 뜻도 있어요. '뉴스'라는 의미로 쓰이면 항상 복수로 써요.

Passwort
명 *(n)*
패스워드, 암호

Falls Sie Ihr **Passwort** vergessen haben, klicken Sie hier.
패스워드를 잊어버린 경우에 여기를 클릭하세요.

Rundfunk
명 *(m)*
라디오 방송

Der bayerische **Rundfunk** bietet regionale Informationen aus ganz Bayern.
바이에른 라디오 방송사는 바이에른 전 지역의 정보를 제공해요.

Sender
명 *(m)*
방송사

Das ZDF ist ein öffentlich-rechtlicher **Sender**.
ZDF는 공영 방송사예요.

 Sendung *f.* 방송 프로그램

---

speichern
동
저장하다

Klicken Sie einfach auf Download und **speichern** Sie die Vorlage auf Ihrem Computer.
다운로드를 클릭하고 샘플을 당신의 컴퓨터에 저장하세요.

XI. 대중 매체 · 의사소통 die Massenmedien · die Kommunikation

1 컴퓨터 · TV der Computer · der Fernseher

surfen

인터넷 검색하다

Ich habe gestern bis spät in die Nacht im Internet **gesurft**.
난 어젯밤 늦게까지 인터넷 검색을 했어요.

Tastatur

키보드, 자판

Die **Tastatur** ist das Eingabegerät des Computers.
키보드는 컴퓨터의 입력 장치예요.

tippen

타이핑하다

Es wird einige Monate dauern, bis Sie Texte einwandfrei und schnell **tippen** können.
당신이 텍스트를 틀리지 않고 빨리 입력할 수 있을 때까지는 몇 달이 걸릴 거예요.

참 Tippfehler *m.* 오타

übertragen

중계방송하다

Alle Fußballspiele der Weltmeisterschaft werden im Fernsehen live **übertragen**.
모든 월드컵 축구 경기가 TV에서 생중계돼요.

참 Übertragung *f.* 중계방송

Werbung

광고

Wir leben in einer Konsumgesellschaft und wir kaufen, was uns die **Werbung** zeigt.
우리는 소비 사회에 살고 있고 광고가 우리에게 보여 주는 것을 구매해요.

연습 문제
Übungen

1 다음 그림에 해당하는 단어를 쓰세요.

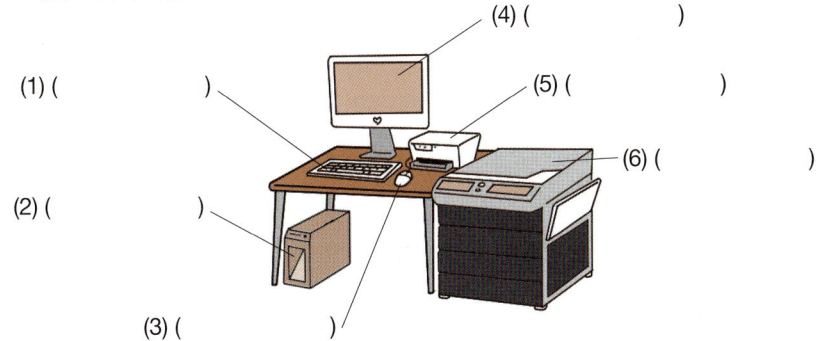

(1) (   )
(2) (   )
(3) (   )
(4) (   )
(5) (   )
(6) (   )

2 관련 있는 것끼리 연결하세요.

(1) Im Internet etwas • • ① süchtig machen
(2) Fußballspiele der Weltmeisterschaft • • ② tippen
(3) Ohne Fehler • • ③ surfen
(4) ZDF ist • • ④ ein Sender
(5) Computerspiele können • • ⑤ übertragen

3 빈칸에 알맞은 말을 넣어 문장을 완성하세요.

| speichern | löschen | eingeben | Passwort |
| hochladen | herunterladen | einloggen | Werbung |

(1) Aus Sicherheitsgründen sollten Sie Ihr _____ regelmäßig ändern.

(2) Dateien, die Sie nicht mehr brauchen, können Sie _____ oder zunächst in den Papierkorb schieben.

(3) Auf Ihrem PC können Sie zahlreiche Dateien und auch Bilder _____.

(4) Ich kenne eine Seite, wo man legal Filme _____ kann.

2 전화 · 우편
das Telefon · die Post

🔊 track 048

Absender
명 *m*
발신인

Wenn man unerwünschte E-Mails erhält, kann man den **Absender** sperren.
원하지 않는 이메일을 받으면, 발신인을 차단할 수 있어요.

[반] Empfänger *m.* 수신인

Akku
명 *m*
축전지, 배터리

Der **Akku** sollte möglichst leer sein, bevor man ihn wieder auflädt.
배터리는 충전하기 전에 가능한 한 비어 있어야 해요.

🔍 Akkumulator의 약자예요

Anrufbeantworter
명 *m*
자동 응답기

Sie hören eine Nachricht auf dem **Anrufbeantworter**.
당신은 자동 응답기에서 메시지를 들어요.

Apparat
명 *m*
기기, 전화기

A Kann ich Frau Sommer sprechen?
좀머 부인과 통화할 수 있나요?

B Bleiben Sie bitte am **Apparat**.
끊지 말고 기다리세요.

[참] Fernsehapparat *m.* 텔레비전 | Fotoapparat *m.* 카메라 ➡ p.197

🔍 Telefonapparat를 줄여서 Apparat라고도 표현해요.

---

ausrichten
동
(말을) 전하다

Er ist im Moment nicht da, soll ich ihm etwas **ausrichten**?
그가 지금 자리에 없어요. 제가 메시지를 전해 드릴까요?

---

 336 내게는 특별한 **독일어 어휘를** 부탁해

besetzt

통화 중인

Ich wollte ihn gestern anrufen, aber bei ihm war dauernd besetzt.
어제 그에게 전화하려고 했지만 계속 통화 중이었어요.

🔍 자리를 이미 누가 차지하고 있는 경우에도 사용해요.
(Der Stuhl ist schon besetzt. 그 의자에 앉을 사람이 이미 있어요.)

Briefmarke

우표

Das Sammeln von Briefmarken gehört zu einem meiner liebsten Hobbys.
우표 수집은 내가 가장 좋아했던 취미 중 하나예요.

참 Brief m. 편지 | Briefkasten m. 우편함

einstellen

조정하다, 맞추다

Sie können die Uhrzeit des Mobiltelefons manuell einstellen.
휴대 전화의 시간을 수동으로 조정할 수 있어요.

🔍 '중단하다', '채용하다'의 뜻으로도 쓰여요.

Gepäck

짐, 수하물

Um entspannt ohne viel Gepäck zu reisen, können Urlauber ihre Koffer per Post verschicken.
많은 짐 없이 편안하게 여행하기 위해 여행객들은 여행 가방을 (휴가지에) 우체국 택배로 보낼 수 있어요.

참 Gepäckaufgabe f. 짐을 부치는 곳

Hörer

수화기

Mein Freund hat einfach den Hörer aufgelegt.
남자 친구는 그냥 전화를 끊어 버렸어요.

관 den Hörer auflegen 전화를 끊다

🔍 '청취자', '청중'의 뜻도 있어요.

2 전화 · 우편 das Telefon · die Post

Luftpost
명 *f*
항공 우편

Ein Versand per **Luftpost** ist sicher schneller als einer per Schiff.
항공 우편으로 배송하는 것이 배로 하는 것보다 확실히 더 빨라요.

관 per Luftpost 항공 우편으로

Paket
명 *n*
소포

Ich muss noch zur Post, um ein **Paket** abzuholen.
소포를 찾으려면 우체국에 가야 해요.

참 Päckchen *n.* 작은 소포

Postfach
명 *n*
사서함

Viele Deutsche besitzen ein eigenes **Postfach**.
많은 독일인들이 자신의 사서함을 가지고 있어요.

참 Briefträger *m.* 우편배달부 ➡ p.67

Postleitzahl
명 *f*
우편 번호

Ich habe aus Versehen die falsche **Postleitzahl** angegeben.
실수로 틀린 우편 번호를 말했어요.

🔍 약자인 PLZ로 표기하기도 해요.

Telefonzelle
명 *f*
공중전화 부스

Heutzutage sieht man selten eine **Telefonzelle** auf der Straße.
요즈음은 거리에서 공중전화 부스를 보기 힘들어요.

Umschlag
명 *m*
편지 봉투

Verschicken Sie Ihre Bewerbung in einem **Umschlag** mit Sichtfenster.
당신의 지원서를 속이 보이는 창이 있는 봉투에 넣어 보내세요.

verbinden
동
전화를 연결하다

Könnten Sie mich bitte mit dem Abteilungsleiter **verbinden**?
부서장(팀장)을 연결해 주실 수 있나요?

verwählen
동
(전화를) 잘못 걸다

A Kann ich Heidi sprechen?
하이디와 통화할 수 있나요?
B Sie haben sich **verwählt**.
(전화를) 잘못 거셨어요.

Vorwahl
명 *f*
지역 번호

Für Anrufe nach Berlin wählen Sie die **Vorwahl** 030.
베를린에 전화할 때 지역 번호 030을 누르세요.

zurückrufen

응답 전화를 하다

Mein Mann ist jetzt nicht zu Hause, soll er Sie später **zurückrufen**?
남편이 지금 집에 없어요. 나중에 전화 드리라고 할까요?

연습 문제
Übungen

1 빈칸에 알맞은 동사를 넣어 전화 대화를 완성하세요.

> A Guten Tag! Hier spricht Helmut Kurz. Können Sie mich bitte mit Herrn Schneider (1) _____?
> B Tut mir leid. Er ist im Moment nicht im Haus. Soll ich ihm etwas (2) _____?
> A Können Sie ihm sagen, er soll mich (3) _____?
> B Wie ist Ihre Telefonnummer?
> A Meine Telefonnummer ist 0172- 39 43 63 79.

2 빈칸에 공통으로 들어갈 단어를 고르세요.

(1)
> - A Ist dieser Platz noch frei?
>   B Nein, leider ist er schon _____.
> - Ich muss mit ihr dringend sprechen, aber ihr Handy ist die ganze Zeit _____.

① verwählt   ② unerwünscht   ③ besetzt

(2)
> - Er wollte noch etwas sagen, aber sie hat schon den _____ aufgelegt.
> - Die _____ gestalten interaktiv das Programm und sagen ihre Meinung.

① Akku   ② Hörer   ③ Umschlag

3 빈칸에 들어갈 알맞은 단어로 짝지은 것을 고르세요.

> - Bitte lassen Sie Ihr ⓐ_____ nicht unbeaufsichtigt!
> - A Kann ich Frau Winter sprechen?
>   B Bleiben Sie am ⓑ_____.

① Paket - Anrufbeantworter   ② Apparat - Vorwahl
③ Gepäck - Apparat

3 이메일 쓰기
eine E-Mail schreiben

Anhang

첨부 파일

Wählen Sie die Datei aus, die Sie als **Anhang** verschicken möchten, danach senden Sie die E-Mail.
첨부로 보내고 싶은 파일을 선택하고 나서 메일을 보내세요.

참 anhängen 첨부하다

Anrede
명 *f*
호칭

In einer E-Mail soll man die passende **Anrede** verwenden.
이메일을 쓸 때 적합한 호칭을 사용해야 해요.

---

antworten

답장을 하다

Ich wäre Ihnen dankbar, wenn Sie mir bald **antworten** würden.
빨리 답장해 주시면 감사하겠습니다.

참 Antwort *f.* 답장

Bescheid
명 *m*
확답, 통보

Sag mir bitte **Bescheid**, ob du zu meiner Geburtstagsparty kommen kannst.
내 생일 파티에 올 수 있을지 답해 줘.

관 Bescheid geben 통보하다 |
Bescheid wissen ~을/를 잘 알다

Betreff

(메일) 제목

Der **Betreff** sollte in der E-Mail richtig ausgefüllt werden.
이메일 제목은 정확하게 작성되어야 해요.

참 betreffen 해당되다, ~와/과 연관이 되다

XI. 대중 매체 · 의사소통 **die Massenmedien · die Kommunikation**

3 이메일 쓰기 eine E-Mail schreiben

E-Mail

이메일

Die **E-Mail** ist zu einem der wichtigsten Kommunikationsmittel der heutigen Zeit geworden.
이메일은 오늘날 가장 중요한 의사소통 수단의 하나가 되었어요.

참 E-Mail Adresse *f.* 이메일 주소

---

sich freuen

기뻐하다

Wenn du dabei sein könntest, würde ich **mich** sehr **freuen**.
네가 참석할 수 있다면, 몹시 기쁘겠어.

참 Freude *f.* 기쁨 | froh 기쁜 ➔ p.30

---

geehrt

존경하는

Sehr **geehrter** Herr Meier,
ich habe Ihre Anzeige gelesen und interessiere mich für die Stelle.
존경하는 마이어 씨,
전 당신의 구인 광고를 보았고 그 일자리에 관심이 있습니다.

🔍 친한 사이에는 geehrt 대신 lieb을 이름이나 성 앞에 붙여서 써요.

Gruß

인사

Einen schönen **Gruß** aus dem tief verschneiten Berlin!
눈 덮인 베를린에서 인사를 전해요!

🔍 메일 끝에 친한 사이에는 viele Grüße, 형식적인 사이에는 mit freundlichen Grüßen을 써요.

---

herzlich

진심으로, 진심의

Ganz **herzlichen** Dank für Ihre Unterstützung!
당신의 지지에 진심으로 감사드려요!

참 Herz *n.* 심장, 마음 ➔ p.13

informieren

정보를 주다, 알려 주다

Bitte **informieren** Sie mich regelmäßig per E-Mail über die wichtigsten Veranstaltungen.
이메일을 통해 정기적으로 가장 중요한 행사에 대해 알려 주세요.

참 Auskunft *f.* 정보 | Information *f.* 정보

---

kommunizieren

의사소통하다, 연락하다

Wir **kommunizieren** mit unseren Kunden per E-Mail.
우리는 이메일을 통해 고객들과 의사소통해요.

유 sich verständigen 의사소통하다
참 Kommunikation *f.* 의사소통

Lust

마음, 생각

Hast du **Lust**, an diesem Wochenende mich zu treffen? Dann erzähle ich dir mehr davon.
이번 주말에 나를 만날 마음 있니? 그럼 내가 그것에 대해 더 많이 이야기해 줄게.

---

sich melden

연락하다

Sobald ich wieder gesund werde, **melde** ich **mich** bei Ihnen.
내가 다시 건강해지는 대로 당신에게 연락할게요.

---

mitteilen

통보하다, 알려 주다

Teilen Sie mir bitte **mit**, wann es Ihnen am besten passt.
언제가 당신에게 가장 좋은지 알려 주세요.

참 Mitteilung *f.* 통보, 알림

3 이메일 쓰기 eine E-Mail schreiben

Neuigkeit
명 f
새로운 소식

Wie geht es dir? Ich habe eine Neuigkeit.
너는 어떻게 지내니? 난 새로운 소식이 있어.

참 neu 새로운

---

schicken
동
보내다

Ich möchte Sie bitten, mir die Hausaufgaben per E-Mail zu schicken.
과제를 이메일로 보내 줄 것을 부탁할게요.

 senden 보내다

---

schreiben
동
쓰다

Heute schreibe ich dir, weil ich dir erzählen möchte, dass ich ein neues Auto gekauft habe.
내가 새 차를 구입한 것에 대해 너에게 얘기해 주려고 오늘 이메일을 써.

Unterschrift
명 f
서명, 사인

Wie Sie Ihrer E-Mail eine digitale Unterschrift hinzufügen, zeige ich Ihnen gleich.
당신의 이메일에 어떻게 디지털 서명을 추가하는지 지금 보여 드릴게요.

유 Signatur f. 서명, 사인
참 unterschreiben 서명하다

---

weiterleiten
동
전달하다

Ich habe Ihre E-Mail an meinen Manager weitergeleitet.
당신의 이메일을 제 매니저에게 전달했어요.

연습 문제
Übungen

1 이메일을 작성할 때의 순서대로 번호를 나열하세요.

> ① Mit freundlichen Grüßen
> ② Sehr geehrte Damen und Herren
> ③ Vielen Dank für Ihre Antwort.
> ④ Sagen Sie mir bitte Bescheid, ob es Ihnen passt.

( ) – ( ) – ( ) – ( )

2 다음 빈칸에 알맞은 철자를 넣어 십자 퍼즐을 완성한 후, 그에 해당하는 우리말 뜻을 고르세요.

			n	h	a	n	g	
		a	t	w	o	r	t	e	n
s	c	h		e	i	b	e	n
		B		t	r	e	f	f
m	e	l		e	n			
		f	r		u	e	n	

① 이메일   ② 마음   ③ 호칭   ④ 확답

3 밑줄 친 부분과 바꾸어 쓸 수 있는 것을 고르세요.

> Ich möchte meiner Schwester eine E-Mail mit einem Rezept als Anhang <u>senden</u>, aber leider weiß ich nicht, wie man das macht. Kann mir jemand eventuell helfen?

① schicken   ② weiterleiten   ③ mitteilen   ④ betreffen

4 동사와 명사가 연결된 것 중에서 형태가 틀린 것을 고르세요.

① unterschreiben - Unterschrift   ② informieren - Ankunft
③ anhängen - Anhang   ④ kommunizieren - Kommunikation

XI. 대중 매체 · 의사소통 die Massenmedien · die Kommunikation

4 토론 · 대화
die Diskussion · das Gespräch

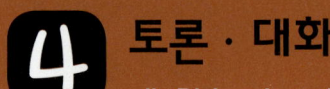 track 050

ablehnen
동
거부하다, 거절하다

Leider muss ich Ihren Vorschlag **ablehnen**.
유감스럽게도 당신의 제안을 거부해야겠어요.

참 Ablehnung *f.* 거부, 거절

Ahnung
명 *f*
생각, 예감

Ich habe keine **Ahnung**, wie ich anfangen soll.
어떻게 시작해야 할지 모르겠어요.

akzeptieren
동
수용하다, 받아들이다

Es tut mir leid, aber das kann ich nicht **akzeptieren**.
유감스럽지만 전 그것을 받아들일 수 없어요.

유 annehmen 받아들이다
참 akzeptabel 받아들일 수 있는

Ansicht
명 *f*
의견, 견해

Nach meiner **Ansicht** sollte man lieber mehr Sport treiben.
내 생각에는 사람들이 운동을 더 많이 해야 해요.

참 meines Erachtens 내 생각에
유 Meinung *f.* 의견 ➡ p.350

Argument
명 *n*
주장의 근거, 논거

Das ist wirklich ein schlagendes **Argument**.
그것은 설득력 있는 주장이네요.

참 argumentieren 주장의 근거를 대다

346 내게는 특별한 **독일어 어휘**를 부탁해

Ausrede
 f
핑계, 변명

Ich möchte keine **Ausreden** mehr hören.
난 더 이상 변명을 듣고 싶지 않아요.

---

begründen

근거를 대다,
이유를 설명하다

Begründen Sie, warum der Ausflug Ihnen gut gefallen hat.
소풍이 왜 마음에 들었는지 근거를 대 보세요.

참 Begründung *f.* 근거

---

behaupten

주장하다

Ich würde **behaupten**, dass wir auf Kernenergie verzichten müssen.
우리는 핵 에너지를 포기해야 한다고 주장하고 싶어요.

참 Behauptung *f.* 주장

---

betonen

강조하다

Mein Lehrer **betont** stets die Wichtigkeit des kritischen Denkens.
저의 선생님은 항상 비판적 사고의 중요성을 강조해요.

유 unterstreichen 강조하다

---

dafür
부
찬성하는

Die Mehrheit der Deutschen ist **dafür**, die Tabakwerbung zu verbieten.
대다수의 독일인은 담배 광고를 금지하는 것에 찬성해요.

반 dagegen 반대하는

4 토론 · 대화 die Diskussion · das Gespräch

diskutieren

토론하다

Über das Thema richtige Ernährung wird viel **diskutiert**.
올바른 영양 섭취에 대한 주제가 많이 논의되고 있어요.

참 Diskussion *f.* 토론

---

einverstanden

동의하는

Ich bin mit deiner Meinung völlig **einverstanden**.
나는 너의 의견에 전적으로 동의해.

관 einverstanden sein mit ~에 동의하다

---

ergänzen

보충하다, 덧붙이다

Ich würde dazu gern noch etwas **ergänzen**.
거기에 대해 더 덧붙이고 싶은 말이 있어요.

참 Ergänzung *f.* 보충

---

sich erkundigen

문의하다

Man kann **sich** bei der Deutschen Bahn **erkundigen**, ob es für Gruppen Rabatte gibt.
단체 할인이 있는지 도이체반(독일 철도)에 문의할 수 있어요.

참 Erkundigung *f.* 문의

---

formulieren

표현하다

Sekunde, das möchte ich noch mal anders **formulieren**.
잠깐, 전 그것을 다르게 표현하고 싶어요.

유 ausdrücken 표현하다
참 Formulierung *f.* 표현

Gespräch
명 *(n)*
대화

Ich bedanke mich für dieses informative **Gespräch**.
유익한 대화를 나눠 주셔서 감사해요.

참 Gesprächspartner *m.* 대화 상대

glauben
동
생각하다, 믿다

Ich **glaube**, Sie kommen vom eigentlichen Thema ab.
난 당신이 원래의 주제에서 벗어났다고 생각해요.

관 glauben an ~을/를 믿다
참 Glaube *m.* 믿음, 신앙 | Aberglaube *m.* 미신

halten für
~(이)라고 생각하다, 간주하다

Ich **halte** den Vorschlag **für** besonders wichtig, weil es um unsere Gesundheit geht.
우리의 건강에 관한 문제이기 때문에 난 그 제안이 아주 중요하다고 생각해요.

 halten A für B의 형태로 쓰여 'A를 B로 생각하다'의 의미예요.

halten von
평가하다, 생각하다

Was **hältst** du da**von**, wenn wir uns an diesem Wochenende treffen?
우리가 주말에 만나는 것에 대해 어떻게 생각해?

 halten von A의 형태로 쓰여 'A를 어떻게 생각하다'의 의미예요.

hinweisen
동
주의를 환기시키다, 알려 주다

Bevor wir beginnen, möchte ich noch auf einige Punkte **hinweisen**.
시작하기 전에 몇 가지 주의할 점에 대해 알려 드릴게요.

참 Hinweis *m.* 주의 환기, 안내

4 토론 · 대화 die Diskussion · das Gespräch

kritisieren

비판하다

Wegen seiner Äußerung über Ausländer wurde er heftig **kritisiert**.
외국인에 대한 언급으로 그는 몹시 비판받았어요.

참 Kritik *f.* 비판, 비평 | kritisch 비판적인

Lösung
명 *f*
해결책, 해답

Dafür gibt es keine einfache **Lösung**.
그것에 대한 쉬운 해결책은 없어요.

참 lösen 문제를 풀다

Meinung
명 *f*
의견, 생각

Ich bin eigentlich der **Meinung**, dass Alter nur eine Zahl ist.
내 생각에 나이는 단지 숫자에 불과해요.

관 Ich bin der Meinung, dass… 내 생각은 ~이다 |
Ich bin ganz deiner Meinung.
난 전적으로 너의 생각에 동의한다.

---

nachfragen

재차 묻다, 문의하다

Ich möchte noch einmal **nachfragen**, was Sie unter dem Begriff verstehen.
그 개념에 대해 당신은 어떻게 이해하는지 재차 묻고 싶어요.

---

nachvollziehen

공감하다

Das kann ich gut **nachvollziehen**.
그것을 난 잘 공감할 수 있어요.

참 nachvollziehbar 공감할 수 있는

nennen

말하다, 부르다

Dafür lassen sich einige Beispiele nennen.
그것에 대한 몇 가지 예시를 들 수 있어요.

---

passend

알맞은, 적합한

Gerade fällt mir das passende Wort nicht ein.
지금 적절한 단어가 떠오르지 않아요.

[유] geeignet 적합한 | angemessen 적절한

---

plaudern

담소하다, 대화하다

Er war ganz nett, wir haben lange geplaudert.
그는 아주 친절했고 우리는 오래 대화를 나눴어요.

[참] sich unterhalten mit ~와/과 담소를 나누다 ➡ p.78

---

recht haben
맞다, 옳다

Sie haben zwar recht, aber ich finde meine Meinung trotzdem besser.
당신이 맞기는 하지만 그럼에도 불구하고 난 내 의견이 더 좋다고 생각해요.

[관] Das stimmt. 그것은 맞아요.

---

sicher

확실한

Ich bin nicht sicher, ob ich Sie richtig verstanden habe.
제가 당신을 정확하게 이해했는지 확실하지 않아요.

🔍 '안전한'의 뜻으로도 쓰여요.

4 토론 · 대화　die Diskussion · das Gespräch

übersehen
동
간과하다

Natürlich soll man es nicht **übersehen**, dass es auch Nachteile gibt.
단점도 있다는 것을 간과해서는 안 돼요.

übertrieben
형
과장된

Sie hat auf meine Kritik ein bisschen **übertrieben** reagiert.
그녀는 내 비판에 약간 과장되게 반응했어요.

 übertreiben 과장하다 | Übertreibung f. 과장

überzeugt
형
확신하는

Ich bin davon **überzeugt**, dass alles gut läuft.
모든 것이 잘되고 있다고(잘될 것이라고) 확신해요.

 Überzeugung f. 확신

Unsinn
명 *m*
허튼소리, 어리석은 말

Reden Sie keinen **Unsinn**, das stimmt doch gar nicht!
허튼소리 마세요. 그건 전혀 맞지 않아요.

 Quatsch m. 어리석은 소리
unsinnig 무의미한, 어리석은

unterbrechen
동
끊다, 중단시키다

Ich **unterbreche** Sie ungern, aber woher haben Sie diese Information?
당신의 말을 끊고 싶지는 않지만 당신은 그 정보를 어디서 얻었나요?

 Unterbrechung f. 중단

Vorschlag

명 *m*

제안

Das ist ein guter Vorschlag, aber ich habe eine andere Idee.

좋은 제안이기는 하지만 난 다른 생각이 있어요.

[참] vorschlagen 제안하다

widersprechen

동

이의를 제기하다, 반박(항변)하다

Da muss ich leider Ihnen widersprechen.

유감스럽게도 당신에게 반박하지 않을 수 없네요.

[참] Widerspruch *m.* 반박, 항변

wie wäre es, ...?

~이/가 어때요?

Wie wäre es, wenn wir am kommenden Freitag eine Party geben?

우리 돌아오는 금요일에 파티를 하는 게 어때요?

zugeben

동

인정하다

Ich gebe zu, dass ich mich geirrt habe.

내가 착각했다는 것을 인정해요.

zustimmen

동

동의하다

In diesem Fall kann ich Ihrer Meinung nicht zustimmen.

이 경우에 난 당신의 의견에 동의할 수 없어요.

[유] übereinstimmen 의견이 일치하다
[반] widersprechen 반박하다 ➡ p.353
[참] Zustimmung *f.* 동의

XI. 대중 매체 · 의사소통 die Massenmedien · die Kommunikation

1 서로 유사한 의미의 단어끼리 연결하세요.

(1) passend •   • ① annehmen
(2) formulieren •   • ② geeignet
(3) betonen •   • ③ ausdrücken
(4) akzeptieren •   • ④ unterstreichen

2 밑줄 친 부분을 대신할 수 있는 표현을 고르세요.

(1) Nach meiner Ansicht ist Deutsch die schönste Sprache auf der ganzen Welt.

① Meines Erachtens   ② Nach meinem Vorschlag
③ Nach meiner Erkundigung

(2) Reden Sie nicht solchen Quatsch! Das stimmt überhaupt nicht.

① Ausrede   ② Unsinn   ③ Hinweis

3 아래 문장과 의미가 <u>다른</u> 문장을 고르세요.

Da bin ich ganz mit Ihrer Meinung einverstanden.

① Da bin ich ganz für Ihre Meinung.
② Da bin ich ganz Ihrer Meinung.
③ Da bin ich ganz überzeugt.

4 빈칸에 들어갈 알맞은 전치사를 고르세요.

A Was halten Sie _____ das Wichtigste im Leben?
B Wahre Freundschaften.

① von   ② für   ③ auf

5 프레젠테이션
die Präsentation

track 051

Artikel
명 *m*
(신문 등의) 기사

Ich habe neulich in der Zeitung einen Artikel über künstliche Intelligenz gelesen.
최근에 신문에서 인공 지능에 관한 기사를 읽었어요.

🔍 '관사', '제품'의 뜻도 있어요.

---

aufgeregt
형
긴장된, 흥분된

Vor einer Präsentation bin ich immer total aufgeregt.
발표 전에 난 항상 매우 긴장해요.

관 sich aufregen über ~관해 흥분하다
참 Aufregung *f.* 흥분 ➡ p.30

---

sich bedanken für
~에 감사하다

Ich bedanke mich für Ihre Aufmerksamkeit.
경청해 주셔서 감사합니다.

참 Dank *m.* 감사

Befragte
명 *m f*
응답자

Die meisten Befragten fühlten sich vom Flugzeuglärm belästigt.
대부분의 응답자는 비행기 소음 때문에 고통받는다고 느꼈어요.

---

bestehen aus
~(으)로 구성되다

Meine Präsentation besteht aus folgenden Teilen.
제 프레젠테이션은 다음과 같은 부분들로 구성되어 있어요.

XI. 대중 매체 · 의사소통 die Massenmedien · die Kommunikation

5 프레젠테이션 die Präsentation

darum

그래서, 그런 이유로

Darum möchte ich mich mit dem Thema beschäftigen.
그래서 난 이 주제를 다루고 싶어요.

- 유 deswegen 그렇기 때문에 | deshalb 그 때문에

durchschnittlich

평균적으로

Durchschnittlich leben Frauen länger als Männer.
평균적으로 여성이 남성보다 오래 살아요

- 유 im Durchschnitt 평균적으로
- 참 Durchschnitt *m.* 평균

einerseits… andererseits
한편으로는 ~ 다른 한편으로는

Einerseits möchte ich gern in der Stadt leben, **andererseits** ist mir das Leben dort zu hektisch.
한편으로는 도시에서 살고 싶은데, 다른 한편으로는 도시의 삶은 너무 바쁜 것 같아요.

- 유 auf der einen Seite…auf der anderen Seite
  한편으로는 ~ 다른 한편으로는

eingehen auf
(주제를) 다루다, 논하다

Ich würde gern noch einmal **auf** das **eingehen**, was Sie zu Beginn gesagt haben.
당신이 처음에 말했던 것에 대해 다시 한번 논의하고 싶어요.

Erfahrung
명 *f*
경험

Aus meiner persönlichen **Erfahrung** kann ich es bestätigen.
내 개인적인 경험으로 그것을 확인해 줄 수 있어요.

- 참 erfahren 경험하다 | erfahren 경험이 많은

erwähnen

동
언급하다

Abschließend möchte ich eine in jüngster Vergangenheit gemachte Erfahrung erwähnen.
마지막으로 제가 최근에 했던 경험을 언급하려고 해요.

참 Erwähnung *f.* 언급 | erwähnenswert 언급할 가치가 있는

Frage

질문

Ihr Vortrag war interessant, ich habe dazu eine Frage.
당신의 발표는 흥미로웠어요. 이와 관련해서 질문이 있어요.

관 eine Frage stellen 질문하다

Grund

이유

Aus diesem Grund mögen viele lieber Katzen als Hunde.
이런 이유로 많은 사람들이 개보다 고양이를 더 좋아해요.

참 grundlos 이유 없이

Heimatland

명 *(n)*
고국, 모국

Danach beschreibe ich die Situation in meinem Heimatland.
그 후에 제 모국에서의 상황을 설명할게요.

유 Vaterland *n.* 조국

Nachteil

단점

Der Nachteil ist aber, dass Süßigkeiten den Zähnen schaden.
그런데 단점은 단것이 치아를 상하게 한다는 것이에요.

반 Vorteil *m.* 장점

XI. 대중 매체 · 의사소통 die Massenmedien · die Kommunikation

5 프레젠테이션 die Präsentation

neulich
부
최근에

Neulich habe ich an einem Workshop teilgenommen.
최근에 난 워크숍에 참여했어요.

참 vor kurzem 얼마 전에

---

persönlich
부
개인적으로

Ich **persönlich** fahre lieber mit öffentlichen Verkehrsmitteln.
제 개인적으로는 대중교통 수단을 더 선호해요.

---

präsentieren
동
발표하다

Ich freue mich, dass ich die Gelegenheit habe, Ihnen mein Projekt zu **präsentieren**.
제 프로젝트를 발표할 기회를 가지게 되어 기뻐요.

Situation
명 (f)
상황

Die politische **Situation** in diesem Land wird immer brisanter.
이 나라의 정치적 상황이 점점 더 위험해지고 있어요.

유 Lage f. 상황 ➡ p.213

Statistik
명 (f)
통계

Diese **Statistik** zeigt, dass die Kinder in Korea zu dick sind.
이 통계는 한국의 아이들이 너무 뚱뚱하다는 것을 보여 줘요.

참 statistisch 통계의

Umfrage

설문 조사

Laut einer **Umfrage** befürworten mehr als die Hälfte der Deutschen ein Tempolimit auf der Autobahn.

한 설문 조사에 따르면 독일인의 절반 이상이 고속 도로에서의 속도 제한에 찬성해요.

vorbereiten

준비하다

Sie sollen mit einem anderen Teilnehmer eine Präsentation **vorbereiten**.

당신은 다른 참여자와 함께 프레젠테이션을 준비해야 해요.

[참] Vorbereitung f. 준비

Vortrag

강연, 발표

In meinem **Vortrag** wird es um das Thema soziale Netzwerke gehen.

제 발표의 주제는 SNS에 관한 것이에요.

[관] einen Vortrag halten 강연하다
[참] vortragen 강연하다, 발표하다

Zuhörer

청중

Nach der Präsentation hat er sich bei den **Zuhörern** bedankt.

발표를 마치고 그는 청중에게 감사를 표했어요.

zusammen-fassen

요약하다

Ich darf nun die Ergebnisse der Diskussion **zusammenfassen**.

이제 제가 토론의 결과를 요약해도 되겠지요.

[참] Zusammenfassung f. 요약

1 그림을 설명하고 있는 문장의 번호를 쓰세요.

> ① Er hält einen Vortrag über alternative Energie.
> ② Diese Statistik zeigt die aktuelle Arbeitslosenquote in Korea.
> ③ Der Schüler will der Lehrerin eine Frage stellen.
> ④ Er regt sich oft über seinen Chef auf.

(1)  (2)  (3) 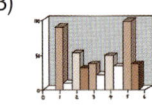 (4)

(   )   (   )   (   )   (   )

2 밑줄 친 부분과 같은 의미가 아닌 것을 고르세요.

> Maria ist meine beste Freundin, <u>darum</u> hilft sie mir immer gern.

① deshalb   ② damit   ③ deswegen

3 빈칸에 들어갈 알맞은 전치사를 고르세요.

> Die Prüfung besteht _____ einem schriftlichen und einem mündlichen Teil.

① auf   ② aus   ③ von

4 다음 빈칸에 공통으로 들어갈 말을 고르세요.

> • Zur Zeit sind dort alle _____ um 50% reduziert.
> • Ich habe gerade einen interessanten _____ gelesen.

① Vorteil   ② Artikel   ③ Befragte

부록 I
Anhang I

- 추가 어휘
  Ergänzungswortschatz

- 동사 변화표
  Unregelmäßige Verben

추가 어휘 Ergänzungswortschatz

1 대륙 · 국가 · 국적 · 언어 Kontinente · Länder · Nationalitäten · Sprachen

(1) 아시아 Asien

Korea 한국
Koreaner/in 한국인
Koreanisch 한국어

Japan 일본
Japaner/in 일본인
Japanisch 일본어

China 중국
Chinese/Chinesin 중국인
Chinesisch 중국어

die Türkei 터키
Türke/Türkin 터키인
Türkisch 터키어

Vietnam 베트남
Vietnamese/Vietnamesin 베트남인
Vietnamesisch 베트남어

Thailand 태국
Thailänder/in 태국인
Thailändisch 태국어

Indien 인도
Inder/in 인도인
Hindi 힌디어

Indonesien 인도네시아
Indonesier/in 인도네시아인
Indonesisch 인도네시아어

Malaysia 말레이시아
Malaysier/in 말레이시아인
Malaysisch 말레이어

Saudi-Arabien 사우디아라비아
Saudi-Araber/in 사우디아라비아인
Arabisch 아랍어

(2) 유럽 Europa

Deutschland 독일
Deutscher/Deutsche 독일인
Deutsch 독일어

England 영국
Engländer/Engländerin 영국인
Englisch 영어

Frankreich 프랑스
Franzose/Französin 프랑스인
Französisch 프랑스어

Italien 이탈리아
Italiener/in 이탈리아인
Italienisch 이탈리아어

die Niederlande 네덜란드
Niederländer/in 네덜란드인
Niederländisch 네덜란드어

Österreich 오스트리아
Österreicher/in 오스트리아인
Deutsch 독일어

Portugal 포르투갈
Portugiese/Portugiesin 포르투갈인
Portugiesisch 포르투갈어

Russland 러시아
Russe/Russin 러시아인
Russisch 러시아어

Spanien 스페인
Spanier/in 스페인인
Spanisch 스페인어

die Schweiz 스위스
Schweizer/in 스위스인
Deutsch 독일어
Italienisch 이탈리아어
Französisch 프랑스어
Rätoromanisch 레토로망스어

(3) 아메리카 Amerika

Amerika(= die USA) 미국
Amerikaner/in 미국인
Englisch 영어

Argentinien 아르헨티나
Argentinier/in 아르헨티나인
Spanisch 스페인어

Brasilien 브라질
Brasilianer/in 브라질인
Portugiesisch 포르투갈어

Chile 칠레
Chilene/Chilenin 칠레인
Spanisch 스페인어

Mexiko 멕시코
Mexikaner/in 멕시코인
Spanisch 스페인어

Peru 페루
Peruaner/in 페루인
Spanisch 스페인어

(4) 오세아니아 Ozeanien

Neuseeland 뉴질랜드
Neuseeländer/in 뉴질랜드인
Englisch 영어

Australien 오스트레일리아
Australier/in 오스트레일리아인
Englisch 영어

(5) 아프리카 Afrika

Ägypten 이집트
Ägypter/in 이집트인
Arabisch 아랍어

Marokko 모로코
Marokkaner/in 모로코인
Arabisch 아랍어

der Sudan 수단
Sudanese/Sudanesin 수단인
Arabisch 아랍어

Algerien 알제리
Algerier/in 알제리인
Arabisch 아랍어

② 수 Zahlen

(1) 기수 Ordinalzahlen

1	eins
2	zwei
3	drei
4	vier
5	fünf
6	sechs
7	sieben
8	acht
9	neun
10	zehn
11	elf
12	zwölf
13	dreizehn
14	vierzehn
15	fünfzehn
16	sechzehn
17	siebzehn
18	achtzehn
19	neunzehn
20	zwanzig
21	einundzwanzig
23	dreiundzwanzig
26	sechsundzwanzig
27	siebenundzwanzig

29	neunundzwanzig
30	dreißig
31	einunddreißig
33	dreiunddreißig
40	vierzig
48	achtundvierzig
50	fünfzig
60	sechzig
70	siebzig
81	achtzig
90	neunzig
100	(ein)hundert
101	hunderteins
112	hundertzwölf
165	hundertfünfundsechzig
1000	(ein)tausend
1만	zehntausend
10만	hunderttausend
100만	eine Million
1000만	zehn Millionen
1억	hundert Millionen
10억	eine Milliarde
100억	zehn Milliarden
1조	eine Billion

* 우리나라 숫자 표기와 달리 천 단위에는 쉼표(,)가 아닌 마침표(.)를 사용합니다.
* Million, Milliarde, Billion은 여성 명사로 복수에서 -en을 붙입니다.

(2) 서수 Kardinalzahlen

1~19: 기수 + t			
1	erst	6	sechst
2	zweit	7	siebt
3	dritt	8	acht
4	viert	9	neunt
5	fünft	10	zehnt

20 이후: 기수 + st	
20	zwanzigst
21	einundzwanzigst
33	dreißigst
31	einunddreißigst
99	neunundneunzigst

* erst, dritt, siebt, acht의 예외적인 형태에 주의해야 합니다.
* 서수는 형용사로, 수식하는 명사의 성과 수에 맞춰 어미가 변합니다. (예 der erste Tag 첫날)

③ 색깔 Farben

weiß 흰색의
braun 갈색의
grau 회색의
blau 파란색의
schwarz 검은색의
rosa 분홍색의
gelb 노란색의
rot 빨간색의
grün 녹색의
violet(= lila) 보라색의
beige 베이지색의
golden 금색의
bunt 다채로운 색의
orange 오렌지색의
silbern 은색의

* 색깔 형용사를 대문자로 쓰면 중성 명사가 됩니다.
* rosa와 lila는 명사 앞에서 어미가 변화하지 않습니다.

❹ 형태 Formen

Quadrat (n) 정사각형 **quadratisch** (형) 정사각형의		**Spirale** (f) 나선	
Dreieck (n) 삼각형		**Kreis** (m) 원	
Oval (n) 타원형 **oval** (형) 타원형의		**Kurve** (f) 곡선	
Hexagon (n) 육각형		**Viereck** (n) 사각형	
Fünfeck (n) 오각형		**Rechteck** (n) 직사각형	
Rhombus (m) 마름모꼴		**Kegel** (m) 원뿔	
Kreuz (n) 십자형		**Pyramide** (f) 피라미드	
Würfel (m) 정육면체, 입방체, 주사위		**Zylinder** (m) 원통	
Kugel (f) 구		**eckig** (형) 각이 진	
rund (형) 둥근		**gerade** (형) 직선의	
spitz (형) 뾰족한		**Trapez** (n) 사다리꼴	

5 요일 · 월 · 계절 · 방위 Tage · Monate · Jahreszeiten · Himmelsrichtungen

(1) 요일 Tage

der Montag	월요일	der Donnerstag	목요일	der Sonntag	일요일
der Dienstag	화요일	der Freitag	금요일	das Wochenende	주말
der Mittwoch	수요일	der Samstag/Sonnabend	토요일		

(2) 월 Monate

der Januar	1월	der Mai	5월	der September	9월
der Februar	2월	der Juni	6월	der Oktober	10월
der März	3월	der Juli	7월	der November	11월
der April	4월	der August	8월	der Dezember	12월

(3) 계절 Jahreszeiten

der Frühling 봄   der Sommer 여름   der Herbst 가을   der Winter 겨울

(4) 방위 Himmelsrichtungen

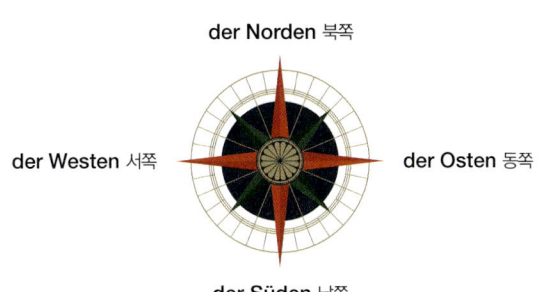

der Norden 북쪽
der Westen 서쪽
der Osten 동쪽
der Süden 남쪽

6 자주 사용되는 종속 접속사와 상관 접속사

(1) 종속 접속사

als ~했을 때 (과거의 일회적 사건)	Als wir ankamen, war er schon fort. 우리가 도착했을 때, 그는 이미 떠나고 없었다.
비교급 + als ~보다 더	Es war teurer, als ich dachte. 그것은 내가 생각했던 것보다 비쌌다.
als ob 마치 ~인 것처럼	Er spricht so gut Deutsch, als ob er Deutscher wäre. 그는 마치 독일인인 것처럼 아주 독일어를 잘해요.
bevor ~하기 전에	Bevor wir kochen, müssen wir zuerst einkaufen. 요리를 하기 전에, 우리는 먼저 장을 봐야 해.
bis ~까지	Wir warten, bis du fertig bist. 네가 끝날 때까지 우리가 기다릴게.
damit ~하기 위해서	Wir müssen uns beeilen, damit wir den Zug nicht verpassen. 기차를 놓치지 않기 위해서 서둘러야만 해.
dass ~하는 것	Es ist nicht leicht, dass man in der Nacht fährt. 밤에 운전하는 것은 쉽지 않아요.
nachdem ~하고 난 후에	Nachdem wir zu Abend gegessen haben, gehen wir spazieren. 저녁 식사를 하고 난 후에 우리는 산책을 가요.
ob ~인지 아닌지	Ich weiß nicht, ob ich es schaffen kann. 난 내가 그것을 해낼 수 있을지 모르겠어.
obwohl ~에도 불구하고	Obwohl er reich ist, ist er nicht glücklich. 그는 부유한데도 행복하지 않아요.
seit ~이후, 이래	Seit sie schwanger ist, raucht ihr Mann nicht mehr. 그녀가 임신한 이후, 그녀의 남편은 담배를 피우지 않아요.
während ~하는 동안	Während meine Mutter kocht, sieht mein Vater fern. 엄마가 요리를 하는 동안, 아빠는 TV시청을 해요.
weil(= da) ~때문에	Ich kaufte das Auto nicht, weil die Farbe mir nicht gefiel. 색깔이 마음에 들지 않아서, 그 차를 사지 않았어요.
wenn 만약 ~한다면	Wenn ich morgen Zeit habe, besuche ich dich. 내일 내가 시간이 나면 너를 방문할게.

(2) 상관 접속사

entweder A oder B A거나 또는 B (둘 중에 선택)	Ich will entweder Germanistik oder Amerikanistik studieren. 나는 독문학 아니면 영문학을 전공할 거야.
je + 비교급, desto(= umso) + 비교급 ~하면 할수록 더욱 ~하다	Je höher man hinauf steigt, desto dünner wird die Luft. 높이 올라갈수록 공기는 더 희박해요.
nicht A, sondern B A가 아니라 B이다	Wir fahren nicht nach Berlin, sondern nach Bremen. 우리는 베를린이 아닌 브레멘으로 가.
nicht nur A, sondern auch B A뿐만 아니라 B도	Das Kind ist nicht nur süß, sondern auch sehr klug. 그 아이는 귀여울 뿐만 아니라 아주 영리해요.
sowohl A als auch B A도 B도 (둘 다)	Sowohl ich als auch mein Bruder hören gern Musik. 나도 내 형도 음악 듣는 것을 즐겨요.
weder A noch B A도 B도 아닌 (둘 다 부정)	Sie essen weder Fleisch noch Fisch. 그들은 고기도 생선도 먹지 않아요.

7 특정한 전치사와 결합하는 동사

abhängen von + 3격 ~에 달린, 종속된	Alles hängt vom Wetter ab. 모든 것은 날씨에 달려 있어요.
anfangen mit + 3격 (= beginnen mit + 3격) ~을/를 시작하다	Ich fange gleich mit der Arbeit an. 난 곧 그 일을 시작해요.
antworten auf + 4격 ~에 대답하다	Antworten Sie bitte auf meine Frage! 내 질문에 답해 주세요!
sich ärgern über + 4격 ~에 대해 화를 내다	Ich habe mich über die unfreundliche Bedienung sehr geärgert. 난 불친절한 서비스에 아주 화가 났어요.
aufhören mit + 3격 ~을/를 중단하다	Ab heute will mein Vater mit dem Rauchen aufhören. 아빠는 오늘부터 금연하려고 해요.

aufpassen auf + 4격 (= achten auf + 4격) ~을/를 주의하다, 유의하다	Man muss immer auf die Verkehrszeichen aufpassen. 항상 교통 표지판을 유의해야 해요.
sich beschäftigen mit + 3격 ~에 전념하다, 몰두하다	Man beschäftigt sich mit dem, was man wirklich will. 사람들은 정말 자기가 원하는 것에 몰두해요.
bestehen aus + 3격 ~(으)로 구성되다	Deutschland besteht aus 16 Bundesländern. 독일은 16개의 연방주로 구성되어 있어요.
bitten um + 4격 ~을/를 부탁하다, 청하다	Ich bitte Sie um Verständnis. 당신의 이해를 구합니다.
danken für + 4격 ~을/를 고마워하다	Ich danke Ihnen für Ihre Hilfe. 도와줘서 고마워요.
denken an + 4격 ~을/를 생각하다	Er ist egoistisch und denkt immer an sich selbst. 그는 이기적이라 항상 자신만 생각해요.
es geht um + 4격 (= es handelt sich um + 4격) ~이/가 주제다, ~이/가 중요하다	Es geht um die Liebe in dem Roman. 이 소설은 사랑에 관한 책이에요.
fragen nach + 3격 ~을/를 묻다	Der Tourist fragte mich nach dem Weg zum Rathaus. 관광객이 내게 시청으로 가는 길을 물었어요.
sich freuen auf + 4격 ~을/를 고대하다	Meine Kinder freuen sich schon auf die Ferien. 내 아이들은 방학을 고대해요.
sich freuen über + 4격 기뻐하다	Ich habe mich über deine E-Mail sehr gefreut. 난 너의 이메일을 받고 몹시 기뻤어.
gehören zu + 3격 ~에 속하다, ~의 구성원이다, 일부분이다	Der Hund gehört zu unserer Familie. 강아지는 우리 가족의 일원이에요.
sich interessieren für + 4격 ~에 관심을 가지다	Meine Schwester interessiert sich für klassische Musik. 내 여동생은 클래식 음악에 관심을 가져요.
teilnehmen an + 3격 ~에 참여하다	Wissenschaftler aus aller Welt nahmen an der Konferenz teil. 전 세계의 과학자들이 회의에 참여했어요.
sich vorbereiten auf + 4격 ~을/를 준비하다	Ich bereite mich gerade auf eine Präsentation vor. 난 지금 프레젠테이션을 준비해요.
warten auf + 4격 ~을/를 기다리다	Ich warte schon seit einer Stunde auf meine Tochter. 난 벌써 한 시간 전부터 내 딸을 기다려요.

sich bemühen um + 4격 ~을/를 얻으려고 애쓰다	Wir bemühen uns um eine schnelle Lösung des Problems. 우리는 그 문제의 빠른 해결을 위해 노력하고 있어요.
sich bewerben um + 4격 ~에 지원하다	Er hat sich bei einer Bank um eine Stelle beworben. 그는 한 은행(의 일자리)에 지원했어요.
sich erinnern an + 4격 ~을/를 기억하다	Ich erinnere mich an seine Stimme. 난 그의 목소리를 기억해요.
sich gewöhnen an + 4격 ~에 적응하다	Sie haben sich an die neue Stadt schon gewöhnt. 그들은 벌써 새 도시에 적응했어요.
sich kümmern um + 4격 ~을/를 신경 쓰다	Man muss sich um ältere Menschen kümmern. 나이 든 사람들을 신경 써야 해요.
sich unterhalten mit + 3격 über + 4격 ~와/과 ~에 관해 환담하다	Ich unterhalte mich mit meinen Freunden über Musik. 난 친구들과 음악에 관해 이야기를 나눠요.

8 특정한 전치사와 결합하는 형용사

begeistert von + 3격 ~에 감동하는	Das Publikum war von dem Konzert total begeistert. 관객은 음악회에 완전히 감동했어요.
bekannt für + 4격 ~(으)로 유명한	Deutschland ist bekannt für die vielen Biersorten. 독일은 맥주 종류가 많은 것으로 유명해요.
einverstanden sein mit + 3격 ~와/과 동의하는	Er ist mit meiner Meinung einverstanden. 그는 내 의견에 동의해요.
fertig sein mit + 3격 ~을/를 끝낸	Ich bin gleich fertig mit der Arbeit. 난 곧 그 일을 끝내요.
interessiert sein an + 3격 ~에 관심이 있는	Früher war ich an Astronomie sehr interessiert. 예전에 난 천문학에 관심이 많았어요.
stolz auf + 4격 ~을/를 자랑스러워하는	Meine Eltern sind stolz auf mich. 부모님은 저를 자랑스러워해요.
zufrieden sein mit + 3격 ~에 만족하는	Mein Vater ist mit dem neuen Auto zufrieden. 내 아빠는 새 차에 만족해요.

9 자주 쓰는 약어

AG	Aktiengesellschaft 주식회사	
AGB	Allgemeine Geschäftsbedingungen 일반 상거래 규정	
ARD	Arbeitsgemeinschaft der öffentlich-rechtlichen Rundfunkanstalten der Bundesrepublik Deutschland 독일 연방 공화국 공영 방송국 연합체, 제1 텔레비전 방송	
BGB	Bürgerliches Gesetzbuch 민법(전)	
BRD	Bundes Republik Deutschland 독일 연방 공화국	
bzw.	beziehungsweise 또는, 내지	
ca.	circa = zirka 대략	
d. h.	das heißt 즉, 다시 말하면	
DDR	Deutsche Demokratische Republik 독일 민주 공화국 (구 동독)	
dgl.	dergleichen 그와 같은	
EU	Europäische Union 유럽 연합	
GmbH	Gesellschaft mit beschränkter Haftung 유한(책임) 회사	
jmdm.	jemandem 누구에게, 어떤 사람에게	
jmdn.	jemanden 누구를, 어떤 사람을	
LKW	Lastkraftwagen 화물 자동차, 트럭	
n. Chr.	nach Christus 기원후	
o. ä.	oder ähnliche(s), ähnlichem 혹은 비슷한 것	
PKW	Personenkraftwagen 승용차	
PLZ	Postleitzahl 우편 번호	
TÜV	Technischer Überwachungs-Verein (자동차) 기술 정기 검사 협회	
u. a.	unter ander(e)m, unter ander(e)n 그중에서도, 특히	
UNO	Organisation der Vereinten Nationen 국제 연합	
usw.	und so weiter 기타 등등	
v. a.	vor allem 무엇보다도	
v. Chr.	vor Christus 기원전	
vgl.	vergleiche! ~을/를 참조하라!, ~을/를 비교하라!	
z. B.	zum Beispiel 예를 들면	
z. T.	zum Teil 부분적으로	
ZDF	Zweites Deutsches Fernsehen 독일 제2 텔레비전 방송	

동사 변화표 Unregelmäßige Verben

원형	과거	과거 분사	현재	명령형 (du)
befehlen 명령하다	befahl	hat befohlen	du befiehlst er befiehlt	befiehl!
beißen (깨)물다	biss	hat gebissen		beiß(e)!
beginnen 시작하다	begann	hat begonnen		beginn(e)!
bieten 제공하다	bot	hat geboten		biet(e)!
bitten 요청하다	bat	hat gebeten		bitt(e)!
bleiben 머무르다	blieb	ist geblieben		bleib(e)!
brechen ① 깨지다 ② 깨다	brach	① ist gebrochen ② hat gebrochen	du brichst er bricht	brich!
brennen (불)타다	brannte/ brennte	hat gebrannt		brenn(e)!
bringen 가져오다	brachte	hat gebracht		bring(e)!
denken 생각하다	dachte	hat gedacht		denk(e)!
empfehlen 추천하다	empfahl	hat empfohlen	du empfiehlst er empfiehlt	empfiehl!
essen 먹다	aß	hat gegessen	du isst er isst	iss!
fahren ① (차를) 타고 가다 ② 운전하다	fuhr	① ist gefahren ② hat gefahren	du fährst er fährt	fahr(e)!
fallen 떨어지다	fiel	ist gefallen	du fällst er fällt	fall(e)!
fangen 잡다	fing	hat gefangen	du fängst er fängt	fang(e)!
finden 발견하다	fand	hat gefunden		find(e)!
fliegen ① 날아가다 ② (비행기를) 조종하다	flog	① ist geflogen ② hat geflogen		flieg(e)!

원형	과거	과거 분사	현재	명령형 (du)
fliehen 달아나다	floh	ist geflohen		flieh(e)!
fließen 흐르다	floss	ist geflossen		fließ(e)!
frieren ① 추워하다 ② 얼다	fror	① hat gefroren ② ist gefroren		frier(e)!
gebären 낳다	gebar	hat geboren	du gebierst sie gebiert	gebier(e)! (드물게)
geben 주다	gab	hat gegeben	du gibst er gibt	gib!
gehen 가다	ging	ist gegangen		geh(e)!
gelingen 성공하다	gelang	ist gelungen		geling(e)!
gelten 유효하다, 간주하다	galt	hat gegolten	du giltst er gilt	gilt! (드물게)
genießen 즐기다, 누리다	genoss	hat genossen		genieß(e)!
geschehen (사건이) 일어나다	geschah	ist geschehen	es geschieht	
gewinnen 얻다, 이기다	gewann	hat gewonnen		gewinn(e)!
gießen 붓다	goss	hat gegossen		gieß(e)!
gleichen 비슷하다, 닮다	glich	hat geglichen		gleich(e)!
greifen 잡다	griff	hat gegriffen		greif(e)!
haben 가지다	hatte	hat gehabt	du hast er hat	hab(e)!
halten 지니다, 멈추다	hielt	hat gehalten	du hältst er hält	halt(e)!
heißen ~(이)라고 불리다	hieß	hat geheißen		heiß(e)!
helfen 돕다	half	hat geholfen	du hilfst er hilft	hilf!
kennen 알다	kannte	hat gekannt		kenn(e)!

원형	과거	과거 분사	현재	명령형 (du)
klingen (소리가) 울리다	klang	hat geklungen		kling(e)!
kommen 오다	kam	ist gekommen		komm(e)!
laden 싣다	lud	hat geladen	du lädst er lädt	lad(e)!
lassen ~하게 하다	ließ	hat gelassen	du lässt er lässt	lass(e)!
laufen 달리다	lief	ist gelaufen	du läufst er läuft	lauf(e)!
leiden 괴로워하다	litt	hat gelitten		leid(e)!
leihen 빌려주다	lieh	hat geliehen		leih(e)!
lesen 읽다	las	hat gelesen	du liest er liest	lies!
liegen 누워(놓여) 있다	lag	hat gelegen		lieg(e)!
lügen 거짓말하다	log	hat gelogen		lüg(e)!
messen 재다	maß	hat gemessen	du misst er misst	miss!
nehmen 잡다, 받다	nahm	hat genommen	du nimmst er nimmt	nimm!
raten 조언하다	riet	hat geraten	du rätst er rät	rat(e)!
riechen 냄새 나다	roch	hat gerochen		riech(e)!
rufen 부르다	rief	hat gerufen		ruf(e)!
schlafen 잠자다	schlief	hat geschlafen	du schläfst er schläft	schlaf(e)!
schreiben 글을 쓰다	schrieb	hat geschrieben		schreib(e)!
schwimmen 수영하다	schwamm	hat/ist geschwommen		schwimm(e)!
sehen 보다	sah	hat gesehen	du siehst er sieht	sieh!

원형	과거	과거 분사	현재	명령형 (du)
sein ~이다, 있다	war	ist gewesen		sei!
sitzen 앉아 있다	saß	hat gesessen		sitz(e)!
sprechen 말하다	sprach	hat gesprochen	du sprichst er spricht	sprich!
stehen 서 있다	stand	hat gestanden		steh(e)!
steigen 올라가다	stieg	ist gestiegen		steig(e)!
sterben 죽다	starb	ist gestorben	du stirbst er stirbt	stirb!
tragen 나르다	trug	hat getragen	du trägst er trägt	trag(e)!
treffen 만나다, 맞히다	traf	hat getroffen	du triffst er trifft	triff!
trinken 마시다	trank	hat getrunken		trink(e)!
tun 하다	tat	hat getan		tu(e)!
vergessen 잊다	vergaß	vergessen	du vergisst er vergisst	vergiss!
verlieren 잃다	verlor	hat verloren		verlier(e)!
waschen 씻다	wusch	hat gewaschen	du wäschst er wäscht	wasch(e)!
werden 되다	wurde	ist geworden	du wirst er wird	werd(e)!
werfen 던지다	warf	hat geworfen	du wirfst er wirft	wirf!
wissen 알고 있다	wusste	hat gewusst	ich weiß du weißt er weiß	wisse!
ziehen 끌다, 이동하다	zog	hat gezogen ist gezogen		zieh(e)!
zwingen 강요하다	zwang	hat gezwungen		zwing(e)!

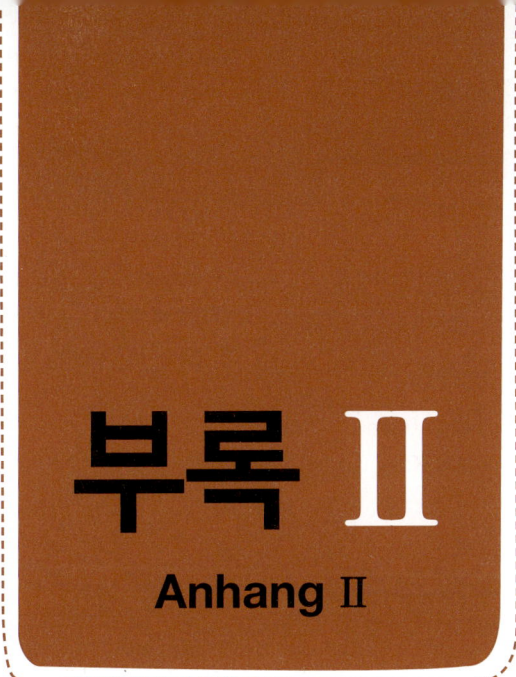

부록 II
Anhang II

- 정답
  Lösungen

- 색인 ❶
  Index ❶

- 색인 ❷
  Index ❷

정답 Lösungen

Ⅰ 인간

❶ 몸
1 (1) die Ohren   (2) die Augen
   (3) die Schulter (4) das Knie
   (5) der Mund
2 (1) ③ (2) ① (3) ④ (4) ②
3 (1) ③ (2) ② (3) ③

❷ 성격 · 외모
1 (1) ③ (2) ① (3) ④ (4) ②
2 (1) ① (2) ② (3) ① (4) ②
3 (1) ② (2) ③

❸ 감정
1 (1) verliebt   (2) ärgerlich
   (3) verzweifelt
2 (1) ② (2) ③ (3) ②
3 ③
4 ③

❹ 행동 · 생리 현상
1 (1) ⑤ (2) ④ (3) ② (4) ③
   (5) ①
2 (1) schwitzen (2) laufen
   (3) umarmen   (4) aufmachen
   (5) hängen

3 (1) basteln   (2) liegen
   (3) streichen (4) trägt
   (5) eingeschlafen

❺ 사고 활동
1 ③
2 ③
3 ③
4 ③
5 (1) träumen   (2) vorstellen
   (3) überlegen (4) lernen

❻ 건강 · 질병
1 (1) ② (2) ① (3) ④ (4) ③
2 (1) ② (2) ①
3 (1) ③, ④, ⑤, ⑥, ⑧
   (2) ①, ②, ⑦, ⑨

Ⅱ 인간관계 · 사회

❶ 가족
1 (1) ⑤
   (2) ⓐ Mann, Schwiegertochter,
          Enkeltochter(=Enkelin)
       ⓑ Schwiegervater, Kinder,
          Tochter, Sohn
2 ③

❷ 직업

1. (1) Flugbegleiter/in
   (2) Sängerin
   (3) Bäckerin
   (4) Polizistin
2. (1) ④   (2) ③
3. (1) arbeitslos   (2) bewerben
   (3) Überstunden   (4) selbständig

❸ 인간관계

1. (1) sich streiten
   (2) sich trennen
   (3) sich verlieben
   (4) sich unterhalten
2. (1) ②   (2) ③   (3) ①   (4) ④
3. ④

❹ 인생

1. (1) die Geburt
   (2) die Kindheit
   (3) die Jugend
   (4) die Erwachsenen
   (5) das hohe Alter
   (6) der Tod
2. (1) heiraten   (2) Beerdigung
   (3) taufen   (4) schwanger
3. (1) ②   (2) ②

Ⅲ 교육 · 문화

❶ 학용품

1. (1) ③   (2) ④   (3) ②   (4) ①
2. ④
3. (1) Taschenrechner
   (2) Pinsel
   (3) Kreide
   (4) Lineal
   (5) Ordner
   (6) Kleber

❷ 학교 · 학교생활

1. (1) Gymnasium   (2) Bibliothek
   (3) Zeugnis   (4) Dissertation
2. (1) ③   (2) ①   (3) ②
3. (1) ③   (2) ②

❸ 영화 · 공연

1. (1) ①   (2) ③   (3) ④   (4) ②
2. (1) ⓑ, ④   (2) ⓓ, ①
   (3) ⓐ, ②   (4) ⓒ, ③
3. (1) ausverkauft   (2) begabt
   (3) gratis   (4) Garderobe

❹ 음악 · 회화

1. (1) ⑤   (2) ①   (3) ②   (4) ③
   (5) ④
2. (1) ④   (2) ④
3. (1) ③   (2) ④   (3) ②   (4) ③

정답   379

5 언어 · 문학

1　(1) ③　　(2) ②　　(3) ①

2　(1) Umgangssprache
　(2) Ausdruck
　(3) Protagonist
　(4) veröffentlichen
　(5) beschreiben
　(6) Buchhandlung
　(7) Dialekt
　(8) Epoche
　(9) Autor
　(10) Genre
　(11) Redewendung
　(12) Wortschatz

3　③

IV 식생활

1 고기 · 생선 · 해산물

1　(1) der Krebs　　(2) die Auster
　(3) der Seetang　(4) die Schnecke

2　(1) ①, ⑤　　　　(2) ②, ③
　(3) ④, ⑥

3　(1) ②　　　　　(2) ③

2 과일 · 채소 · 곡물

1　(1) die Traube
　(2) die Erdbeere
　(3) die Ananas
　(4) die Wassermelone
　(5) die Zwiebel
　(6) der Spinat
　(7) der Chinakohl
　(8) der Knoblauch

2　(1) ③　　(2) ②　　(3) ②

3　(1) ③　　(2) ②　　(3) ④

3 음식 · 음료

1　(1) der Kuchen　　(2) der Wein
　(3) der Käse　　　(4) das Brot

2　(1) Kaffee　　　　(2) Kuchen
　(3) Salat

3　④

4　(1) ①　　(2) ④　　(3) ②

4 맛 · 조리법

1　(1) ①　(2) ⑤　(3) ④　(4) ③
　(5) ②

2　③

3　(1) schält　　　(2) rührt
　(3) schneidet

5 상점 · 식당

1　(1) die Bäckerei
　(2) der Fischladen
　(3) die Metzgerei

2　(1) Trinkgeld　　(2) Vegetarier
　(3) Kantine　　　(4) Nachspeise

3　(1) ③　　　　　(2) ②

6 식기 · 주방 용품

1　(1) das Glas　　(2) der Teller
　(3) die Gabel　 (4) das Messer
　(5) der Löffel

2 (1) ③ (2) ①
3 (1) ② (2) ③ (3) ②

V 패션·쇼핑

❶ 옷
1 (1) ③ (2) ④ (3) ① (4) ②
2 ③
3 (1) trägt (2) anprobieren
 (3) zieh(e), an
4 (1) O (2) O (3) X

❷ 패션·소품
1 (1) ein Gürtel
 (2) ein Schal
 (3) eine Sonnenbrille
 (4) ein Hut
 (5) eine Halskette
2 (1) ③ (2) ① (3) ② (4) ④
3 (1) ④, ⑦ (2) ②, ③, ⑨
 (3) ①, ⑥ (4) ⑤, ⑧

❸ 소재·무늬·형태
1 (1) gepunktet (2) kariert
 (3) gestreift (4) gemustert
2 (1) ② (2) ③ (3) ① (4) ④
3 (1) Wolle (2) Seide
 (3) Baumwolle (4) Pelz
4 ③

❹ 미용·위생
1 (1) geduscht
 (2) die Zähne putzen
 (3) wäscht die Hände
2 (1) die Dauerwelle
 (2) die Reinigungsmilch
 (3) die Seife
 (4) die Kosmetik
3 ①

❺ 쇼핑·가게
1 (1) ② (2) ④ (3) ① (4) ③
2 (1) ③ (2) ①
3 ②, ③, ①, ④

❻ 가격·지불
1 (1) ③ (2) ① (3) ②
2 ②
3 ②
4 (1) X (2) O (3) O (4) X

VI 주거

❶ 단독 주택·공동 주택
1 (1) ⓐ Spiegel
 ⓑ Badewanne
 ⓒ Waschbecken
 ⓓ Wasserhahn
 ⓔ Bad
 (2) ⓐ Treppe ⓑ Tür
 ⓒ Fenster ⓓ Wand
 ⓔ Flur

2 (1) klingelt   (2) heizen
   (3) wohnst
3 (1) ③   (2) ①   (3) ②

❷ 가구 · 가전제품 · 도구
1 (1) die Klimaanlage
   (2) der Vorhang
   (3) das Bett
   (4) der Stuhl
   (5) der Tisch
   (6) der Schrank
   (7) die Lampe
   (8) die Kommode
2 (1) ③   (2) ②
3 (1) ①, ②, ⑥   (2) ⑤, ⑦
   (3) ③, ④, ⑧

❸ 집안일 · 일상
1 (1) spazieren   (2) spült
   (3) bügelt   (4) staubsaugt
2 ②
3 (1) steht, auf   (2) schläft
   (3) kauft, ein   (4) kocht
   (5) spült   (6) trocknet, ab
   (7) gehen

❹ 임차 · 임대
1 ③
2 (1) Makler   (2) Vermieter
   (3) Besitzer
3 (1) ③   (2) ⑤   (3) ①   (4) ④
   (5) ②

Ⅶ 시간 · 장소

❶ 시간 · 날짜
1 (1) Sommer   (2) Frühling
   (3) Winter   (4) Herbst
2 (1) Stunde   (2) Zeit
   (3) Uhr
3 (1) ②   (2) ③   (3) ①
4 (1) In   (2) am   (3) im

❷ 길 · 건물
1 (1) Turm   (2) Tunnel
   (3) Brücke   (4) Autobahn
   (5) Gebäude   (6) Friedhof
2 (1) ②   (2) ③   (3) ④   (4) ①
3 (1) die Bank   (2) der Zoo
   (3) das Krankenhaus

❸ 위치 · 방향
1 ④
2 (1) auf dem   (2) zwischen der, dem
   (3) auf den   (4) in den

❹ 길 찾기 · 교통수단
1 (1) Flugzeug   (2) Fahrrad
   (3) Zug   (4) Taxi
   (5) Schiff   (6) Wohnmobil
   (7) Motorrad   (8) Lastkraftwagen
2 (1) geradeaus   (2) rechts
   (3) Ecke
3 (1) fremd   (2) Führerschein
   (3) Ampel   (4) umleiten

VIII 자연 · 환경

❶ 우주 · 지구
1. (1) Mond (2) Stern
   (3) Wüste (4) Sonne
2. ③
3. ②
4. (1) Äquator (2) Astronaut
   (3) Vulkan (4) Halbinsel

❷ 날씨 · 자연
1. (1) regnet (2) schneit
   (3) scheint (4) windig
   (5) neblig (6) heiß
2. ④
3. (1) O (2) O (3) X

❸ 동물 · 식물
1. (1) Schmetterlinge (2) Schlange
   (3) Nelke (4) Löwe
   (5) Rosen (6) Orchideen
2. (1) ③ (2) ④ (3) ② (4) ③
3. ③

❹ 자연재해 · 환경
1. (1) ③ (2) ④ (3) ② (4) ①
2. ③
3. (1) ② (2) ⑥ (3) ⑤
   (4) ④ (5) ① (6) ③
4. ④

IX 휴가 · 여가

❶ 휴가 · 여행
1. (1) das Zelt
   (2) der Koffer
   (3) das Schloss
   (4) die Jugendherberge
2. (1) ③ (2) ① (3) ② (4) ⑤
   (5) ④
3. ②
4. ②

❷ 운동 · 여가
1. (1) ⑤ (2) ① (3) ③ (4) ⑦
   (5) ④ (6) ② (7) ⑥ (8) ⑧
2. (1) ein Gegner
   (2) ein Sportklub
   (3) ein Schiedsrichter
   (4) ein Wettbewerb
   (5) ein Sieg
   (6) unentschieden

❸ 축제 · 공휴일
1. (1) ② (2) ④ (3) ③ (4) ①
2. (1) der Silvester
   (2) der Fasching
   (3) der Valentinstag
3. (1) ② (2) ③

X 국가

❶ 정치 · 행정
1. (1) der Krieg　(2) die Fahne
   (3) die Wahl　(4) der Soldat
2. (1) ②　(2) ④　(3) ③　(4) ①
3. ③
4. (1) die Bevölkerung
   (2) die Bescheinigung
   (3) die Vorschrift
   (4) die Koalition

❷ 법 · 외교
1. (1) das Gefängnis
   (2) der Richter
   (3) das Gericht
   (4) der Diplomat
2. (1) ③　(2) ②　(3) ①
3. (1) ②　(2) ②　(3) ①　(4) ③

❸ 노동 · 경제
1. (1) das Vorstellungsgespräch
   (2) die Gewerkschaft
   (3) das Unternehmen
   (4) die Börse
2. ③
3. ②
4. ④

❹ 범죄 · 이민
1. (1) der Bankräuber
   (2) die Waffe
   (3) der Tod
   (4) die Gewalt
2. (1) ②　(2) ③　(3) ④　(4) ①
3. (1) ①　(2) ②　(3) ②

XI 대중 매체 · 의사소통

❶ 컴퓨터 · TV
1. (1) die Tastatur
   (2) der Computer
   (3) die Maus
   (4) der Bildschirm
   (5) der Drucker
   (6) der Kopierer
2. (1) ③　(2) ⑤　(3) ②　(4) ④
   (5) ①
3. (1) Passwort　(2) löschen
   (3) speichern　(4) herunterladen

❷ 전화 · 우편
1. (1) verbinden　(2) ausrichten
   (3) zurückrufen
2. (1) ③　(2) ②
3. ③

❸ 이메일 쓰기
1. ②, ③, ④, ①
2. ③
3. ①
4. ②

❹ 토론 · 대화

1 (1) ②   (2) ③   (3) ④   (4) ①
2 (1) ①   (2) ②
3 ③
4 ②

❺ 프레젠테이션

1 (1) ③   (2) ①   (3) ②   (4) ④
2 ②
3 ②
4 ②

색인 1 Index 1

A

Abend *m*	저녁	218
Abenteuer *n*	모험	272
Abfall *m*	쓰레기	204
Abgas *n*	배기가스	266
Abgeordnete *m* *f*	(국회)의원	296
abholen	데리고 오다, 가지고 오다	204
Abitur *n*	대학 입학시험	93
ablehnen	거부하다, 거절하다	346
abnehmen	살이 빠지다	20
Absatz *m*	(신발 뒤축의) 굽, 판매	163, 177
abschließen	(학교, 과정을) 끝내다, 졸업하다	93
Absender *m*	발신인	336
Abteilung *f*	부서, 과	314
abwischen	깨끗이 닦다	204
Adler *m*	독수리	256
adoptieren	입양하다	60
Adresse *f*	주소	210
Advent *m*	강림절	289
Affe *m*	원숭이	256
ähnlich	비슷하게, 유사하게	20
Ahnung *f*	생각, 예감	346
Akku *m*	축전지, 배터리	336
Aktie *f*	주식	314
aktiv	활동적인, 적극적인	20
akzeptieren	수용하다, 받아들이다	346
Allergie *f*	알레르기	50
allmählich	점차적인, 차차	218
alt	늙은, 나이가 ~살인	81
Altbauwohnung *f*	오래된 건물의 집	210
Ameise *f*	개미	256
Ampel *f*	신호등	235
Amt *n*	관청, 관직	296
an	옆에, 옆으로	230
Ananas *f*	파인애플	125
Anfang *m*	시작	218
Angebot *n*	제공, 세일	177
Angeklagte *m* *f*	(형사 소송의) 피고인	307
angeln	낚시하다	279
Angestellter/Angestellte	회사원	65
Angst *f*	겁, 두려움	30
Anhang *m*	첨부 파일	341
anmachen	켜다	95
Anorak *m*	모자가 달린 점퍼, 후드 점퍼	156
anprobieren	입어 보다	156
Anrede *f*	호칭	341
anreisen	여행지에 도착하다	272
Anrufbeantworter *m*	자동 응답기	336
Ansager/in	아나운서	328
Anschluss *m*	연결, 접속	328
Ansicht *f*	의견, 견해	346
anstecken	감염(전염)시키다	50
antworten	답(장)을 하다	341
Anzeige *f*	(신문, 잡지의) 광고	210
anziehen	옷을 입다	156
Anzug *m*	양복, 정장	156
Apfel *m*	사과	125
Apotheke *f*	약국	50
Apparat *m*	기기, 전화기	336
Appetit *m*	식욕	145
Aprikose *f*	살구	125
Äquator *m*	적도	242
arbeiten	일하다	204
Arbeitgeber *m*	사용자, 고용주	65
Arbeitsamt *n*	고용 센터	314
arbeitslos	실직한	65
Arbeitsvertrag *m*	근로 계약서	314
Architekt/in	건축가	65
ärgerlich	화가 난	30
Argument *n*	주장의 근거, 논거	346
Arm *m*	팔	10
Armband *n*	팔찌	163
Ärmel *m*	소매	156
arrogant	오만한, 잘난 체하는	20
Artikel *m*	(신문 등의) 기사	355
Arzt/Ärztin	의사	65
Ast *m*	굵은 가지	256

Astronaut (m) 우주 비행사	242
Atem (m) 숨, 호흡	10
Athlet (m) 운동선수	279
Atmosphäre (f) 대기	242
Attentat (n) 암살	321
Attest (n) 진단서	50
attraktiv 매력적인	20
Aubergine (f) 가지	125
auf (닿아서) 위에, 위로	230
aufbewahren 보관하다	204
Aufenthalt (m) 체류	272
Aufenthaltserlaubnis (f) 체류 허가(증)	321
Aufführung (f) 공연	101
aufgeregt 긴장된, 흥분된	355
aufgeschlossen 마음이 열린, 편견이 없는	21
aufladen 충전하다	195
aufmachen 열다	36
aufnehmen 촬영하다	328
aufräumen 정돈하다, 치우다	205
Aufregung (f) 긴장, 흥분	30
Aufsatz (m) 에세이, 논문	93
Aufschwung (m) 경기 활성, 호황	314
aufstehen 일어나다	205
Auftrag (m) 위임	296
auftreten 등장하다	101
aufwachsen 성장하다	81
Aufzug (m) 엘리베이터	188
Auge (n) 눈	10
ausatmen 숨을 내쉬다	36
Ausbildung (f) 직업 교육	66
Ausdruck (m) 표현	112
ausfallen 휴강하다, (예정된 것이) 취소되다	93
Ausflug (m) 소풍, 근거리 여행	272
ausführen 수출하다	315
ausfüllen 기입하다, 서식을 채우다	296
ausgeben 돈을 쓰다, 지출하다	183
ausgehen 외출하다	205
Aushilfe (f) 임시직 노동자	315
Ausländer (m) 외국인	321
Ausrede (f) 핑계, 변명	347
ausrichten (말을) 전하다	336
Aussage (f) 진술	307
Aussehen (n) 외모	21
Außenminister (m) 외교부 장관	307
Aussprache (f) 발음	112
Ausstellung (f) 전시회	107
Aussterben (n) 멸종	266
Auster (f) 굴	120
ausverkauft 매진된	101
auswandern (외국으로) 이주하다	321
Autobahn (f) 고속 도로	224
Autor/in 작가	112

B

Baby (n) 아기	81
backen (케이크 등을) 굽다	140
Bäcker (m) 제빵사	66
Bäckerei (f) 빵집	145
Bad (n) 욕실	188
baden 목욕하다	173
Bahnhof (m) 역	224
Balkon (m) 발코니	188
Ball (m) 공	279
Banane (f) 바나나	125
Band (f) 밴드	107
Bank (f) 벤치, 은행	195, 224
Bär (m) 곰	256
Bargeld (n) 현금	183
Bart (m) 수염	10
Basketball (m) 농구	279
basteln 조립하다, 손으로 만들다	36
Bauch (m) 배	10
bauen 짓다, 건축하다	188
Bauer/Bäuerin 농부	66
Baum (m) 나무	257
Baumwolle (f) 면	168

Bazar ⓜ 바자	289		**Bewohner** ⓜ 주민	189
Beamte ⓜ 공무원	66		**bezahlen** 지불하다	183
beantragen 신청하다	296		**Beziehung** ⓕ 관계	75
Becher ⓜ 머그잔	151		**BH** ⓜ 브래지어	157
sich bedanken für ~에 감사하다	355		**Bibliothek** ⓕ 도서관	93
bedauerlich 유감스러운	30		**Biene** ⓕ 벌	257
bedeckt 날씨가 흐린	248		**Bier** ⓝ 맥주	133
Bedienung ⓕ (레스토랑) 종업원	145		**Biergarten** ⓜ 야외 맥줏집	145
Bedienungsanleitung ⓕ 사용 설명서	195		**Bild** ⓝ 그림	107
Beerdigung ⓕ 장례식	81		**Bildhauer/in** 조각가	107
Befragte ⓜⓕ 응답자	355		**Bildschirm** ⓜ 모니터	328
befreien 해방하다	297		**billig** 가격이 싼	183
befristet 기한부의	315		**Biographie** ⓕ 전기	112
begabt 재능 있는	101		**Birne** ⓕ 배	126
begeistert 감동받은, 감동한	30		**bitter** 맛이 쓴	140
begründen 근거를 대다, 이유를 설명하다	347		**Bleistift** ⓜ 연필	88
behaupten 주장하다	347		**blitzen** 번개 치다	248
beherrschen 언어를 구사하다	112		**Blume** ⓕ 꽃	257
Beifall ⓜ 갈채, 박수	101		**Bluse** ⓕ 블라우스	157
Beileid ⓝ 조의	81		**Blut** ⓝ 피, 혈액	11
Bein ⓝ 다리	11		**Blutdruck** ⓜ 혈압	51
beißen 물다	257		**bluten** 피가 나다	51
Beleuchtung ⓕ 조명	188		**Boden** ⓜ 바닥	189
bereuen 후회하다	31		**Bohne** ⓕ 콩	126
Berg ⓜ 산	248		**Botschaft** ⓕ 대사관	308
sich beruhigen 마음을 진정시키다	31		**Brand** ⓜ 화재	266
Bescheid ⓜ 확답, 통보	341		**braten** 프라이팬에 기름을 두르고 굽다	140
bescheiden 검소한	21		**brechen** 부러뜨리다	36
Bescheinigung ⓕ 증명서	297		**Briefmarke** ⓕ 우표	337
Beschwerde ⓕ 통증	50		**Briefträger** ⓜ 우편배달부	67
besetzt 통화 중인	337		**Brot** ⓝ 빵	133
besichtigen 집을 구경하다, 관람하다 · 210, 272			**Brücke** ⓕ 다리(교량)	224
Besitzer ⓜ 소유주	210		**Bruder** ⓜ 남자 형제	60
Besserung ⓕ 회복	51		**Buch** ⓝ 책	88
Besteck ⓝ 식기 한 벌(나이프, 포크, 숟가락)	151		**buchen** 예약하다	273
bestehen aus ~(으)로 구성되다	355		**Buchhandlung** ⓕ 서점	113
betonen 강조하다	347		**Buchmesse** ⓕ 도서 전시회	113
Betreff ⓜ (메일) 제목	341		**bügeln** 다리미질하다	205
Betrieb ⓜ 회사, 사업장, 경영	315		**Bühne** ⓕ 무대	102
Bett ⓝ 침대	195		**Bund** ⓜ 연방	297
beurteilen 판단하다	45		**Burg** ⓕ 성, 요새	273
Bevölkerung ⓕ 국민, 주민	297		**Bürger** ⓜ 시민	297
Bewährung ⓕ 집행 유예	307		**Bürgersteig** ⓜ 보도	224
bewegen 움직이다	36		**Bus** ⓜ 버스	235
Beweis ⓜ 증거	307		**Butter** ⓕ 버터	133
sich bewerben 지원하다, 응모하다	66			

C

- Café ⓝ 카페 · 145
- CD-Player ⓜ CD 플레이어 · 196
- Champignon ⓜ 양송이 · 126
- Chance ⓕ 기회 · 82
- Chat ⓜ 채팅 · 328
- Chinakohl ⓜ 배추 · 126
- Chor ⓜ 합창, 합창단 · 107
- Comic ⓜ 만화 · 113
- Computer ⓜ 컴퓨터 · 329
- Computerspiel ⓝ 컴퓨터 게임 · 329
- Couch ⓕ 소파 · 196
- Cousin/Cousine 사촌 · 60
- Creme ⓕ 크림 · 173

D

- da 저기에 · 230
- Dach ⓝ 지붕 · 189
- dafür 찬성하는 · 347
- Darlehen ⓝ 대출 · 315
- darum 그래서, 그런 이유로 · 356
- Datei ⓕ 파일 · 329
- Daten ⓟ 데이터 · 329
- Datum ⓝ 날짜 · 218
- dauern (시간이) 걸리다, 지속하다 · 235
- Dauerwelle ⓕ 파마 · 173
- Daumen ⓜ 엄지손가락 · 11
- Decke ⓕ 천장 · 189
- Demokratie ⓕ 민주주의 · 298
- denken 생각하다 · 45
- Dialekt ⓜ 사투리, 방언 · 113
- Diät ⓕ 다이어트 · 21
- Dieb ⓜ 도둑 · 321
- Digitalisierung ⓕ 디지털화 · 329
- Diktator ⓜ 독재자 · 298
- Diplom ⓝ 석사 학위 · 94
- Diplomat/in 외교관 · 67
- diplomatisch 외교적인 · 308
- Dirigent/in 지휘자 · 108
- diskriminieren 차별하다 · 322
- diskutieren 토론하다 · 348
- Dissertation ⓕ 박사 논문 · 94
- Dokumentation ⓕ 다큐멘터리 · 330
- Dolmetscher/in 통역사 · 67
- donnern 천둥이 치다 · 248
- draußen 밖에, 바깥에 · 230
- drehen 영화를 촬영하다 · 102
- die Dritte Welt 제3세계 · 322
- drücken 누르다, 밀다 · 37
- Drucker ⓜ 프린터 · 330
- durch 잘 익힌 · 146
- durchfallen (시험에) 떨어지다 · 94
- durchschnittlich 평균적으로 · 356
- Durst ⓜ 목마름, 갈증 · 37
- duschen 샤워하다 · 173

E

- Ecke ⓕ 모퉁이 · 235
- egoistisch 이기적인 · 21
- Ehepaar ⓝ 부부 · 82
- ehrlich 정직한 · 22
- Ei ⓝ 달걀 · 133
- eifersüchtig 질투심이 많은 · 22
- Eigentumswohnung ⓕ 개인 소유 주택 · 211
- Einbauküche ⓕ 붙박이식 주방 · 211
- einbürgern 시민권을 부여하다, 귀화시키다 · 322
- einerseits… andererseits 한편으로는 ~ 다른 한편으로는 · 356
- einfallen 생각이 떠오르다 · 45
- eingeben 입력하다 · 330
- eingehen auf (주제를) 다루다, 논하다 · 356
- einkaufen 장을 보다, 구입하다 · 205
- Einkaufswagen ⓜ 쇼핑 카트 · 177
- Einkaufszentrum ⓝ 쇼핑센터 · 177
- einladen 초대하다 · 75
- einleben 정착하다 · 189
- sich einloggen 로그인하다 · 330
- einrichten (집이나 방을 가구로) 꾸미다 · 196
- einsam 외로운 · 31
- einschlafen 잠들다 · 37
- einsteigen 탑승하다 · 235
- einstellen 조정하다, 맞추다 · 337
- Eintopf ⓜ 찌개 · 133
- Eintritt ⓜ 입장 · 37
- einverstanden 동의하는 · 348
- Einweihungsfeier ⓕ 집들이 · 211
- Eis ⓝ 아이스크림 · 134
- Elefant ⓜ 코끼리 · 257

Ellbogen (m) 팔꿈치	11
Eltern (pl) 부모님	60
Elterngeld (n) 양육 수당	298
E-Mail (f) 이메일	342
Emanzipation (f) (불평등, 억압으로부터의) 해방	298
eng 폭이 좁은	168
Enkel/in 손자/손녀	60
Ente (f) 오리	120
entlassen 퇴원시키다, 해고하다	51, 316
entscheiden 결정하다	45
Entsorgung (f) 쓰레기 처리	266
sich entspannen 휴식하다, 긴장을 풀다	273
enttäuscht 실망한	31
Entzündung (f) 염증	51
Epoche (f) 시대, 시기	113
erben 상속받다	61
Erdbeben (n) 지진	266
Erdbeere (f) 딸기	126
Erde (f) 지구, 흙, 땅	242
Erderwärmung (f) 지구 온난화	267
Erdgeschoss (n) 1층	190
Erfahrung (f) 경험	356
Erfolg (m) 성공	82
ergänzen 보충하다, 덧붙이다	348
sich erholen 휴식하다, 원기를 충전하다	273
sich erinnern 기억하다	45
Erkältung (f) 감기	52
sich erkundigen 문의하다	348
erlaubt 허락된	211
Ermäßigung (f) 할인	183
sich ernähren 영양 섭취를 하다	134
ernennen 임명하다, 지명하다	298
erneuerbar 재생 가능한	267
erscheinen 출간되다	114
erwachsen 성인이 된	82
erwähnen 언급하다	357
erziehen 양육하다, 키우다	82
essen 먹다	206
Etat (m) 예산	299
ewig 영원한, 끝없는	218
Expedition (f) 탐험, 원정	242

Fach (n) 과목, 전공	94
Fachgeschäft (n) 전문점	177
Fachmann/Fachfrau 전문가	67
fade 싱거운, 맛없는	140
Faden (m) 실	168
Fahne (f) 기, 국기	299
Fahrkarte (f) 차표, 승차권	236
Fahrrad (n) 자전거	236
fallen 떨어지다	37
Falte (f) 주름	11
Familie (f) 가족	61
Familienstand (m) 혼인 관계	83
Fan (m) 팬	279
Farbe (f) 색상	168
färben 염색하다	173
Fasching (m) 카니발, 사육제	289
Faser (f) 섬유	168
fasten 금식하다	289
faul 썩은, 부패한	127
Federball (m) 배드민턴	280
fegen 쓸다	206
fehlen 병이 나다, 아프다, 결석하다, 결근하다	52, 94
Feierabend (m) 퇴근	67
feiern 파티를 하다	289
Feiertag (m) 공휴일	290
Feinschmecker (m) 미식가, 식도락가	146
Felsklettern (n) 암벽 등반	280
Fenster (n) 창문	190
Ferien (pl) 방학, 휴가	95
Fernbedienung (f) 리모컨	196
fernsehen TV를 보다	196
Festival (n) 축제	102
Fett (n) 지방, 기름	140
Feuerwehrmann (m) 소방관	68
Feuerwerk (n) 불꽃놀이	290
Figur (f) 몸매	12
Filiale (f) 지점, 지사	316
Film (m) 영화	102
Finale (n) 결승전	280
finden 생각하다	46
Finger (m) 손가락	12
Firma (f) 회사	68
Fisch (m) 생선	120

Fischladen 생선 가게	146
fit 몸의 (체력) 상태가 좋은	52
Fitnessstudio ⓝ 피트니스 센터(헬스장)	280
fix und fertig 기진맥진한	52
Fleisch ⓝ 고기	120
fleißig 부지런한, 노력하는	22
Fliege ⓕ 파리	258
fließend 유창한	114
Flitterwochen ⓟⓛ 신혼여행	83
Flugbegleiter/in 승무원	68
Flugzeug ⓝ 비행기	236
Flur ⓜ 현관, 복도	190
Fluss ⓜ 강	248
Fön ⓜ 헤어드라이어	197
formulieren 표현하다	348
Forschung ⓕ 연구	46
Fortbildung ⓕ 연수, 재교육	316
Fotoapparat ⓜ 사진기	197
Fotograf/in 사진사	68
fotografieren 사진을 찍다	280
Frage ⓕ 질문	357
Frau ⓕ 아내	61
frech 무례한, 뻔뻔스러운	22
Freiheit ⓕ 자유	299
Freiheitsstrafe ⓕ 징역형, 금고형	308
freisprechen 무죄 판결을 내리다	308
Freizeit ⓕ 여가, 자유 시간	281
fremd 낯선, 미지의	236
fressen (동물이) 먹다	258
sich freuen 기뻐하다	342
Freund/in 친구	75
freundlich 친절한	22
Frieden ⓜ 평화	299
Friedhof ⓜ 묘지	225
Friseur/in 미용사	68
Friseursalon ⓜ 미용실	225
Frisur ⓕ 헤어스타일	23
frittieren 기름에 튀기다	141
froh 기쁜	31
Frosch ⓜ 개구리	258
früh 이른	219
frühstücken 아침 식사를 하다	206
Fuchs ⓜ 여우	258
sich fühlen 느끼다	32
Führerschein ⓜ 운전면허증	236
Führung ⓕ (가이드가 안내해 주는) 관람	273
Füller ⓜ 만년필	88
funktionieren 작동하다	197
Fuß ⓜ 발	12
Fußball ⓜ 축구	281
Fußballspieler/in 축구 선수	69
Fußgängerzone ⓕ 보행자 전용 구역	225
füttern 사료를 주다	258

G

Gans ⓕ 거위	120
Garage ⓕ 차고	190
Garantie ⓕ 보증	178
Garderobe ⓕ (공연장 등의) 물품 보관소	102
Garnele ⓕ 새우	121
Garten ⓜ 정원	190
Gasse ⓕ 골목	225
Gebäude ⓝ 건물	225
geboren 태어난	83
Geduld ⓕ 인내심	23
geehrt 존경하는	342
gefallen 마음에 들다	75
Gefängnis ⓝ 교도소, 감옥	308
Geflügel ⓝ (닭, 오리, 거위 등의) 가금류	121
gegenseitig 상호의, 서로의	75
gegenüber 건너편에, 맞은편에	230
Gegner ⓜ 상대 선수, 상대 팀	281
Geheimnummer ⓕ 비밀번호	330
gehen 가다, 걷다	38
Gehirn ⓝ 뇌, 두뇌	12
gehorchen 순종하다, 따르다	76
Geisel ⓕ 인질	322
Geld ⓝ 돈	184
Geldbeutel ⓜ 지갑	163
Gemeinde ⓕ 최소 행정 구역 단위, 지역 주민	299
Generation ⓝ 세대	61
genießen 즐기다	281
Genre ⓝ 장르	114
geographisch 지리적으로, 지역적으로	243
Gepäck ⓝ 짐, 수하물	337
gepunktet 물방울무늬가 있는, 점이 있는	169
geradeaus 똑바로, 곧장	237
geräumig 공간이 넓은	211
Gericht ⓝ 법원, 재판부	309
Gerste ⓕ 보리	127

Geschäftsmann/Geschäftsfrau 사업가 ·············· 69
Geschäftsreise ⓕ 출장 ·············· 274
Geschichte ⓕ 이야기 ·············· 114
Geschmack ⓜ 맛, 미각 ·············· 141
Geschwister ⓟⓛ 형제자매 ·············· 61
gesellig 사교적인 ·············· 23
Gesetz ⓝ 법, 법률 ·············· 309
Gesicht ⓝ 얼굴 ·············· 12
Gesichtswasser ⓝ 스킨, 화장수 ·············· 174
Gespräch ⓝ 대화 ·············· 349
gestreift 줄무늬가 있는 ·············· 169
Gesundheit ⓕ 건강 ·············· 52
Gewalt ⓕ 폭력 ·············· 322
Gewerkschaft ⓕ 노동조합 ·············· 316
Gewinn ⓜ 이익 ·············· 316
gewinnen 이기다 ·············· 281
Gewitter ⓝ 악천후, 거친 날씨 ·············· 249
Gewürz ⓝ 양념, 향신료, 조미료 ·············· 141
Giraffe ⓕ 기린 ·············· 259
Glas ⓝ 유리잔 ·············· 151
glatt 미끄러운 ·············· 249
glauben 생각하다, 믿다 ·············· 349
gleichberechtigt 동등한 권리를 가진 ·············· 300
Gleis ⓝ 선로 ·············· 237
Globalisierung ⓕ 세계화, 지구화 ·············· 300
Glück ⓝ 행운 ·············· 83
glücklich 행복한 ·············· 32
Glückwunsch ⓜ 축하 ·············· 290
Golf ⓜ 만 ·············· 243
Grad ⓜ 도 ·············· 249
Grammatik ⓕ 문법 ·············· 114
gratis 공짜로 ·············· 184
gratulieren 축하하다 ·············· 290
grausam 잔인한 ·············· 32
Grenze ⓕ 국경, 경계 ·············· 243
grillen 석쇠로 굽다, 바비큐 하다 ·············· 141
groß 큰 ·············· 23
Größe ⓕ 크기, 사이즈 ·············· 157
großzügig 통이 큰, 인색하지 않은 ·············· 23
Grund ⓜ 이유 ·············· 357
Grundstück ⓝ 토지, 땅 ·············· 212
Gruß ⓜ 인사 ·············· 342
Gulasch ⓜ 굴라쉬(소고기 스튜) ·············· 134
Gurke ⓕ 오이 ·············· 127
Gürtel ⓜ 벨트, 허리띠 ·············· 163

gutartig (의학적으로) 양성의 ·············· 53
Gymnasium ⓝ 인문 고등학교 ·············· 95
Gymnastik ⓕ 체조 ·············· 282

H

Haar ⓝ 머리카락, 털 ·············· 13
haarig 머리카락의 ·············· 24
Haft ⓕ 체포, 구금 ·············· 309
hageln 우박이 내리다 ·············· 249
Hahn ⓜ 수탉 ·············· 259
Hähnchen ⓝ 치킨, 닭고기 ·············· 134
Halbinsel ⓕ 반도 ·············· 243
Hals ⓜ 목 ·············· 13
Halskette ⓕ 목걸이 ·············· 163
halten für ~(이)라고 생각하다, 간주하다 ·············· 349
halten von 평가하다, 생각하다 ·············· 349
Haltestelle ⓕ 정거장 ·············· 237
Hammer ⓜ 망치 ·············· 197
Hand ⓕ 손 ·············· 13
Handel ⓜ 거래 ·············· 317
Handschuhe ⓟⓛ 장갑 ·············· 164
Handy ⓝ 휴대폰 ·············· 197
hängen 걸다 ·············· 38
Hase ⓜ 토끼 ·············· 259
hassen 미워하다, 싫어하다 ·············· 76
Hauptrolle ⓕ 주연 ·············· 103
Hauptstadt ⓕ 수도 ·············· 300
Haus ⓝ 단독 주택 ·············· 191
Hausaufgabe ⓕ 숙제 ·············· 95
Hausfrau/Hausmann 전업주부 ·············· 69
Hausordnung ⓕ 거주자 주의 사항 ·············· 212
Haut ⓕ 피부 ·············· 13
heben 들다 ·············· 38
Heft ⓝ 공책 ·············· 88
Hefter ⓜ 스테이플러 ·············· 88
heilen 치료하다 ·············· 53
Heimat ⓕ 고향 ·············· 62
Heimatland ⓝ 고국, 모국 ·············· 357
heiraten 결혼하다 ·············· 83
heiß 더운 ·············· 249
heiter 청명한 ·············· 250
heizen 난방을 하다 ·············· 191
helfen 돕다 ·············· 76
Hemd ⓝ 셔츠 ·············· 157

Herbst *m* 가을	219
Herd *m* 레인지	151
herrschen 지배하다	300
herunterladen 다운로드하다, 내려받다	331
Herz *n* 심장, 마음	13
herzlich 진심으로, 진심의	342
Heuschnupfen *m* 꽃가루 알레르기	53
heute 오늘	219
Himmel *m* 하늘	243
hinter 뒤에, 뒤로	231
hinweisen 주의를 환기시키다, 알려 주다	349
Hitze *f* 무더위	250
Hochzeit *f* 결혼식	290
Hocker *m* 등받이가 없는 의자	198
Hof *m* 마당	191
hoffen 희망하다, 바라다	46
höflich 예의 바른, 정중한	24
Hörer *m* 수화기	337
Horizont *m* 수평선, 지평선	244
Hörsaal *m* 강의실	95
Hose *f* 바지	157
hübsch 예쁜	24
Hüfte *f* 엉덩이	14
Huhn *n* 닭	121
Hummer *m* 바닷가재	121
Hund *m* 개	259
Hunger *m* 배고픔, 허기	38
Hut *m* 모자	164
hygienisch 위생적인	174

I

Igel *m* 고슴도치	259
illegal 불법의	323
sich immatrikulieren 대학에 등록하다	95
Immobilie *f* 부동산	212
impfen 예방 접종하다	53
in ~(으)로, ~에	231
Industrie *f* 산업	317
informieren 정보를 주다, 알려 주다	343
Ingenieur/in 엔지니어	69
Innenstadt *f* 도심	226
Insel *f* 섬	250
Instrument *n* 악기	108
Integration *f* 통합	323
intelligent 지적인	24

interessieren 관심을 일으키다	46
Internet *n* 인터넷	331
Internetnutzer *m* 인터넷 사용자	331
investieren 투자하다	317
irgendwo 어딘가에서	231

J

Jacke *f* 자켓	158
Jagd *f* 사냥	260
Jahr *n* 연도, 해	219
Jahreszeit *f* 계절	219
joggen 조깅하다	282
Journalist/in (신문, 방송의) 기자	69
Jubiläum *n* 기념일	291
Jugendherberge *f* 유스 호스텔	274
Jugendliche *m f* 청소년	84
jung 젊은	24
juristisch 법률의, 법적인	309

K

Kaffee *m* 커피	134
Kaffeemaschine *f* 커피 머신	198
Käfig *m* 새장	260
Kalligraphie *f* 서예, 서예 작품	108
kämmen 머리를 빗다	174
kandidieren 입후보하다	300
Kantine *f* 구내 식당	146
Kapital *n* 자본, 재산	317
kariert 체크무늬가 있는	169
Karotte *f* 당근	127
Kartoffel *f* 감자	127
Käse *m* 치즈	135
Kasse *f* 계산대	178
Kassierer/in 계산원, 수납원	70
Katze *f* 고양이	260
Kaufhaus *n* 백화점	178
Kaution *f* 보증금	212
kegeln 볼링을 치다	282
Keller *m* 지하실	191
Kellner/in 웨이터	146
kennenlernen 알게 되다, 사귀다	76
Kessel *m* 주전자	151
Kind *n* 자녀	62

Kindergarten ⓜ 유치원	96
Kino ⓝ 영화관	103
Kiosk ⓜ 매점, 가판대	147
Kirche ⓕ 교회, 성당	226
klagen 고소하다, 소송을 제기하다	309
Klamotten ⓟⓛ 옷	158
Klasse ⓕ 학년, 등급	96, 237
klassisch 고전의, 고전적인	108
klatschen 박수를 치다	103
Kleber ⓜ 풀	89
Kleid ⓝ 원피스, 옷	158
Kleiderschrank ⓜ 옷장	198
Kleidung ⓕ 의복, 의류	158
klicken 클릭하다	331
Klimaanlage ⓕ 에어컨	198
Klimawandel ⓜ 기후 변화	250
klingeln 벨을 누르다	191
Kneipe ⓕ 주점	147
Knie ⓝ 무릎	14
Knoblauch ⓜ 마늘	128
Knochen ⓜ 뼈	14
Knopf ⓜ 단추, 버튼	158
knurren 꼬르륵 소리가 나다	38
Koalition ⓕ 연정, 연맹	301
Koch/Köchin 요리사	70
kochen 삶다, 익히다, 요리하다	141, 206
Koffer ⓜ 여행 가방	274
Kollege/Kollegin 동료	70
kommen 오다	39
Kommentar ⓜ 논평, 의사 표시	331
Kommode ⓕ 서랍장	198
kommunizieren 의사소통하다, 연락하다	343
Komödie ⓕ 희극	103
komponieren 작곡하다	108
Konflikt ⓜ 갈등	76
König ⓜ 왕	301
konservativ 보수적인	301
Kontakt ⓜ 교류, 접촉	77
Kontinent ⓜ 대륙	244
Kopf ⓜ 머리	14
kopieren 복사하다	332
Körper ⓜ 몸, 육체	14
korrigieren 첨삭하다, 수정하다	96
Korruption ⓕ 부패	301
Kosmetik ⓕ 화장품	174
kosten 맛보다, 값이 ~이다	39, 184
kostenlos 무료인	103
Kostenvoranschlag ⓜ 견적	184
Kostüm ⓝ 의상	159
Kragen ⓜ 칼라, 깃	159
krank 아픈	53
Krankenhaus ⓝ 종합 병원	226
Krankenschwester ⓕ 간호사	70
Krankenversicherung ⓕ 건강 보험(의료 보험)	54
Krawatte ⓕ 넥타이	164
Krebs ⓜ 게	121
Kreditkarte ⓕ 신용 카드	184
Kreide ⓕ 분필	89
Kreuzung ⓕ 교차로	237
Krieg ⓜ 전쟁	301
kriminell 범죄의	323
kritisieren 비판하다	350
Krokodil ⓝ 악어	260
Küche ⓕ 부엌	192
Kuchen ⓜ 케이크	135
Kugelschreiber ⓜ 볼펜	89
Kuh ⓕ 암소	260
kühl 서늘한	250
Kühlschrank ⓜ 냉장고	199
Kunde ⓜ 고객	178
kündigen 해약을 통보하다	212
Künstler/in 예술가	109
Kürbis ⓜ 호박	128
Kurs ⓜ 강좌	96
kurz 짧은	169
küssen 키스하다	39
Küste ⓕ 해안, 연안	244

L

lächeln 미소 짓다	39
Lachs ⓜ 연어	122
Lage ⓕ 위치	213
Lampe ⓕ 등, 램프	199
Landkarte ⓕ 지도	89
Landschaft ⓕ 경치	251
langweilig 지루한	32
Lappen ⓜ 걸레	206
Lauch ⓜ 대파	128
laufen 달리다	39
launisch 변덕스러운	25

Lawine (f) 눈사태	267	Makrele (f) 고등어	122
leben 살다	192	malen 그림을 그리다	109
lebenslänglich 종신의	310	Maler/in 화가	71
Lebenslauf (m) 이력서	317	Malkasten (m) 그림물감 상자	90
Lebensmittel (pl) 식품	135	Mandant (m) (소송) 의뢰인	310
Leber (f) 간	15	Mannschaft (f) 선수들의 팀, 선수단	282
Leder (n) 가죽	169	Mantel (m) 외투	159
Lehrer/in 교사	70	Mäppchen (n) 필통	90
leiden 견디다, 참다, 고통당하다	32, 54	Märchen (n) 동화	115
Leinwand (f) (영화관) 스크린	104	Marke (f) 상표, 브랜드	179
Leistung (f) 업적, 성과	96	Marmelade (f) 잼	135
Leiter (f) 사다리	199	Massenmedium (n) 대중 매체, 매스 미디어	332
lernen 배우다	46	Maul (n) (동물의) 입, 주둥이	261
lesen 읽다	40	Maus (f) 생쥐, 마우스	261, 332
Leser/in 독자	115	Medaille (f) 메달	282
letzt 지난, 마지막의	220	Medikament (n) 의약품	54
Lexikon (n) 백과사전	115	Meer (n) 바다	251
lieben 사랑하다	77	Meeresfrüchte (pl) 해산물	122
Lied (n) 노래, 가곡	109	Mehrheit (f) 다수, 과반수	302
liefern 배달하다	178	Meinung (f) 의견, 생각	350
liegen 누워 있다, 놓여 있다	40	sich melden 연락하다	343
Lilie (f) 백합	261	Mensa (f) 학생 식당	147
Lineal (n) 자	89	Menschenrecht (n) 인권	310
links 왼쪽에, 왼쪽으로	231	Metzger/in 정육업자	71
Lippe (f) 입술	15	Metzgerei (f) 정육점	147
Lippenstift (m) 립스틱	174	Miete (f) 임대료, 집세	213
Literatur (f) 문학	115	Mieter (m) 세입자	213
lockig 곱슬곱슬한, 고수머리의	25	Mikrowelle (f) 전자레인지	199
Lohn (m) 임금(생산직)	318	Milch (f) 우유	135
löschen 삭제하다	332	Militär (n) 군, 군대	302
Lösung (f) 해결책, 해답	350	Minister (m) 장관	302
Löwe (m) 사자	261	misshandeln 학대하다	323
Luft (f) 공기, 공중	251	Mittag (m) 정오, 낮	220
Luftpost (f) 항공 우편	338	Mitte (f) 중간, 중앙	220
Luftverschmutzung (f) 대기 오염	267	mitteilen 통보하다, 알려 주다	343
Lunge (f) 폐, 허파	15	mitten 한가운데에	231
Lust (f) 마음, 생각	343	möbliert 가구가 있는	213
lustig 재미있는, 쾌활한	25	Mode (f) 유행, 패션	164
		Moderator (m) 사회자, 프로그램 진행자	332
M		mögen 좋아하다	77
Macht (f) 권력	302	Monat (m) 월, 달	220
Magen (m) 위	15	Mond (m) 달	244
Mais (m) 옥수수	128	montieren 조립하다	199
Makler (m) 부동산 중개인	213	Mörder (m) 살인자	323
		Morgen (m) 아침	220

Mücke *f* 모기	261
Mülleimer *m* 쓰레기통	200
multikulturell 다문화의	324
Mund *m* 입	15
Muschel *f* 조개류	122
Museum *n* 박물관	109
musikalisch 음악의, 음악적인	109
Musiker/in 음악가	71
Muskel *m* 근육	16
Müsli *n* 시리얼, 뮤즐리	136
Muster *n* 무늬	170
mutig 용기 있는	25

N

Nachbar/in 이웃	77
Nachfrage *f* 수요	179
nachfragen 재차 묻다, 문의하다	350
Nachrichten *pl* 뉴스	333
Nachspeise *f* 후식	147
Nacht *f* 밤	221
Nachteil *m* 단점	357
Nachttisch *m* 침대 옆 작은 탁자/협탁	200
nachvollziehen 공감하다	350
Nagel *m* 손톱	16
Nagellack *m* 매니큐어	175
Nähe *f* 근처	232
nähen 바느질하다, 꿰매다	159
naschen 군것질하다	136
Nase *f* 코	16
nass 젖은	251
Nationalhymne *f* 국가 (나라를 대표·상징하는 노래)	302
Naturschutz *m* 자연 보호	267
Nebel *m* 안개	251
neben 옆에, 옆으로	232
Nebenkosten *pl* (난방, 수도세, 전기 등의) 부대 비용	214
Neffe *m* 조카	62
Nelke *f* 카네이션	262
nennen 말하다, 부르다	351
Nerv *m* 신경	16
nerven 신경을 건드리다	33
neugierig 호기심이 많은	25
Neuigkeit *f* 새로운 소식	344
Neujahr *n* 새해, 신년	291
neulich 최근에	358
Nikolaus *m* 산타클로스	291
Nordpol *m* 북극	244
Notar *m* 공증인	310
Note *f* 성적, 음표	97, 110
nuklear 핵에너지의	268

O

Oberschenkel *m* 허벅지	16
Öffentlichkeit *f* 대중, 여론	303
offiziell 공식적인	303
Öffnungszeit *f* 개점 시간	179
Ohnmacht *f* 기절	54
Ohr *n* 귀	17
Ohrring *m* 귀걸이	164
ökologisch 유기농의, 친환경적인	268
Olympiade *f* 올림픽	283
Onkel *m* 삼촌	62
Oper *f* 오페라 (작품, 공연장)	110
operieren 수술하다	54
Opfer *n* 희생자	324
optimistisch 낙천적인, 낙관적인	26
Orange *f* 오렌지	128
Orchidee *f* 난초	262
ordentlich 정돈된	207
Ordner *m* 서류철, 파일	90
Orkan *m* 태풍	268
Osten *m* 동쪽	232
Ostern *n* 부활절	291
oval 타원형의, 달걀형의	26
Ozean *m* 대양	252
Ozon *m n* 오존	268

P

Paket *n* 소포	338
Palast *m* 왕궁	274
Papagei *m* 앵무새	262
Paprika *m* 고추, 파프리카	129
Paragraph *m* 조항	310
Parfümerie *f* 화장품 가게	179
Park *m* 공원	226
Parkplatz *m* 주차장	226
Partei *f* 정당	303

Party ⓕ 파티	291
passen 어울리다, (사이즈가) 맞다	159
passend 알맞은, 적합한	351
Passwort ⓝ 패스워드, 암호	333
Pate/Patin 대부/대모	77
Patient ⓜ 환자	55
Pelz ⓜ 모피	170
Pension ⓕ 게스트 하우스	274
persönlich 개인적으로	358
Pfandflasche ⓕ 재활용 병	268
Pfanne ⓕ 프라이팬	152
Pfarrer/in 목사	71
Pfeffer ⓜ 후추	142
Pferd ⓝ 말	262
Pfirsich ⓜ 복숭아	129
pflücken (꽃이나 과실을) 따다, 꺾다	262
Pilot/in 조종사, 비행사	71
Pilz ⓜ 버섯	129
Pinsel ⓜ 붓	90
PKW ⓜ 승용차	238
Planet ⓜ 행성	245
plaudern 담소하다, 대화하다	351
Politik ⓕ 정치, 정책	303
Polizeirevier ⓝ 경찰서	227
Polizist/in 경찰관	72
Post ⓕ 우체국	227
Postfach ⓝ 사서함	338
Postleitzahl ⓕ 우편 번호	338
präsentieren 발표하다	358
Praxis ⓕ 개인 병원	55
Preis ⓜ 가격	185
probieren 맛보다	142
Professor/in 교수	72
Prost ⓝ 건배	292
Protagonist/in 주인공	115
Prozess ⓜ 소송, 재판	311
Prüfung ⓕ 시험, 검사	97
Publikum ⓝ 관객	104
Pullover ⓜ 스웨터	160
pünktlich 시간을 잘 지키는	26
putzen 닦다, 청소하다	207

Q

Quadratmeter ⓜ ⓝ 제곱미터	214
quälen 괴롭히다	78
Qualität ⓕ 품질	179
Quittung ⓕ 영수증	180

R

Rabatt ⓜ 할인	185
Radiergummi ⓜ 지우개	90
Rang ⓜ 순위	283
Rasierer ⓜ 면도기	200
rassistisch 인종 차별의	324
Rate ⓕ 할부, 분할 납입금	185
Rathaus ⓝ 시청	227
Rechnung ⓕ 계산서	148
Recht ⓝ 법, 권리	311
recht haben 맞다, 옳다	351
rechts 오른쪽에, 오른쪽으로	232
Rechtsanwalt/Rechtsanwältin 변호사	72
recyceln 재활용하다	269
Redewendung ⓕ 숙어, 관용구	116
reduzieren 가격이 떨어진	185
Regal ⓝ 책장	200
Regenbogen ⓜ 무지개	252
Regenschirm ⓜ 우산	165
Regierung ⓕ 정부	303
Regisseur/in 감독	104
regnen 비 오다	252
reif 익은, 성숙한	129
Reinigung ⓕ 세탁소	207
Reinigungsmilch ⓕ 클렌징 로션	175
Reis ⓜ 쌀	129
Reisebüro ⓝ 여행사	275
Reiseführer ⓜ 여행 안내 책자	275
Reiseziel ⓝ 여행 목적지	275
renovieren 보수하다, 개축하다	214
Rente ⓕ 연금	318
reparieren 수리하다, 고치다	200
reservieren 예약하다	148
Restaurant ⓝ 레스토랑	148
Rettich ⓜ 무	130
Revolution ⓕ 혁명	304
Rezept ⓝ 레시피	152
Richter ⓜ 판사	311
riechen 냄새가 나다	40
Rindfleisch ⓝ 소고기	122
Rock ⓜ 치마	160

Roman ⓜ 소설	116
röntgen 엑스레이를 찍다	55
Rose ⓕ 장미	263
rösten 볶다	142
Rücken ⓜ 등	17
Rücksicht ⓕ 배려	26
rühren 젓다	142
rülpsen 트림하다	40
Rundfahrt ⓕ 일주 여행, 유람	275
Rundfunk ⓜ 라디오 방송	333

S

Saft ⓜ 주스	136
Säge ⓕ 톱	201
Saison ⓕ 시즌, 휴가철	275
Salat ⓜ 샐러드	136
Salz ⓝ 소금	142
sammeln 수집하다, 모으다	283
Sandale ⓕ 샌들	165
Sardine ⓕ 정어리	123
Satellit ⓜ 위성	245
satt 배부른	148
sauer 신맛의	143
Schach ⓝ 서양 장기, 체스	283
schädlich 해로운	55
Schal ⓜ 목도리, 스카프	165
schälen 껍질을 벗기다	143
Scham ⓕ 부끄러움, 창피	33
scharf 매운	143
Schatten ⓜ 그늘, 그림자	252
schauen 보다	40
Schaufenster ⓝ 쇼윈도, 진열장	180
Schauspieler/in 배우	72
scheinen 빛나다	252
Schere ⓕ 가위	91
schicken 보내다	344
Schicksal ⓝ 운명	84
Schiedsrichter ⓜ (스포츠) 심판	283
Schiff ⓝ 배	238
schildern 묘사하다	116
Schildkröte ⓕ 거북이	263
Schinken ⓜ 햄	136
schlafen 자다	207
schlagen 때리다, (심장이) 뛰다	41
Schlange ⓕ 뱀	263
schlank 날씬한	26
Schmerzen ⓟⓛ 통증	55
Schmetterling ⓜ 나비	263
sich schminken 화장하다	27
Schmuck ⓜ 보석, 장신구	165
schmuggeln 밀수하다	324
schmutzig 더러운	207
Schnäppchen ⓝ 세일 상품, 싸게 사는 것	180
Schnaps ⓜ 슈납스(증류주)	137
Schnecke ⓕ 달팽이	123
schneiden 자르다, 썰다	143
schneien 눈이 오다	253
Schnitzel ⓝ 돈가스	137
Schokolade ⓕ 초콜릿	137
schön 아름다운	27
schöpferisch 창조적인	110
Schraubenzieher ⓜ 드라이버	201
schrecklich 끔찍한	33
Schrei ⓜ 외침, 비명	41
schreiben 쓰다	344
Schreibwaren ⓟⓛ 문구류	91
Schriftsteller/in 작가	72
Schuhe ⓟⓛ 신발	165
Schulden ⓟⓛ 부채, 빚	318
schuldig 유죄의	311
Schule ⓕ 학교	97
Schultasche ⓕ 책가방	91
Schulter ⓕ 어깨	17
Schüssel ⓕ 대접, 사발	152
schütteln (고개를 좌우로) 젓다	41
Schwager ⓜ 처남, 형부, 매부	62
Schwan ⓜ 백조	263
schwanger 임신한	84
schwänzen (학교 등을) 게으름 피워 빼먹다	97
Schwein ⓝ 돼지	264
Schweinebraten ⓜ 구운 돼지고기	137
Schweinefleisch ⓝ 돼지고기	123
Schwiegereltern ⓟⓛ 시부모님/장인·장모	63
Schwiegertochter ⓕ 며느리	63
Schwimmen ⓝ 수영	284
schwitzen 땀을 흘리다	41
Seetang ⓜ 해조류	123
segeln 요트를 타다	284
Sehenswürdigkeit ⓕ 명소, 구경거리	276
Seide ⓕ 실크, 견	170

Seife ⓕ 비누	175
Sekretär/in 비서	73
selbständig 독립적인, 자영업을 하는	73
Semester ⓝ 학기	97
Sender ⓜ 방송사	333
servieren 서빙하다	148
Sessel ⓜ 1인용 소파/안락의자	201
sicher 확실한	351
Sieg ⓜ 승리	284
Silvester ⓜⓝ 12월 31일	292
Sitte ⓕ 풍습	292
Situation ⓕ 상황	358
sitzen 앉아 있다	41
Ski ⓜ 스키	284
Smog ⓜ 스모그	269
Socken ⓟⓛ 양말	166
Sommersprosse ⓕ 주근깨	17
Sonne ⓕ 태양, 햇빛	245
Sonnenbrille ⓕ 선글라스	166
Sonnenenergie ⓕ 태양열 에너지	269
Sorge ⓕ 걱정	47
Soße ⓕ 소스	137
Souvenir ⓝ 기념품	276
Sozialversicherung ⓕ 사회 보장 보험	304
Spaghetti ⓟⓛ 스파게티	138
spannend 흥미진진한, 긴장시키는	104
Spargel ⓜ 아스파라거스	130
spazieren 산책하다	208
speichern 저장하다	333
Speisekarte ⓕ 메뉴판	149
Spiel ⓝ 경기, 시합	284
Spinat ⓜ 시금치	130
Spinne ⓕ 거미	264
Sport ⓜ 운동, 스포츠, (교과목) 체육	285
Sporthalle ⓕ 체육관, 실내 경기장	285
Sportverein ⓜ 스포츠 클럽	285
Sprache ⓕ 언어	116
Sprecher ⓜ 대표, 대변인	304
Sprechstunde ⓕ 진료 시간	56
Sprichwort ⓝ 격언, 속담	116
spülen 설거지하다	208
Staat ⓜ 국가	304
Stäbchen ⓝ 젓가락	152
Stadion ⓝ 경기장	285
Stadtplan ⓜ 시내 지도	238
Standesamt ⓝ 호적 관리청	84
Station ⓕ 병동	56
Statistik ⓕ 통계	358
stattfinden 개최되다, 거행되다	292
Stau ⓜ 교통 체증	238
staubsaugen 진공청소기로 청소하다	208
Staubsauger ⓜ 진공청소기	201
Steckdose ⓕ 콘센트	201
stecken 끼우다, 꽂다	42
stehen 서다, 서 있다, 어울리다	42, 160
stehlen 훔치다	324
Stellenanzeige ⓕ 구인 광고	318
sterben 죽다	84
Stern ⓜ 별	245
Steuer ⓕ 세금	318
Stickerei ⓕ 자수, 자수품	170
Stiefel ⓟⓛ 부츠, 장화	166
stillen 젖을 먹이다, 수유하다	85
Stimme ⓕ 목소리	17
Stipendium ⓝ 장학금	98
Stirn ⓕ 이마	18
Stockwerk ⓝ 층	192
Stoff ⓜ 옷감, 천	170
stolz 자랑스러운	33
stornieren (예약을) 취소하다	276
Strafe ⓕ 벌, 형벌	311
Straße ⓕ 거리	227
streichen 바르다	42
streiten 싸우다	78
Stress ⓜ 스트레스	56
stricken 뜨개질하다	171
Studienfach ⓝ 전공	98
studieren 대학에 다니다, 전공하다	98
Stuhl ⓜ 의자	202
Stunde ⓕ 시간	221
Sturm ⓜ 폭풍	253
subventionieren 재정적으로 지원하다, 보조하다	304
suchen 찾다	214
Südpol ⓜ 남극	245
Supermarkt ⓜ 슈퍼마켓	149
Suppe ⓕ 수프	138
surfen 인터넷 검색하다	334
süß 귀여운, 단맛이 나는	27, 143
sympathisch 호감을 주는	27
synthetisch 합성의, 인조의	171

T

- **Tablett** ⓝ 쟁반 ·········· 152
- **Tag** ⓜ 날, 일 ·········· 221
- **Tal** ⓝ 골짜기, 계곡 ·········· 253
- **Tankstelle** ⓕ 주유소 ·········· 227
- **Tänzer/in** 무용수 ·········· 104
- **tapezieren** 벽지를 바르다 ·········· 214
- **Tasche** ⓕ 가방 ·········· 166
- **Taschenrechner** ⓜ 계산기 ·········· 91
- **Taschentuch** ⓝ 손수건 ·········· 166
- **Tasse** ⓕ (커피나 차의) 잔 ·········· 153
- **Tastatur** ⓕ 키보드, 자판 ·········· 334
- **Täter** ⓜ 범인 ·········· 325
- **tätowieren** 문신을 새기다 ·········· 27
- **Taube** ⓕ 비둘기 ·········· 264
- **taufen** 세례를 하다 ·········· 85
- **Taxi** ⓝ 택시 ·········· 238
- **teilnehmen** 참여하다 ·········· 285
- **Telefonzelle** ⓕ 공중전화 부스 ·········· 338
- **Teller** ⓜ 접시 ·········· 153
- **Teppich** ⓜ 카펫 ·········· 202
- **Termin** ⓜ 예약 ·········· 56
- **Terminkalender** ⓜ 수첩, 다이어리 ·········· 221
- **Terroranschlag** ⓜ 테러 공격 ·········· 325
- **Tesafilm** ⓜ 스카치테이프, 셀로판테이프 ·········· 91
- **Textilien** ⓟ 섬유 제품, 직물류 ·········· 171
- **Theater** ⓝ 연극, 연극관 ·········· 105
- **Thunfisch** ⓜ 참치 ·········· 123
- **tippen** 타이핑하다 ·········· 334
- **Tisch** ⓜ 식탁 ·········· 202
- **Tischtennis** ⓜ 탁구 ·········· 286
- **Tod** ⓜ 죽음 ·········· 85
- **Toilette** ⓕ 화장실 ·········· 192
- **Tomate** ⓕ 토마토 ·········· 130
- **Topf** ⓜ 냄비 ·········· 153
- **Torwart** ⓜ 골키퍼 ·········· 286
- **töten** 죽이다 ·········· 325
- **Tourist** ⓜ 관광객 ·········· 276
- **traditionell** 전통적으로 ·········· 292
- **tragen** 나르다, 옷을 입고 있다 ·········· 42, 160
- **trainieren** 훈련하다 ·········· 286
- **Träne** ⓕ 눈물 ·········· 42
- **Traube** ⓕ 포도 ·········· 130
- **trauern** 애도하다, 슬퍼하다 ·········· 85
- **träumen** 꿈꾸다 ·········· 47
- **traurig** 슬픈 ·········· 33
- **treffen** 만나다 ·········· 286
- **Trend** ⓜ 경향, (유행의) 추세 ·········· 160
- **sich trennen** 헤어지다 ·········· 78
- **Treppe** ⓕ 계단 ·········· 192
- **Trinkgeld** ⓝ 팁 ·········· 149
- **T-Shirt** ⓝ 티셔츠 ·········· 161
- **Tuch** ⓝ 마른 행주, 수건 ·········· 153
- **tüchtig** 유능한 ·········· 73
- **Tunnel** ⓜ 터널 ·········· 228
- **Tür** ⓕ 문 ·········· 193
- **Turm** ⓜ 탑 ·········· 228

U

- **U-Bahn** ⓕ 지하철 ·········· 239
- **übel** (속이) 메스꺼운 ·········· 56
- **über** (떨어져서) 위에, 위로 ·········· 232
- **überall** 도처에, 사방에 ·········· 233
- **überlegen** 숙고하다 ·········· 47
- **übernachten** 숙박하다 ·········· 276
- **überraschen** 놀라게 하다 ·········· 34
- **Überschwemmung** ⓕ 홍수, 범람 ·········· 269
- **übersehen** 간과하다 ·········· 352
- **übersetzen** 번역하다 ·········· 117
- **Überstunde** ⓕ 초과 근무 ·········· 73
- **übertragen** 중계방송하다 ·········· 334
- **übertrieben** 과장된 ·········· 352
- **überzeugt** 확신하는 ·········· 352
- **Uhr** ⓕ 시(시각) ·········· 221
- **umarmen** 껴안다, 포옹하다 ·········· 43
- **umdrehen** 돌리다, 회전하다 ·········· 43
- **Umfrage** ⓕ 설문 조사 ·········· 359
- **Umgebung** ⓕ 주변 ·········· 193
- **Umkleidekabine** ⓕ 탈의실 ·········· 180
- **Umleitung** ⓕ 우회, 우회로 ·········· 239
- **Umsatz** ⓜ 매출 ·········· 180
- **Umschlag** ⓜ 편지 봉투 ·········· 339
- **umtauschen** 교환하다 ·········· 181
- **Umweg** ⓜ 돌아가는 길 ·········· 239
- **umweltfreundlich** 환경친화적인 ·········· 269
- **umziehen** 옷을 갈아입다, 이사하다 ·········· 161, 215
- **unentschieden** 무승부의 ·········· 286
- **Uniform** ⓕ 유니폼 ·········· 161
- **Universität** ⓕ 대학 ·········· 98

Unsinn *m* 허튼소리, 어리석은 말	352
unter 아래에, 아래로	233
unterbrechen 끊다, 중단시키다	352
Unterführung *f* 지하도	228
sich unterhalten 대화를 나누다	78
Unterkunft *f* 숙박 시설	277
Unternehmen *n* 기업	319
unterrichten 수업하다	98
Unterschrift *f* 서명, 사인	344
untersuchen 진찰하다	57
Untersuchung *f* 연구	99
Untertitel *n* 자막	105
Unterwäsche *f* 속옷	161
Urkunde *f* 증명서	305
Urlaub *m* 휴가	277
Urteil *n* 판결	312
Urwald *m* 원시림	246

V

Valentinstag *m* 밸런타인데이	293
väterlicherseits 친가 쪽으로	63
Vegetarier *m* 채식주의자	149
Verabredung *f* 약속	78
veranstalten 개최하다	293
verantwortungsvoll 책임감이 강한	28
verbinden 전화를 연결하다	339
verblichen 색이 바랜	171
verbrauchen 소비하다	319
Verbraucher *m* 소비자	181
Verbrechen *n* 범죄	325
verbringen (시간을) 보내다	277
Verdacht *m* 혐의, 의혹, 의심	312
verdaulich 소화가 되는	57
Verfassung *f* 헌법	312
vergessen 잊어버리다	47
vergriffen 절판된	117
Verkäufer/in 판매원, 점원	73
Verkehrsmittel *n* 교통수단	239
Verlag *m* 출판사	117
verletzt 부상당한	57
sich verlieben 사랑에 빠지다	79
Verlobte *m*/*f* 약혼자	85
vermissen 그리워하다	34
vernünftig 합리적인	47

verpacken 포장하다	181
verraten 배신하다	79
verschreiben 처방하다	57
verschwenderisch 낭비하는	185
verstehen 이해하다	48
Verstopfung *f* 변비	43
verteidigen 변호하다	312
Vertrag *m* 계약	215
vertrauen 신뢰하다	79
verwählen (전화를) 잘못 걸다	339
Verwaltung *f* 행정, 관리	305
verwandt 친척의	63
verwechseln 혼동하다	48
verwelkt 시든	264
verzweifelt 절망한	34
Viertel *n* 도시의 구역, 지역, 15분	215, 222
Vogel *m* 새	264
vor 앞에, 앞으로	233
vorbereiten 준비하다	359
Vorfahr *m* 선조, 조상	63
Vorhang *m* 커튼	202
Vorlesung *f* 강의	99
Vorschlag *m* 제안	353
Vorschrift *f* 규정	305
sich vorstellen 상상하다	48
vorstellen 소개하다	79
Vorstellungsgespräch *n* 면접	319
Vortrag *m* 강연, 발표	359
vorübergehend 당분간, 일시적으로	222
Vorwahl *f* 지역 번호	339
vorwärts 앞으로	233
Vulkan *m* 화산	246

W

Waage *f* 저울	153
Wachstum *n* 성장	319
Waffe *f* 무기	325
Wahl *f* 선거	305
wählen 선택하다	181
Wald *m* 숲	253
Walnuss *f* 호두	131
Wand *f* 벽	193
wandern 도보 여행하다	287
Wange *f* 볼, 뺨	18

warmherzig 마음이 따뜻한, 인정이 많은	28
Wartezimmer (n) 대기실	57
Waschbecken (n) 세면대	193
Wäsche (f) 빨래	208
waschen 씻다	175
Waschmittel (n) 세제	208
Wasser (n) 물	138
Wasserkocher (m) 전기 포트	202
Wassermelone (f) 수박	131
Wassersport (m) 수상 스포츠	287
wecken 깨우다	43
Weg (m) 길	228
Weihnachten (n) 크리스마스	293
Wein (m) 포도주	138
weinen 울다	34
weiterleiten 전달하다	344
Weizen (m) 밀	131
Welle (f) 파도	253
Welt (f) 세계, 세상	246
Weltmeister (m) 세계 챔피언	287
Weltraum (m) 우주 공간, 우주	246
Werbung (f) 광고	334
Werk (n) 작품	110
Weste (f) 조끼	161
Wettervorhersage (f) 일기 예보	254
Wettkampf (m) 경기, 시합	287
widersprechen 이의를 제기하다, 반박(항변)하다	353
wie wäre es, …? ~이/가 어때요?	353
wiederholen 복습하다, 반복하다	99
Wiedervereinigung (f) 재통일	305
wiegen 무게가 나가다	28
Wiese (f) 초원, 풀밭	254
Wimper (f) 속눈썹	18
Wind (m) 바람	254
wissen 알다	48
Wissenschaft (f) 학문, 과학	99
Woche (f) 주	222
Wochenmarkt (m) 매주 서는 장	149
wohnen 살다, 거주하다, 머물다	193
Wohngemeinschaft (f) 주거 공동체, 셰어 하우스	215
Wolke (f) 구름	254
Wolle (f) 양모	171
Wörterbuch (n) 사전	117
Wortschatz (m) 어휘	117
wünschen 원하다, 바라다	181
Wurst (f) 소시지	138
Wüste (f) 황무지, 사막	246

Z

Zahn (m) 치아, 이빨	18
Zahnbürste (f) 칫솔	175
Zeichentrickfilm (m) 만화 영화, 애니메이션	105
zeichnen 스케치하다, 도안하다	110
Zeit (f) 시간	222
Zeitalter (n) 시대	222
Zelt (n) 텐트	277
Zentrum (n) 중심, 시내	215
Zeremonie (f) 의식, 예식	293
Zeuge (m) 증인	312
Zeugnis (n) 성적 증명서	99
Ziel (n) 결승점	287
zielstrebig 목표 지향적인	28
Zins (m) 이자	319
Zirkus (m) 서커스	105
Zitrone (f) 레몬	131
Zoll (m) 세관, 관세	277
Zoo (m) 동물원	228
zufrieden 만족한	34
zufrieren 얼어붙다	254
Zug (m) 기차, 행렬	239, 293
Zugabe (f) 앙코르	105
zugeben 인정하다	353
zuhören 경청하다	43
Zuhörer (m) 청중	359
Zunge (f) 혀	18
zurückhaltend 소극적인	28
zurückrufen 응답 전화를 하다	339
zusammenfassen 요약하다	359
zustimmen 동의하다	353
zuverlässig 신뢰할 수 있는	79
zweifeln 의심하다, 의문시하다	48
Zwiebel (f) 양파	131
zwischen 사이에, 사이로	233

색인 ❷ Index ❷

ㄱ

가격 (m) Preis	185
가격이 떨어진 reduziert	185
가격이 싼 billig	183
가곡 (n) Lied	109
가구가 있는 möbliert	213
(닭, 오리, 거위 등의) 가금류 (n) Geflügel	121
가다 gehen	38
가방 (f) Tasche	166
가위 (f) Schere	91
가을 (m) Herbst	219
가족 (f) Familie	61
가죽 (n) Leder	169
가지 (f) Aubergine	125
가지고 오다 abholen	204
가판대 (m) Kiosk	147
간 (f) Leber	15
간과하다 übersehen	352
간주하다 halten für	349
간호사 (f) Krankenschwester	70
갈등 (m) Konflikt	76
갈증 (m) Durst	37
갈채 (m) Beifall	101
감기 (f) Erkältung	52
감독 Regisseur/in	104
감동받은 begeistert	30
감동한 begeistert	30
감염(전염)시키다 anstecken	50
감옥 (f) Gefängnis	308
감자 (f) Kartoffel	127
값이 ~이다 kosten	184
강 (m) Fluss	248
강림절 (m) Advent	289
강연 (m) Vortrag	359
강의 (f) Vorlesung	99
강의실 (m) Hörsaal	95
강조하다 betonen	347
강좌 (m) Kurs	96
개 (m) Hund	259
개구리 (m) Frosch	258
개미 (f) Ameise	256
개인 병원 (f) Praxis	55
개인 소유 주택 (f) Eigentumswohnung	211
개인적으로 persönlich	358
개점 시간 (f) Öffnungszeit	179
개최되다 stattfinden	292
개최하다 veranstalten	293
개축하다 renovieren	214
거래 (m) Handel	317
거리 (f) Straße	227
거미 (f) Spinne	264
거부하다 ablehnen	346
거북이 (f) Schildkröte	263
거위 (f) Gans	120
거절하다 ablehnen	346
거주자 주의 사항 (f) Hausordnung	212
거주하다 wohnen	193
거친 날씨 (n) Gewitter	249
거행되다 stattfinden	292
걱정 (f) Sorge	47
건강 (f) Gesundheit	52
건강 보험(의료 보험) (f) Krankenversicherung	54
건너편에 gegenüber	230
건물 (n) Gebäude	225
건배 (n) Prost	292
건축가 Architekt/in	65
건축하다 bauen	188
걷다 gehen	38
걸다 hängen	38
걸레 (m) Lappen	206
(시간이) 걸리다 dauern	235
검사 (f) Prüfung	97
검소한 bescheiden	21
겁 (f) Angst	30

한국어	독일어	페이지
게	ⓜ Krebs	121
게스트 하우스	ⓕ Pension	274
(학교 등을) 게으름을 피워 빼먹다	schwänzen	97
격언	ⓝ Sprichwort	116
견	ⓕ Seide	170
견디다	leiden	32
견적	ⓜ Kostenvoranschlag	184
견해	ⓕ Ansicht	346
결근하다	fehlen	94
결석하다	fehlen	94
결승전	ⓝ Finale	280
결승점	ⓝ Ziel	287
결정하다	entscheiden	45
결혼식	ⓕ Hochzeit	290
결혼하다	heiraten	83
경계	ⓕ Grenze	243
경기	ⓝ Spiel	284
경기	ⓜ Wettkampf	287
경기 활성	ⓜ Aufschwung	314
경기장	ⓝ Stadion	285
경영	ⓜ Betrieb	315
경찰관	Polizist/in	72
경찰서	ⓝ Polizeirevier	227
경청하다	zuhören	43
경치	ⓕ Landschaft	251
경향	ⓜ Trend	160
경험	ⓕ Erfahrung	356
계곡	ⓝ Tal	253
계단	ⓕ Treppe	192
계산기	ⓜ Taschenrechner	91
계산대	ⓕ Kasse	178
계산서	ⓕ Rechnung	148
계산원	Kassierer/in	70
계약	ⓜ Vertrag	215
계절	ⓕ Jahreszeit	219
고객	ⓜ Kunde	178
고국	ⓝ Heimatland	357
고기	ⓝ Fleisch	120
고등어	ⓕ Makrele	122
고소하다	klagen	309
고속 도로	ⓕ Autobahn	224
고수머리의	lockig	25
고슴도치	ⓜ Igel	259
고양이	ⓕ Katze	260
고용 센터	ⓝ Arbeitsamt	314
고용주	ⓜ Arbeitgeber	65
고전의	klassisch	108
고전적인	klassisch	108
고추	ⓜ Paprika	129
고치다	reparieren	200
고통당하다	leiden	54
고통받다	leiden	54
고향	ⓕ Heimat	62
곧장	geradeaus	237
골목	ⓕ Gasse	225
골짜기	ⓝ Tal	253
골키퍼	ⓜ Torwart	286
곰	ⓜ Bär	256
곱슬곱슬한	lockig	25
공	ⓜ Ball	279
공간이 넓은	geräumig	211
공감하다	nachvollziehen	350
공기	ⓕ Luft	251
공무원	ⓜ Beamte	66
공식적인	offiziell	303
공연	ⓕ Aufführung	101
공원	ⓜ Park	226
공중	ⓕ Luft	251
공중전화 부스	ⓕ Telefonzelle	338
공증인	ⓜ Notar	310
공짜로	gratis	184
공책	ⓝ Heft	88
공휴일	ⓜ Feiertag	290
과	ⓕ Abteilung	314
과목	ⓝ Fach	94
과반수	ⓕ Mehrheit	302
과장된	übertrieben	352
과학	ⓕ Wissenschaft	99
관객	ⓝ Publikum	104
관계	ⓕ Beziehung	75
관광객	ⓜ Tourist	276
(가이드가 안내해 주는) 관람	ⓕ Führung	273
관람하다	besichtigen	272
관리	ⓕ Verwaltung	305
관세	ⓜ Zoll	277
관심을 일으키다	interessieren	46
관용구	ⓕ Redewendung	116
관직	ⓝ Amt	296

관청 ⓝ Amt	296
(신문, 잡지의) 광고 ⓕ Anzeige	210
광고 ⓕ Werbung	334
괴롭히다 quälen	78
교도소 ⓕ Gefängnis	308
교류 ⓜ Kontakt	77
교사 Lehrer/in	70
교수 Professor/in	72
교차로 ⓕ Kreuzung	237
교통 체증 ⓜ Stau	238
교통수단 ⓝ Verkehrsmittel	239
교환하다 umtauschen	181
교회 ⓕ Kirche	226
구경거리 ⓕ Sehenswürdigkeit	276
구금 ⓕ Haft	309
구내 식당 ⓕ Kantine	146
구름 ⓕ Wolke	254
구운 돼지고기 ⓜ Schweinebraten	137
구인 광고 ⓕ Stellenanzeige	318
구입하다 einkaufen	205
국가 ⓜ Staat	304
국가 (나라를 대표·상징하는 노래) ⓕ Nationalhymne	302
국경 ⓕ Grenze	243
국기 ⓕ Fahne	299
국민 ⓕ Bevölkerung	297
군 ⓝ Militär	302
군것질하다 naschen	136
군대 ⓝ Militär	302
굴 ⓕ Auster	120
굴라쉬(소고기 스튜) ⓜⓝ Gulasch	134
굵은 가지 ⓜ Ast	256
(신발 뒤축의) 굽 ⓜ Absatz	163
(케이크 등을) 굽다 backen	140
권력 ⓕ Macht	302
권리 ⓝ Recht	311
귀 ⓝ Ohr	17
귀걸이 ⓜ Ohrring	164
귀여운 süß	27
귀화시키다 einbürgern	322
규정 ⓕ Vorschrift	305
그늘 ⓜ Schatten	252
그래서 darum	356
그런 이유로 darum	356
그리워하다 vermissen	34

그림 ⓝ Bild	107
그림물감 상자 ⓜ Malkasten	90
그림을 그리다 malen	109
그림자 ⓜ Schatten	252
근거를 대다 begründen	347
근거리 여행 ⓜ Ausflug	272
근로 계약서 ⓜ Arbeitsvertrag	314
근육 ⓜ Muskel	16
근처 ⓕ Nähe	232
금고형 ⓕ Freiheitsstrafe	308
금식하다 fasten	289
기 ⓕ Fahne	299
기기 ⓜ Apparat	336
기념일 ⓝ Jubiläum	291
기념품 ⓝ Souvenir	276
기름 ⓝ Fett	140
기름에 튀기다 frittieren	141
기린 ⓕ Giraffe	259
기뻐하다 sich freuen	342
기쁜 froh	31
(신문 등의) 기사 ⓜ Artikel	355
기술자 Ingenieur/in	69
기억하다 sich erinnern	45
기업 ⓝ Unternehmen	319
기입하다 ausfüllen	296
(신문, 방송의) 기자 Journalist/in	69
기절 ⓕ Ohnmacht	54
기진맥진한 fix und fertig	52
기차 ⓜ Zug	239
기한부의 befristet	315
기회 ⓕ Chance	82
기후 변화 ⓜ Klimawandel	250
긴장 ⓕ Aufregung	30
긴장된 aufgeregt	355
긴장시키는 spannend	104
긴장을 풀다 sich entspannen	273
길 ⓜ Weg	228
깃 ⓜ Kragen	159
깨끗이 닦다 abwischen	204
깨우다 wecken	43
꺾다 pflücken	262
껍질을 벗기다 schälen	143
껴안다 umarmen	43
꼬르륵 소리가 나다 knurren	38

한국어	독일어	페이지
꽂다	stecken	42
꽃 (f)	Blume	257
꽃가루 알레르기 (m)	Heuschnupfen	53
(집이나 방을 가구로) 꾸미다	einrichten	196
꿈꾸다	träumen	47
꿰매다	nähen	159
끊다	unterbrechen	352
끔찍한	schrecklich	33
(학교, 과정을) 끝내다	abschließen	93
끝없는	ewig	218
끼우다	stecken	42

ㄴ

한국어	독일어	페이지
나르다	tragen	42
나무 (m)	Baum	257
나비 (m)	Schmetterling	263
나이가 ~살인	alt	81
낙관적인	optimistisch	26
낙천적인	optimistisch	26
낚시하다	angeln	279
난방을 하다	heizen	191
난초 (f)	Orchidee	262
날 (m)	Tag	221
날씨가 흐린	bedeckt	248
날씬한	schlank	26
날짜 (n)	Datum	218
남극 (m)	Südpol	245
남자 형제 (m)	Bruder	60
낭비하는	verschwenderisch	185
낮 (m)	Mittag	220
낯선	fremd	236
내려받다	herunterladen	331
냄비 (m)	Topf	153
냄새가 나다	riechen	40
냉장고 (m)	Kühlschrank	199
넥타이 (f)	Krawatte	164
노동조합 (f)	Gewerkschaft	316
노래 (n)	Lied	109
노력하는	fleißig	22
논거 (n)	Argument	346
논문 (m)	Aufsatz	93
논평 (m)	Kommentar	331
논하다	eingehen auf	356
놀라게 하다	überraschen	34

한국어	독일어	페이지
농구 (m)	Basketball	279
농부	Bauer/Bäuerin	66
놓여 있다	liegen	40
뇌 (n)	Gehirn	12
누르다	drücken	37
누워 있다	liegen	40
눈 (n)	Auge	10
눈물 (f)	Träne	42
눈사태 (f)	Lawine	267
눈이 오다	schneien	253
뉴스 (pl)	Nachrichten	333
느끼다	sich fühlen	32
늙은	alt	81

ㄷ

한국어	독일어	페이지
(주제를) 다루다	eingehen auf	356
다리 (n)	Bein	11
다리(교량) (f)	Brücke	224
다리미질하다	bügeln	205
다문화의	multikulturell	324
다수 (f)	Mehrheit	302
다운로드하다	herunterladen	331
다이어리 (m)	Terminkalender	221
다이어트 (f)	Diät	21
다큐멘터리 (f)	Dokumentation	330
닦다	putzen	207
단독 주택 (n)	Haus	191
단맛이 나는	süß	143
단점 (m)	Nachteil	357
단추 (m)	Knopf	158
달 (m)	Monat	220
달 (m)	Mond	244
달걀 (n)	Ei	133
달걀형의	oval	26
달리다	laufen	39
달팽이 (f)	Schnecke	123
닭 (n)	Huhn	121
닭고기 (n)	Hähnchen	134
담소하다	plaudern	351
답장을 하다	antworten	341
당근 (f)	Karotte	127
당분간	vorübergehend	222
대기 (f)	Atmosphäre	242

대기 오염 (f)	Luftverschmutzung	267
대기실 (n)	Wartezimmer	57
대륙 (m)	Kontinent	244
대변인 (m)	Sprecher	304
대부/대모	Pate/Patin	77
대사관 (f)	Botschaft	308
대양 (m)	Ozean	252
대접 (f)	Schüssel	152
대중 (f)	Öffentlichkeit	303
대중 매체 (n)	Massenmedium	332
대출 (n)	Darlehen	315
대파 (m)	Lauch	128
대표 (m)	Sprecher	304
대학 (f)	Universität	98
대학 입학시험 (n)	Abitur	93
대학에 다니다	studieren	98
대학에 등록하다	sich immatrikulieren	95
대화 (n)	Gespräch	349
대화를 나누다	sich unterhalten	78
대화하다	plaudern	351
더러운	schmutzig	207
더운	heiß	249
덧붙이다	ergänzen	348
데리고 오다	abholen	204
데이터 (pl)	Daten	329
도 (m)	Grad	249
도둑 (m)	Dieb	321
도보 여행하다	wandern	287
도서 전시회 (f)	Buchmesse	113
도서관 (f)	Bibliothek	93
도시의 구역 (n)	Viertel	215
도심 (f)	Innenstadt	226
도안하다	zeichnen	110
도처에	überall	233
독립적인	selbständig	73
독수리 (m)	Adler	256
독자	Leser/in	115
독재자 (m)	Diktator	298
돈 (n)	Geld	184
돈가스 (n)	Schnitzel	137
돈을 쓰다	ausgeben	183
돌리다	umdrehen	43
돌아가는 길 (m)	Umweg	239
돕다	helfen	76
동등한 권리를 가진	gleichberechtigt	300
동료	Kollege/Kollegin	70
동물원 (m)	Zoo	228
동의하는	einverstanden	348
동의하다	zustimmen	353
동쪽 (m)	Osten	232
동화 (n)	Märchen	115
돼지 (n)	Schwein	264
돼지고기 (n)	Schweinefleisch	123
두뇌 (n)	Gehirn	12
두려움 (f)	Angst	30
뒤로	hinter	231
뒤에	hinter	231
드라이버 (m)	Schraubenzieher	201
들다	heben	38
등 (f)	Lampe	199
등 (m)	Rücken	17
등급 (f)	Klasse	237
등받이가 없는 의자 (m)	Hocker	198
등장하다	auftreten	101
디지털화 (f)	Digitalisierung	329
(꽃이나 과실을) 따다	pflücken	262
따르다	gehorchen	76
딸기 (f)	Erdbeere	126
땀을 흘리다	schwitzen	41
땅 (f)	Erde	242
땅 (n)	Grundstück	212
때리다	schlagen	41
(시험에) 떨어지다	durchfallen	94
떨어지다	fallen	37
똑바로	geradeaus	237
(심장이) 뛰다	schlagen	41
뜨개질하다	stricken	171

ㄹ

~(이)라고 생각하다	halten für	349
라디오 방송 (m)	Rundfunk	333
램프 (f)	Lampe	199
레몬 (f)	Zitrone	131
레스토랑 (n)	Restaurant	148
레시피 (n)	Rezept	152
레인지 (m)	Herd	151
~(으)로	in	231
~(으)로 구성되다	bestehen aus	355

로그인하다 sich einloggen	330
리모컨 (f) Fernbedienung	196
립스틱 (m) Lippenstift	174

ㅁ

마늘 (m) Knoblauch	128
마당 (m) Hof	191
마른 행주 (n) Tuch	153
마우스 (f) Maus	332
마음 (n) Herz	13
마음 (f) Lust	343
마음에 들다 gefallen	75
마음을 진정시키다 sich beruhigen	31
마음이 따뜻한 warmherzig	28
마음이 열린 aufgeschlossen	21
마지막의 letzt	220
만 (m) Golf	243
만나다 treffen	286
만년필 (m) Füller	88
만족한 zufrieden	34
만화 (m) Comic	113
만화 영화 (m) Zeichentrickfilm	105
말 (n) Pferd	262
말하다 nennen	351
맛 (m) Geschmack	141
맛보다 kosten	39
맛보다 probieren	142
맛없는 fade	140
맛이 쓴 bitter	140
망치 (m) Hammer	197
(사이즈가) 맞다 passen	159
맞다 recht haben	351
맞은편에 gegenüber	230
맞추다 einstellen	337
매니큐어 (m) Nagellack	175
매력적인 attraktiv	20
매부 (m) Schwager	62
매스 미디어 (n) Massenmedium	332
매운 scharf	143
매점 (m) Kiosk	147
매주 서는 장 (m) Wochenmarkt	149
매진된 ausverkauft	101
매출 (m) Umsatz	180
맥주 (n) Bier	133
머그잔 (m) Becher	151
머리 (m) Kopf	14
머리를 빗다 kämmen	174
머리카락 (n) Haar	13
머리카락의 haarig	24
머물다 wohnen	193
먹다 essen	206
(동물이) 먹다 fressen	258
메뉴판 (f) Speisekarte	149
메달 (f) Medaille	282
(속이) 메스꺼운 übel	56
며느리 (f) Schwiegertochter	63
면 (f) Baumwolle	168
면도기 (m) Rasierer	200
면접 (n) Vorstellungsgespräch	319
멸종 (n) Aussterben	266
명소 (f) Sehenswürdigkeit	276
모국 (n) Heimatland	357
모기 (f) Mücke	261
모니터 (m) Bildschirm	328
모으다 sammeln	283
모자 (m) Hut	164
모자가 달린 점퍼 (m) Anorak	156
모퉁이 (f) Ecke	235
모피 (m) Pelz	170
모험 (n) Abenteuer	272
목 (m) Hals	13
목걸이 (f) Halskette	163
목도리 (m) Schal	165
목마름 (m) Durst	37
목사 Pfarrer/in	71
목소리 (f) Stimme	17
목욕하다 baden	173
목표 지향적인 zielstrebig	28
몸 (m) Körper	14
몸매 (f) Figur	12
몸의 (체력) 상태가 좋은 fit	52
묘사하다 schildern	116
묘지 (m) Friedhof	225
무 (m) Rettich	130
무게가 나가다 wiegen	28
무기 (f) Waffe	325
무늬 (n) Muster	170

무대 (f) Bühne	102
무더위 (f) Hitze	250
무례한 frech	22
무료인 kostenlos	103
무릎 (n) Knie	14
무승부의 unentschieden	286
무용수 Tänzer/in	104
무죄 판결을 내리다 freisprechen	308
무지개 (m) Regenbogen	252
문 (f) Tür	193
문구류 (pl) Schreibwaren	91
문법 (f) Grammatik	114
문신을 새기다 tätowieren	27
문의하다 nachfragen	350
문의하다 sich erkundigen	348
문학 (f) Literatur	115
물 (n) Wasser	138
물다 beißen	257
물방울무늬가 있는 gepunktet	169
(공연장 등의) 물품 보관소 (f) Garderobe	102
뮤즐리 (n) Müsli	136
미각 (m) Geschmack	141
미끄러운 glatt	249
미소 짓다 lächeln	39
미식가 (m) Feinschmecker	146
미용사 Friseur/in	68
미용실 (m) Friseursalon	225
미워하다 hassen	76
미지의 fremd	236
민주주의 (f) Demokratie	298
믿다 glauben	349
밀 (m) Weizen	131
밀다 drücken	37
밀수하다 schmuggeln	324

ㅂ

바깥에 draußen	230
바나나 (f) Banane	125
바느질하다 nähen	159
바다 (n) Meer	251
바닥 (m) Boden	189
바닷가재 (m) Hummer	121
바라다 hoffen	46
바라다 wünschen	181

바람 (m) Wind	254
바르다 streichen	42
바비큐 하다 grillen	141
바자 (m) Bazar	289
바지 (f) Hose	157
박물관 (n) Museum	109
박사 논문 (f) Dissertation	94
박수 (m) Beifall	101
박수를 치다 klatschen	103
밖에 draußen	230
반도 (f) Halbinsel	243
반박(항변)하다 widersprechen	353
반복하다 wiederholen	99
받아들이다 akzeptieren	346
발 (m) Fuß	12
발신인 (m) Absender	336
발음 (f) Aussprache	112
발코니 (m) Balkon	188
발표 (m) Vortrag	359
발표하다 präsentieren	358
밤 (f) Nacht	221
방송사 (m) Sender	333
방언 (m) Dialekt	113
방학 (pl) Ferien	95
배 (m) Bauch	10
배 (f) Birne	126
배 (n) Schiff	238
배고픔 (m) Hunger	38
배기가스 (n) Abgas	266
배달하다 liefern	178
배드민턴 (m) Federball	280
배려 (f) Rücksicht	26
배부른 satt	148
배신하다 verraten	79
배우 Schauspieler/in	72
배우다 lernen	46
배추 (m) Chinakohl	126
배터리 (m) Akku	336
백과사전 (n) Lexikon	115
백조 (m) Schwan	263
백합 (f) Lilie	261
백화점 (n) Kaufhaus	178
밴드 (f) Band	107
밸런타인데이 (m) Valentinstag	293

한국어	독일어	쪽
뱀	(f) Schlange	263
버섯	(m) Pilz	129
버스	(m) Bus	235
버터	(f) Butter	133
버튼	(m) Knopf	158
번개 치다	blitzen	248
번역하다	übersetzen	117
벌	(f) Biene	257
벌	(f) Strafe	311
범람	(f) Überschwemmung	269
범인	(m) Täter	325
범죄	(n) Verbrechen	325
범죄의	kriminell	323
법	(n) Gesetz	309
법	(n) Recht	311
법률	(n) Gesetz	309
법률의	juristisch	309
법원	(n) Gericht	309
법적인	juristisch	309
벤치	(f) Bank	195
벨을 누르다	klingeln	191
벨트	(m) Gürtel	163
벽	(f) Wand	193
벽지를 바르다	tapezieren	214
변덕스러운	launisch	25
변명	(f) Ausrede	347
변비	(f) Verstopfung	43
변호사	Rechtsanwalt/Rechtsanwältin	72
변호하다	verteidigen	312
별	(m) Stern	245
병동	(f) Station	56
병이 나다	fehlen	52
보관하다	aufbewahren	240
보내다	schicken	344
(시간을) 보내다	verbringen	277
보다	schauen	40
보도	(m) Bürgersteig	224
보리	(f) Gerste	127
보석	(m) Schmuck	165
보수적인	konservativ	301
보수하다	renovieren	214
보조하다	subventionieren	304
보증	(f) Garantie	178
보증금	(f) Kaution	212
보충하다	ergänzen	348
보행자 전용 구역	(f) Fußgängerzone	225
복도	(m) Flur	190
복사하다	kopieren	332
복숭아	(m) Pfirsich	129
복습하다	wiederholen	99
볶다	rösten	142
볼	(f) Wange	18
볼링을 치다	kegeln	282
볼펜	(m) Kugelschreiber	89
부끄러움	(f) Scham	33
(난방, 수도세, 전기 등의) 부대 비용	(pl) Nebenkosten	214
부동산	(f) Immobilie	212
부동산 중개인	(m) Makler	213
부러뜨리다	brechen	36
부르다	nennen	351
부모님	(pl) Eltern	60
부부	(n) Ehepaar	82
부상당한	verletzt	57
부서	(f) Abteilung	314
부엌	(f) Küche	192
부지런한	fleißig	22
부채	(pl) Schulden	318
부츠	(pl) Stiefel	166
부패	(f) Korruption	301
부패한	faul	127
부활절	(n) Ostern	291
북극	(m) Nordpol	244
분필	(f) Kreide	89
분할 납입금	(f) Rate	185
불꽃놀이	(n) Feuerwerk	290
불법의	illegal	323
불평등	(f) Emanzipation	298
(불평등, 억압으로부터의) 해방	(f) Emanzipation	298
붓	(m) Pinsel	90
붙박이식 주방	(f) Einbauküche	211
브래지어	(m) BH	157
브랜드	(f) Marke	179
블라우스	(f) Bluse	157
비 오다	regnen	252
비누	(f) Seife	175
비둘기	(f) Taube	264
비명	(m) Schrei	41

비밀번호 ⓕ Geheimnummer	330
비서 Sekretär/in	73
비슷하게 ähnlich	20
비판하다 kritisieren	350
비행기 ⓝ Flugzeug	236
비행사 Pilot/in	71
빚 ⓟ Schulden	318
빛나다 scheinen	252
빨래 ⓕ Wäsche	208
빵 ⓝ Brot	133
빵집 ⓕ Bäckerei	145
뺨 ⓕ Wange	18
뻔뻔스러운 frech	22
뼈 ⓜ Knochen	14

ㅅ

사과 ⓜ Apfel	125
사교적인 gesellig	23
사귀다 kennenlernen	76
사냥 ⓕ Jagd	260
사다리 ⓕ Leiter	199
사랑에 빠지다 sich verlieben	79
사랑하다 lieben	77
사료를 주다 füttern	258
사막 ⓕ Wüste	246
사발 ⓕ Schüssel	152
사방에 überall	233
사서함 ⓝ Postfach	338
사업가 Geschäftsmann/Geschäftsfrau	69
사업장 ⓜ Betrieb	315
사용 설명서 ⓕ Bedienungsanleitung	195
사용자 ⓜ Arbeitgeber	65
사육제 ⓜ Fasching	289
사이로 zwischen	233
사이에 zwischen	233
사이즈 ⓕ Größe	157
사인 ⓕ Unterschrift	344
사자 ⓜ Löwe	261
사전 ⓝ Wörterbuch	117
사진기 ⓜ Fotoapparat	197
사진사 Fotograf/in	68
사진을 찍다 fotografieren	280
사촌 Cousin/Cousine	60

사투리 ⓜ Dialekt	113
사회 보장 보험 ⓕ Sozialversicherung	304
사회자 ⓜ Moderator	332
삭제하다 löschen	332
산 ⓜ Berg	248
산업 ⓕ Industrie	317
산책하다 spazieren	208
산타클로스 ⓜ Nikolaus	291
살구 ⓕ Aprikose	125
살다 leben	192
살다 wohnen	193
살이 빠지다 abnehmen	20
살인자 ⓜ Mörder	323
삶다 kochen	141
삼촌 ⓜ Onkel	62
상대 선수 ⓜ Gegner	281
상대 팀 ⓜ Gegner	281
상상하다 sich vorstellen	48
상속받다 erben	61
상표 ⓕ Marke	179
상호의 gegenseitig	75
상황 ⓕ Situation	358
새 ⓜ Vogel	264
새로운 소식 ⓕ Neuigkeit	344
새우 ⓕ Garnele	121
새장 ⓜ Käfig	260
새해 ⓝ Neujahr	291
색상 ⓕ Farbe	168
색이 바랜 verblichen	171
샌들 ⓕ Sandale	165
샐러드 ⓜ Salat	136
생각 ⓕ Ahnung	346
생각 ⓕ Lust	343
생각 ⓕ Meinung	350
생각이 떠오르다 einfallen	45
생각하다 denken	45
생각하다 finden	46
생각하다 glauben	349
생각하다 halten von	349
생선 ⓜ Fisch	120
생선 가게 Fischladen	146
생쥐 ⓕ Maus	261
샤워하다 duschen	173
서 있다 stehen	42

서늘한 kühl	250	세면대 (n) Waschbecken	193
서다 stehen	42	세상 (f) Welt	246
서랍장 (f) Kommode	198	세일 (n) Angebot	177
서로의 gegenseitig	75	세일 상품 (f) Schnäppchen	180
서류철 (m) Ordner	90	세입자 (m) Mieter	213
서명 (f) Unterschrift	344	세제 (n) Waschmittel	208
서빙하다 servieren	148	세탁소 (f) Reinigung	207
서식을 채우다 ausfüllen	296	셀로판테이프 (m) Tesafilm	91
서양 장기 (n) Schach	283	셔츠 (n) Hemd	157
서예 (f) Kalligraphie	108	셰어 하우스 (f) Wohngemeinschaft	215
서예 작품 (f) Kalligraphie	108	소개하다 vorstellen	79
서점 (f) Buchhandlung	113	소고기 (n) Rindfleisch	122
서커스 (m) Zirkus	105	소극적인 zurückhaltend	28
석사 학위 (n) Diplom	94	소금 (n) Salz	142
석쇠로 굽다 grillen	141	소매 (m) Ärmel	156
선거 (f) Wahl	305	소방관 (m) Feuerwehrmann	68
선글라스 (f) Sonnenbrille	166	소비자 (m) Verbraucher	181
선로 (n) Gleis	237	소비하다 verbrauchen	319
선수단 (f) Mannschaft	282	소설 (m) Roman	116
선수들의 팀 (f) Mannschaft	282	소송 (m) Prozess	311
선조 (m) Vorfahr	63	소송을 제기하다 klagen	309
선택하다 wählen	181	소스 (f) Soße	137
설거지하다 spülen	208	소시지 (f) Wurst	138
설문 조사 (f) Umfrage	359	소유주 (m) Besitzer	210
섬 (f) Insel	250	소파 (f) Couch	196
섬유 (f) Faser	168	소포 (n) Paket	338
섬유 제품 (pl) Textilien	171	소풍 (m) Ausflug	272
성 (f) Burg	273	소화가 되는 verdaulich	57
성공 (m) Erfolg	82	속눈썹 (f) Wimper	18
성과 (f) Leistung	96	속담 (n) Sprichwort	116
성당 (f) Kirche	226	속옷 (f) Unterwäsche	161
성숙한 reif	129	손 (f) Hand	13
성인이 된 erwachsen	82	손가락 (m) Finger	12
성장 (n) Wachstum	319	손수건 (n) Taschentuch	166
성장하다 aufwachsen	81	손으로 만들다 basteln	36
성적 (f) Note	97	손자/손녀 Enkel/in	60
성적 증명서 (n) Zeugnis	99	손톱 (m) Nagel	16
세계 (f) Welt	246	쇼윈도 (n) Schaufenster	180
세계 챔피언 (m) Weltmeister	287	쇼핑 카트 (m) Einkaufswagen	177
세계화 (f) Globalisierung	300	쇼핑센터 (n) Einkaufszentrum	177
세관 (m) Zoll	277	수건 (n) Tuch	153
세금 (f) Steuer	318	수납원 Kassierer/in	70
세대 (f) Generation	61	수도 (f) Hauptstadt	300
세례를 하다 taufen	85	수리하다 reparieren	200

수박 ⓕ Wassermelone	131
수상 스포츠 ⓜ Wassersport	287
수술하다 operieren	54
수업하다 unterrichten	98
수염 ⓜ Bart	10
수영 ⓝ Schwimmen	284
수요 ⓕ Nachfrage	179
수용하다 akzeptieren	346
수유하다 stillen	85
수정하다 korrigieren	96
수집하다 sammeln	283
수첩 ⓜ Terminkalender	221
수출하다 ausführen	315
수탉 ⓜ Hahn	259
수평선 ⓜ Horizont	244
수프 ⓕ Suppe	138
수하물 ⓝ Gepäck	337
수화기 ⓜ Hörer	337
숙고하다 überlegen	47
숙박 시설 ⓕ Unterkunft	277
숙박하다 übernachten	276
숙어 ⓕ Redewendung	116
숙제 ⓕ Hausaufgabe	95
순위 ⓜ Rang	283
순종하다 gehorchen	76
숨 ⓜ Atem	10
숨을 내쉬다 ausatmen	36
숲 ⓜ Wald	253
슈납스(증류수) ⓜ Schnaps	137
슈퍼마켓 ⓜ Supermarkt	149
스모그 ⓜ Smog	269
스웨터 ⓜ Pullover	160
스카치테이프 ⓜ Tesafilm	91
스카프 ⓜ Schal	165
스케치하다 zeichnen	110
(영화관) 스크린 ⓕ Leinwand	104
스키 ⓜ Ski	284
스킨 ⓝ Gesichtswasser	174
스테이플러 ⓜ Hefter	88
스트레스 ⓜ Stress	56
스파게티 ⓟ Spaghetti	138
스포츠 ⓜ Sport	285
스포츠 클럽 ⓜ Sportverein	285
슬퍼하다 trauern	85

슬픈 traurig	33
승리 ⓜ Sieg	284
승무원 Flugbegleiter/in	68
승용차 ⓜ PKW	238
승차권 ⓕ Fahrkarte	236
시(시각) ⓕ Uhr	221
시간 ⓕ Stunde	221
시간 ⓕ Zeit	222
시간을 잘 지키는 pünktlich	26
시금치 ⓜ Spinat	130
시기 ⓕ Epoche	113
시내 ⓝ Zentrum	215
시내 지도 ⓜ Stadtplan	238
시대 ⓕ Epoche	113
시대 ⓝ Zeitalter	222
시든 verwelkt	264
시리얼 ⓝ Müsli	136
시민 ⓜ Bürger	297
시민권을 부여하다 einbürgern	322
시부모님 ⓟ Schwiegereltern	63
시작 ⓜ Anfang	218
시즌 ⓕ Saison	275
시청 ⓝ Rathaus	227
시합 ⓝ Spiel	284
시합 ⓜ Wettkampf	287
시험 ⓕ Prüfung	97
식기 한 벌(나이프, 포크, 숟가락) ⓝ Besteck	151
식도락가 ⓜ Feinschmecker	146
식욕 ⓜ Appetit	145
식탁 ⓜ Tisch	202
식품 ⓟ Lebensmittel	135
신경 ⓜ Nerv	16
신경을 건드리다 nerven	33
신년 ⓝ Neujahr	291
신뢰하다 vertrauen	79
신뢰할 수 있는 zuverlässig	79
신맛의 sauer	143
신발 ⓟ Schuhe	165
신용 카드 ⓕ Kreditkarte	184
신청하다 beantragen	296
신호등 ⓕ Ampel	235
신혼여행 ⓟ Flitterwochen	83
실 ⓜ Faden	168
실내 경기장 ⓕ Sporthalle	285

색인 ❷ 413

한국어	독일어	쪽
실망한	enttäuscht	31
실직한	arbeitslos	65
실크 (f)	Seide	170
싫어하다	hassen	76
심장 (n)	Herz	13
(스포츠) 심판 (m)	Schiedsrichter	283
싱거운	fade	140
싸게 사는 것 (n)	Schnäppchen	180
싸우다	streiten	78
쌀 (m)	Reis	129
썩은	faul	127
썰다	schneiden	143
쓰다	schreiben	344
쓰레기 (m)	Abfall	204
쓰레기 처리 (f)	Entsorgung	266
쓰레기통 (m)	Mülleimer	200
쓸다	fegen	206
씻다	waschen	175

ㅇ

아기 (n)	Baby	81
아나운서	Ansager/in	328
아내 (f)	Frau	61
아래로	unter	233
아래에	unter	233
아름다운	schön	27
아스파라거스 (m)	Spargel	130
아이스크림 (n)	Eis	134
아침 (m)	Morgen	220
아침 식사를 하다	frühstücken	206
아프다	fehlen	52
아픈	krank	53
악기 (n)	Instrument	108
악어 (n)	Krokodil	260
악천후 (n)	Gewitter	249
안개 (m)	Nebel	251
앉아 있다	sitzen	41
알게 되다	kennenlernen	76
알다	wissen	48
알레르기 (f)	Allergie	50
알려 주다	hinweisen	349
알려 주다	informieren	343
알려 주다	mitteilen	343
알맞은	passend	351

한국어	독일어	쪽
암벽 등반 (n)	Felsklettern	280
암살 (n)	Attentat	321
암소 (f)	Kuh	260
암호 (n)	Passwort	333
앙코르 (f)	Zugabe	105
앞에	vor	233
앞으로	vor	233
앞으로	vorwärts	233
애니메이션 (m)	Zeichentrickfilm	105
애도하다	trauern	85
앵무새 (m)	Papagei	262
야외 맥줏집 (m)	Biergarten	145
약국 (f)	Apotheke	50
약속 (f)	Verabredung	78
약혼자 (f)	Verlobte	85
양념 (n)	Gewürz	141
양말 (pl)	Socken	166
양모 (f)	Wolle	171
양복 (m)	Anzug	156
(의학적으로) 양성의	gutartig	53
양송이 (m)	Champignon	126
양육 수당 (n)	Elterngeld	298
양육하다	erziehen	82
양파 (f)	Zwiebel	131
어깨 (f)	Schulter	17
어딘가에서	irgendwo	231
어리석은 말 (m)	Unsinn	352
어울리다	passen	159
어울리다	stehen	160
어휘 (m)	Wortschatz	117
언급하다	erwähnen	357
언어 (f)	Sprache	116
언어를 구사하다	beherrschen	112
얼굴 (n)	Gesicht	12
얼어붙다	zufrieren	254
엄지손가락 (m)	Daumen	11
업적 (f)	Leistung	96
엉덩이 (f)	Hüfte	14
~에	in	231
~에 감사하다	sich bedanken für	355
에세이 (m)	Aufsatz	93
에어컨 (f)	Klimaanlage	198
엑스레이를 찍다	röntgen	55
엔지니어	Ingenieur/in	69

한국어	독일어	쪽
엘리베이터	(m) Aufzug	188
여가	(f) Freizeit	281
여론	(f) Öffentlichkeit	303
여우	(f) Fuchs	258
여행 가방	(m) Koffer	274
여행 목적지	(n) Reiseziel	275
여행 안내 책자	(m) Reiseführer	275
여행사	(n) Reisebüro	275
여행지에 도착하다	anreisen	272
역	(m) Bahnhof	224
연결	(m) Anschluss	328
연구	(f) Forschung	46
연구	(f) Untersuchung	99
연극	(n) Theater	105
연극관	(n) Theater	105
연금	(f) Rente	318
연도	(n) Jahr	219
연락하다	kommunizieren	343
연락하다	sich melden	343
연맹	(f) Koalition	301
연방	(m) Bund	297
연수	(f) Fortbildung	316
연안	(f) Küste	244
연어	(m) Lachs	122
연정	(f) Koalition	301
연필	(m) Bleistift	88
열다	aufmachen	36
염색하다	färben	173
염증	(f) Entzündung	51
영수증	(f) Quittung	180
영양 섭취를 하다	sich ernähren	134
영원한	ewig	218
영화	(m) Film	102
영화관	(n) Kino	103
영화를 촬영하다	drehen	102
옆에	an	230
옆에	neben	232
옆으로	an	230
옆으로	neben	232
예감	(f) Ahnung	346
예방 접종하다	impfen	53
예쁜	hübsch	24
예산	(m) Etat	299
예술가	Künstler/in	109
예식	(f) Zeremonie	293
예약	(m) Termin	56
예약하다	buchen	273
예약하다	reservieren	148
예의 바른	höflich	24
오늘	heute	219
오다	kommen	39
오래된 건물의 집	(f) Altbauwohnung	210
오렌지	(f) Orange	128
오른쪽에	rechts	232
오른쪽으로	rechts	232
오리	(f) Ente	120
오만한	arrogant	20
오이	(f) Gurke	127
오존	(m)(n) Ozon	268
오페라 (작품, 공연장)	(f) Oper	110
옥수수	(m) Mais	128
올림픽	(f) Olympiade	283
옳다	recht haben	351
옷	(pl) Klamotten	158
옷	(n) Kleid	158
옷감	(m) Stoff	170
옷을 갈아입다	umziehen	161
옷을 입고 있다	tragen	160
옷을 입다	anziehen	156
옷장	(m) Kleiderschrank	198
왕	(m) König	301
왕궁	(m) Palast	274
외교관	Diplomat/in	67
외교부 장관	(m) Außenminister	307
외교적인	diplomatisch	308
외국인	(m) Ausländer	321
외로운	einsam	31
외모	(n) Aussehen	21
외출하다	ausgehen	205
외침	(m) Schrei	41
외투	(m) Mantel	159
왼쪽에	links	231
왼쪽으로	links	231
요리사	Koch/Köchin	70
요리하다	kochen	206
요새	(f) Burg	273
요약하다	zusammenfassen	359
요트를 타다	segeln	284

욕실 ⓝ Bad	188	유사하게 ähnlich	20
용기 있는 mutig	25	유스 호스텔 ⓕ Jugendherberge	274
우박이 내리다 hageln	249	유죄의 schuldig	311
우산 ⓜ Regenschirm	165	유창한 fließend	114
우유 ⓕ Milch	135	유치원 ⓜ Kindergarten	96
우주 ⓜ Weltraum	246	유행 ⓕ Mode	164
우주 공간 ⓜ Weltraum	246	육체 ⓜ Körper	14
우주 비행사 ⓜ Astronaut	242	은행 ⓕ Bank	224
우체국 ⓕ Post	227	음악가 Musiker/in	71
우편 번호 ⓕ Postleitzahl	338	음악의 musikalisch	109
우편배달부 ⓜ Briefträger	67	음악적인 musikalisch	109
우표 ⓕ Briefmarke	337	음표 ⓕ Note	110
우회 ⓕ Umleitung	239	응답 전화를 하다 zurückrufen	339
우회로 ⓕ Umleitung	239	응답자 ⓜⓕ Befragte	355
운동 ⓜ Sport	285	응모하다 sich bewerben	66
운동선수 ⓜ Athlet	279	의견 ⓕ Ansicht	346
운명 ⓝ Schicksal	84	의견 ⓕ Meinung	350
운전면허증 ⓜ Führerschein	236	(소송) 의뢰인 ⓜ Mandant	310
울 ⓕ Wolle	171	의류 ⓕ Kleidung	158
울다 weinen	34	의문시하다 zweifeln	48
움직이다 bewegen	36	의복 ⓕ Kleidung	158
원기를 충전하다 sich erholen	273	의사 Arzt/Ärztin	65
원숭이 ⓜ Affe	256	의사 표시 ⓜ Kommentar	331
원시림 ⓜ Urwald	246	의사소통하다 kommunizieren	343
원정 ⓕ Expedition	242	의상 ⓝ Kostüm	159
원피스 ⓝ Kleid	158	의식 ⓕ Zeremonie	293
원하다 wünschen	181	의심 ⓜ Verdacht	312
월 ⓜ Monat	220	의심하다 zweifeln	48
웨이터 Kellner/in	146	의약품 ⓝ Medikament	54
위 ⓜ Magen	15	(국회)의원 ⓜⓕ Abgeordnete	296
(닿아서) 위로 auf	230	의자 ⓜ Stuhl	202
(떨어져서) 위로 über	232	의혹 ⓜ Verdacht	312
위생적인 hygienisch	174	~이/가 어때요? wie wäre es, …?	353
위성 ⓜ Satellit	245	이기다 gewinnen	281
(닿아서) 위에 auf	230	이기적인 egoistisch	21
(떨어져서) 위에 über	232	이력서 ⓜ Lebenslauf	317
위임 ⓜ Auftrag	296	이른 früh	219
위치 ⓕ Lage	213	이마 ⓕ Stirn	18
유감스러운 bedauerlich	30	이메일 ⓕ E-Mail	342
유기농의 ökologisch	268	이빨 ⓜ Zahn	18
유능한 tüchtig	73	이사하다 umziehen	215
유니폼 ⓕ Uniform	161	이야기 ⓕ Geschichte	114
유람 ⓕ Rundfahrt	275	이웃 Nachbar/in	77
유리잔 ⓝ Glas	151	이유 ⓜ Grund	357

이유를 설명하다 begründen	347
이의를 제기하다 widersprechen	353
이익 (n) Gewinn	316
이자 (m) Zins	319
(외국으로) 이주하다 auswandern	321
이해하다 verstehen	48
익은 reif	129
익히다 kochen	141
인권 (n) Menschenrecht	310
인내심 (f) Geduld	23
인문 고등학교 (n) Gymnasium	95
인사 (m) Gruß	342
인색하지 않은 großzügig	23
인정이 많은 warmherzig	28
인정하다 zugeben	353
인조의 synthetisch	171
인종 차별의 rassistisch	324
인질 (f) Geisel	322
인터넷 (n) Internet	331
인터넷 검색하다 surfen	334
인터넷 사용자 (m) Internetnutzer	331
일 (m) Tag	221
일기 예보 (f) Wettervorhersage	254
일시적으로 vorübergehend	222
일어나다 aufstehen	205
일주 여행 (f) Rundfahrt	275
일하다 arbeiten	204
읽다 lesen	40
임금(생산직) (m) Lohn	318
임대료 (f) Miete	213
임명하다 ernennen	298
임시직 노동자 (f) Aushilfe	315
임신한 schwanger	84
(동물의) 입 (n) Maul	261
입 (m) Mund	15
입력하다 eingeben	330
입술 (f) Lippe	15
입양하다 adoptieren	60
입어 보다 anprobieren	156
입장 (m) Eintritt	37
입후보하다 kandidieren	300
잊어버리다 vergessen	47

자 (n) Lineal	89
자녀 (n) Kind	62
자다 schlafen	207
자동 응답기 (m) Anrufbeantworter	336
자랑스러운 stolz	33
자르다 schneiden	143
자막 (m) Untertitel	105
자본 (n) Kapital	317
자수 (f) Stickerei	170
자수품 (f) Stickerei	170
자연 보호 (m) Naturschutz	267
자영업을 하는 selbständig	73
자유 (f) Freiheit	299
자유 시간 (f) Freizeit	281
자전거 (n) Fahrrad	236
자켓 (f) Jacke	158
자판 (f) Tastatur	334
작가 Autor/in	112
작가 Schriftsteller/in	72
작곡하다 komponieren	108
작동하다 funktionieren	197
작품 (n) Werk	110
(커피나 차의) 잔 (f) Tasse	153
잔인한 grausam	32
잘 익힌 durch	146
잘난 체하는 arrogant	20
(전화를) 잘못 걸다 verwählen	339
잠들다 einschlafen	37
장갑 (pl) Handschuhe	164
장관 (m) Minister	302
장례식 (f) Beerdigung	81
장르 (n) Genre	114
장미 (f) Rose	263
장신구 (m) Schmuck	165
장을 보다 einkaufen	205
장인·장모 (pl) Schwiegereltern	63
장학금 (n) Stipendium	98
장화 (pl) Stiefel	166
재교육 (f) Fortbildung	316
재능 있는 begabt	101
재미있는 lustig	25
재산 (n) Kapital	317
재생 가능한 erneuerbar	267

한국어	독일어	쪽
재정적으로 지원하다	subventionieren	304
재차 묻다	nachfragen	350
재통일 ⓕ	Wiedervereinigung	305
재판 ⓜ	Prozess	311
재판부 ⓝ	Gericht	309
재활용 병 ⓕ	Pfandflasche	268
재활용하다	recyceln	269
잼 ⓕ	Marmelade	135
쟁반 ⓝ	Tablett	152
저기에	da	230
저녁 ⓜ	Abend	218
저울 ⓕ	Waage	153
저장하다	speichern	333
적극적인	aktiv	20
적도 ⓜ	Äquator	242
적합한	passend	351
전공 ⓝ	Fach	94
전공 ⓝ	Studienfach	98
전공하다	studieren	98
전기 ⓕ	Biographie	112
전기 포트 ⓜ	Wasserkocher	202
전달하다	weiterleiten	344
전문가	Fachmann/Fachfrau	67
전문점 ⓝ	Fachgeschäft	177
전시회 ⓕ	Ausstellung	107
전업주부	Hausfrau/Hausmann	69
전자레인지 ⓕ	Mikrowelle	199
전쟁 ⓜ	Krieg	301
전통적인	traditionell	292
(말을) 전하다	ausrichten	336
전화기 ⓜ	Apparat	336
전화를 연결하다	verbinden	339
절망한	verzweifelt	34
절판된	vergriffen	117
젊은	jung	24
점원	Verkäufer/in	73
점이 있는	gepunktet	169
점차적인	allmählich	218
접속 ⓜ	Anschluss	328
접시 ⓜ	Teller	153
접촉 ⓜ	Kontakt	77
젓가락 ⓝ	Stäbchen	152
젓다	rühren	142
(고개를 좌우로) 젓다	schütteln	41

한국어	독일어	쪽
정거장 ⓕ	Haltestelle	237
정당 ⓕ	Partei	303
정돈된	ordentlich	207
정돈하다	aufräumen	205
정보를 주다	informieren	343
정부 ⓕ	Regierung	303
정어리 ⓕ	Sardine	123
정오 ⓜ	Mittag	220
정원 ⓜ	Garten	190
정육업자	Metzger/in	71
정육점 ⓕ	Metzgerei	147
정장 ⓜ	Anzug	156
정중한	höflich	24
정직한	ehrlich	22
정착하다	einleben	189
정책 ⓕ	Politik	303
정치 ⓕ	Politik	303
젖은	nass	251
젖을 먹이다	stillen	85
제3세계	die Dritte Welt	322
제곱미터 ⓜⓝ	Quadratmeter	214
제공 ⓝ	Angebot	177
(메일) 제목 ⓜ	Betreff	341
제빵사 ⓜ	Bäcker	66
제안 ⓜ	Vorschlag	353
조각가 ⓕ	Bildhauer/in	107
조개류 ⓕ	Muschel	122
조깅하다	joggen	282
조끼 ⓕ	Weste	161
조립하다	basteln	36
조립하다	montieren	199
조명 ⓕ	Beleuchtung	188
조미료 ⓝ	Gewürz	141
조상 ⓜ	Vorfahr	63
조의 ⓝ	Beileid	81
조정하다	einstellen	337
조종사	Pilot/in	71
조카 ⓜ	Neffe	62
조항 ⓜ	Paragraph	310
존경하는	geehrt	342
졸업하다	abschließen	93
종신의	lebenslänglich	310
(레스토랑) 종업원 ⓕ	Bedienung	145
종합 병원 ⓝ	Krankenhaus	226

좋아하다 mögen	77
주 (f) Woche	222
주거 공동체 (f) Wohngemeinschaft	215
주근깨 (f) Sommersprosse	17
주둥이 (n) Maul	261
주름 (f) Falte	11
주민 (f) Bevölkerung	297
주민 (m) Bewohner	189
주변 (f) Umgebung	193
주소 (f) Adresse	210
주스 (m) Saft	136
주식 (f) Aktie	314
주연 (f) Hauptrolle	103
주유소 (f) Tankstelle	227
주의를 환기시키다 hinweisen	349
주인공 Protagonist/in	115
주장의 근거 (n) Argument	346
주장하다 behaupten	347
주전자 (m) Kessel	151
주점 (f) Kneipe	147
주차장 (m) Parkplatz	226
죽다 sterben	84
죽음 (m) Tod	85
죽이다 töten	325
준비하다 vorbereiten	359
줄무늬가 있는 gestreift	169
중간 (f) Mitte	220
중계방송하다 übertragen	334
중단시키다 unterbrechen	352
중심 (n) Zentrum	215
중앙 (f) Mitte	220
즐기다 genießen	281
증거 (m) Beweis	307
증명서 (f) Bescheinigung	297
증명서 (f) Urkunde	305
증인 (m) Zeuge	312
지갑 (m) Geldbeutel	163
지구 (f) Erde	242
지구 온난화 (f) Erderwärmung	267
지구화 (f) Globalisierung	300
지난 letzt	220
지도 (f) Landkarte	89
지루하다 langweilig	32
지리적으로 geographisch	243
지명하다 ernennen	298
지방 (n) Fett	140
지배하다 herrschen	300
지불하다 bezahlen	183
지붕 (n) Dach	189
지사 (f) Filiale	316
지속하다 dauern	235
지역 (n) Viertel	215
지역 번호 (f) Vorwahl	339
지역 주민 (f) Gemeinde	299
지역적으로 geographisch	243
지우개 (m) Radiergummi	90
지원하다 sich bewerben	66
지적인 intelligent	24
지점 (f) Filiale	316
지진 (n) Erdbeben	266
지출하다 ausgeben	183
지평선 (m) Horizont	244
지하도 (f) Unterführung	228
지하실 (m) Keller	191
지하철 (f) U-Bahn	239
지휘자 Dirigent/in	108
직물류 (pl) Textilien	171
직업 교육 (f) Ausbildung	66
진공청소기 (m) Staubsauger	201
진공청소기로 청소하다 staubsaugen	208
진단서 (n) Attest	50
진료 시간 (f) Sprechstunde	56
진술 (f) Aussage	307
진심으로 herzlich	342
진심의 herzlich	342
진열장 (n) Schaufenster	180
진찰하다 untersuchen	57
질문 (f) Frage	357
질투심이 많은 eifersüchtig	22
짐 (n) Gepäck	337
집들이 (f) Einweihungsfeier	211
집세 (f) Miete	213
집을 구경하다 besichtigen	210
집행 유예 (f) Bewährung	307
짓다 bauen	188
징역형 (f) Freiheitsstrafe	308
짧은 kurz	169
찌개 (m) Eintopf	133

차고 (f) Garage	190
차별하다 diskriminieren	322
차차 allmählich	218
차표 (f) Fahrkarte	236
찬성하는 dafür	347
참다 leiden	32
참여하다 teilnehmen	285
참치 (m) Thunfisch	123
창문 (n) Fenster	190
창조적인 schöpferisch	110
창피 (f) Scham	33
찾다 suchen	214
채식주의자 (m) Vegetarier	149
채팅 (m) Chat	328
책 (n) Buch	88
책가방 (f) Schultasche	91
책임감이 강한 verantwortungsvoll	28
책장 (n) Regal	200
처남 (m) Schwager	62
처방하다 verschreiben	57
천 (m) Stoff	170
천둥이 치다 donnern	248
천장 (f) Decke	189
첨부 파일 (m) Anhang	341
첨삭하다 korrigieren	96
청명한 heiter	250
청소년 (m)(f) Jugendliche	84
청소하다 putzen	207
청중 (m) Zuhörer	359
체류 (m) Aufenthalt	272
체류 허가(증) (f) Aufenthaltserlaubnis	321
체스 (n) Schach	283
(교과목) 체육 (m) Sport	285
체육관 (f) Sporthalle	285
체조 (f) Gymnastik	282
체크무늬가 있는 kariert	169
체포 (f) Haft	309
초과 근무 (f) Überstunde	73
초대하다 einladen	75
초원 (f) Wiese	254
초콜릿 (f) Schokolade	137
촬영하다 aufnehmen	328
최근에 neulich	358

최소 행정 구역 단위 (f) Gemeinde	299
(유행의) 추세 (m) Trend	160
축구 (m) Fußball	281
축구 선수 Fußballspieler/in	69
축전지 (m) Akku	336
축제 (n) Festival	102
축하 (m) Glückwunsch	290
축하하다 gratulieren	290
출간되다 erscheinen	114
출장 (f) Geschäftsreise	274
출판사 (m) Verlag	117
충전하다 aufladen	195
(예정된 것이) 취소되다 ausfallen	93
(예약을) 취소하다 stornieren	276
층 (n) Stockwerk	192
치료하다 heilen	53
치마 (m) Rock	160
치아 (m) Zahn	18
치우다 aufräumen	205
치즈 (m) Käse	135
치킨 (n) Hähnchen	134
친가 쪽으로 väterlicherseits	63
친구 Freund/in	75
친절한 freundlich	22
친척의 verwandt	63
친환경적인 ökologisch	268
침대 (n) Bett	195
침대 옆 작은 탁자/협탁 (m) Nachttisch	200
칫솔 (f) Zahnbürste	175

ㅋ

카네이션 (f) Nelke	262
카니발 (m) Fasching	289
카페 (n) Café	145
카펫 (m) Teppich	202
칼라 (m) Kragen	159
커튼 (m) Vorhang	202
커피 (m) Kaffee	134
커피 머신 (f) Kaffeemaschine	198
컴퓨터 (m) Computer	329
컴퓨터 게임 (n) Computerspiel	329
케이크 (m) Kuchen	135
켜다 anmachen	195

코 (f) Nase	16
코끼리 (m) Elefant	257
콘센트 (f) Steckdose	201
콩 (f) Bohne	126
쾌활한 lustig	25
크기 (f) Größe	157
크리스마스 (n) Weihnachten	293
크림 (f) Creme	173
큰 groß	23
클렌징 로션 (f) Reinigungsmilch	175
클릭하다 klicken	331
키보드 (f) Tastatur	334
키스하다 küssen	39
키우다 erziehen	82

ㅌ

타원형의 oval	26
타이핑하다 tippen	334
탁구 (m) Tischtennis	286
탈의실 (f) Umkleidekabine	180
탐험 (f) Expedition	242
탑 (m) Turm	228
탑승하다 einsteigen	235
태양 (f) Sonne	245
태양열 에너지 (f) Sonnenenergie	269
태어난 geboren	83
태풍 (m) Orkan	268
택시 (n) Taxi	238
터널 (m) Tunnel	228
털 (n) Haar	13
테러 공격 (m) Terroranschlag	325
텐트 (n) Zelt	277
토끼 (f) Hase	259
토론하다 diskutieren	348
토마토 (f) Tomate	130
토지 (n) Grundstück	212
톱 (f) Säge	201
통계 (f) Statistik	358
통보 (m) Bescheid	341
통보하다 mitteilen	343
통역사 Dolmetscher/in	67
통이 큰 großzügig	23
통증 (f) Beschwerde	50

통증 (pl) Schmerzen	55
통합 (f) Integration	323
통화 중인 besetzt	337
퇴근 (m) Feierabend	67
퇴원시키다 entlassen	51
투자하다 investieren	317
트림하다 rülpsen	40
티셔츠 (n) T-Shirt	161
팁 (n) Trinkgeld	149

ㅍ

파도 (f) Welle	253
파리 (f) Fliege	258
파마 (f) Dauerwelle	173
파인애플 (f) Ananas	125
파일 (f) Datei	329
파일 (m) Ordner	90
파티 (f) Party	291
파티를 하다 feiern	289
파프리카 (m) Paprika	129
판결 (n) Urteil	312
판단하다 beurteilen	45
판매 (m) Absatz	177
판매원 Verkäufer/in	73
판사 (m) Richter	311
팔 (m) Arm	10
팔꿈치 (m) Ellbogen	11
팔찌 (n) Armband	163
패션 (f) Mode	164
패스워드 (n) Passwort	333
팬 (m) Fan	279
편견이 없는 aufgeschlossen	21
편지 봉투 (m) Umschlag	339
평가하다 halten von	349
평균적으로 durchschnittlich	356
평화 (m) Frieden	299
폐 (f) Lunge	15
포도 (f) Traube	130
포도주 (m) Wein	138
포옹하다 umarmen	43
포장하다 verpacken	181
폭력 (f) Gewalt	322
폭이 좁은 eng	168

한국어	독일어	쪽
폭풍 ⓜ	Sturm	253
표현 ⓜ	Ausdruck	112
표현하다	formulieren	348
풀 ⓜ	Kleber	89
풀밭 ⓕ	Wiese	254
품질 ⓕ	Qualität	179
풍습 ⓕ	Sitte	292
프라이팬 ⓕ	Pfanne	152
프라이팬에 기름을 두르고 굽다	braten	140
프로그램 진행자 ⓜ	Moderator	332
프린터 ⓜ	Drucker	330
피 ⓝ	Blut	11
피가 나다	bluten	51
(형사 소송의) 피고인 ⓜ ⓕ	Angeklagte	307
피부 ⓕ	Haut	13
피트니스 센터(헬스장) ⓝ	Fitnessstudio	280
필통 ⓝ	Mäppchen	90
핑계 ⓕ	Ausrede	347

ㅎ

하늘 ⓜ	Himmel	243
학교 ⓕ	Schule	97
학기 ⓝ	Semester	97
학년 ⓕ	Klasse	96
학대하다	misshandeln	323
학문 ⓕ	Wissenschaft	99
학생 식당 ⓕ	Mensa	147
한가운데에	mitten	231
한편으로는 ~ 다른 한편으로는 einerseits… andererseits		356
할부 ⓕ	Rate	185
할인 ⓕ	Ermäßigung	183
할인 ⓜ	Rabatt	185
합리적인	vernünftig	47
합성의	synthetisch	171
합창 ⓜ	Chor	107
합창단 ⓜ	Chor	107
항공 우편 ⓕ	Luftpost	338
해 ⓝ	Jahr	219
해결책 ⓕ	Lösung	350
해고하다	entlassen	316
해답 ⓕ	Lösung	350
해로운	schädlich	55
해방하다	befreien	297
해산물 ⓟⓛ	Meeresfrüchte	122
해안 ⓕ	Küste	244
해약을 통보하다	kündigen	212
해조류 ⓜ	Seetang	123
핵에너지의	nuklear	268
햄 ⓜ	Schinken	136
햇빛 ⓕ	Sonne	245
행렬 ⓜ	Zug	293
행복한	glücklich	32
행성 ⓜ	Planet	245
행운 ⓝ	Glück	83
행정 ⓕ	Verwaltung	305
향신료 ⓝ	Gewürz	141
허기 ⓜ	Hunger	38
허락된	erlaubt	211
허리띠 ⓜ	Gürtel	163
허벅지 ⓜ	Oberschenkel	16
허튼소리 ⓜ	Unsinn	352
허파 ⓕ	Lunge	15
헌법 ⓕ	Verfassung	312
헤어드라이어 ⓜ	Fön	197
헤어스타일 ⓕ	Frisur	23
헤어지다	sich trennen	78
혀 ⓕ	Zunge	18
혁명 ⓕ	Revolution	304
현관 ⓜ	Flur	190
현금 ⓝ	Bargeld	183
혈압 ⓜ	Blutdruck	51
혈액 ⓝ	Blut	11
혐의 ⓜ	Verdacht	312
형벌 ⓕ	Strafe	311
형부 ⓜ	Schwager	62
형제자매 ⓟⓛ	Geschwister	61
호감을 주는	sympathisch	27
호기심이 많은	neugierig	25
호두 ⓕ	Walnuss	131
호박 ⓜ	Kürbis	128
호적 관리청 ⓝ	Standesamt	84
호칭 ⓕ	Anrede	341
호황 ⓜ	Aufschwung	314
호흡 ⓜ	Atem	10
혼동하다	verwechseln	48
혼인 관계 ⓜ	Familienstand	83
홍수 ⓕ	Überschwemmung	269

화가 Maler/in	71
화가 난 ärgerlich	30
화산 ⓜ Vulkan	246
화장수 ⓝ Gesichtswasser	174
화장실 ⓕ Toilette	192
화장품 ⓕ Kosmetik	174
화장품 가게 ⓕ Parfümerie	179
화장하다 sich schminken	27
화재 ⓜ Brand	266
확답 ⓜ Bescheid	341
확신하는 überzeugt	352
확실한 sicher	351
환경친화적인 umweltfreundlich	269
환자 ⓜ Patient	55
활동적인 aktiv	20
황무지 ⓕ Wüste	246
회복 ⓕ Besserung	51
회사 ⓜ Betrieb	315
회사 ⓕ Firma	68
회사원 Angestellter/Angestellte	65
회전하다 umdrehen	43
후드 점퍼 ⓜ Anorak	156
후식 ⓕ Nachspeise	147
후추 ⓜ Pfeffer	142
후회하다 bereuen	31
훈련하다 trainieren	286
훔치다 stehlen	324
휴가 ⓟⓛ Ferien	95
휴가 ⓜ Urlaub	277
휴가철 ⓕ Saison	275
휴강하다 ausfallen	93
휴대폰 ⓝ Handy	197
휴식하다 sich entspannen	273
휴식하다 sich erholen	273
흙 ⓕ Erde	242
흥미진진한 spannend	104
흥분 ⓕ Aufregung	30
흥분된 aufgeregt	355
희극 ⓕ Komödie	103
희망하다 hoffen	46
희생자 ⓝ Opfer	324

 기타

12월 31일 ⓜ ⓝ Silvester	292
15분 ⓝ Viertel	222
1인용 소파/안락의자 ⓜ Sessel	201
1층 ⓝ Erdgeschoss	190
CD 플레이어 ⓜ CD-Player	196
TV를 보다 fernsehen	196